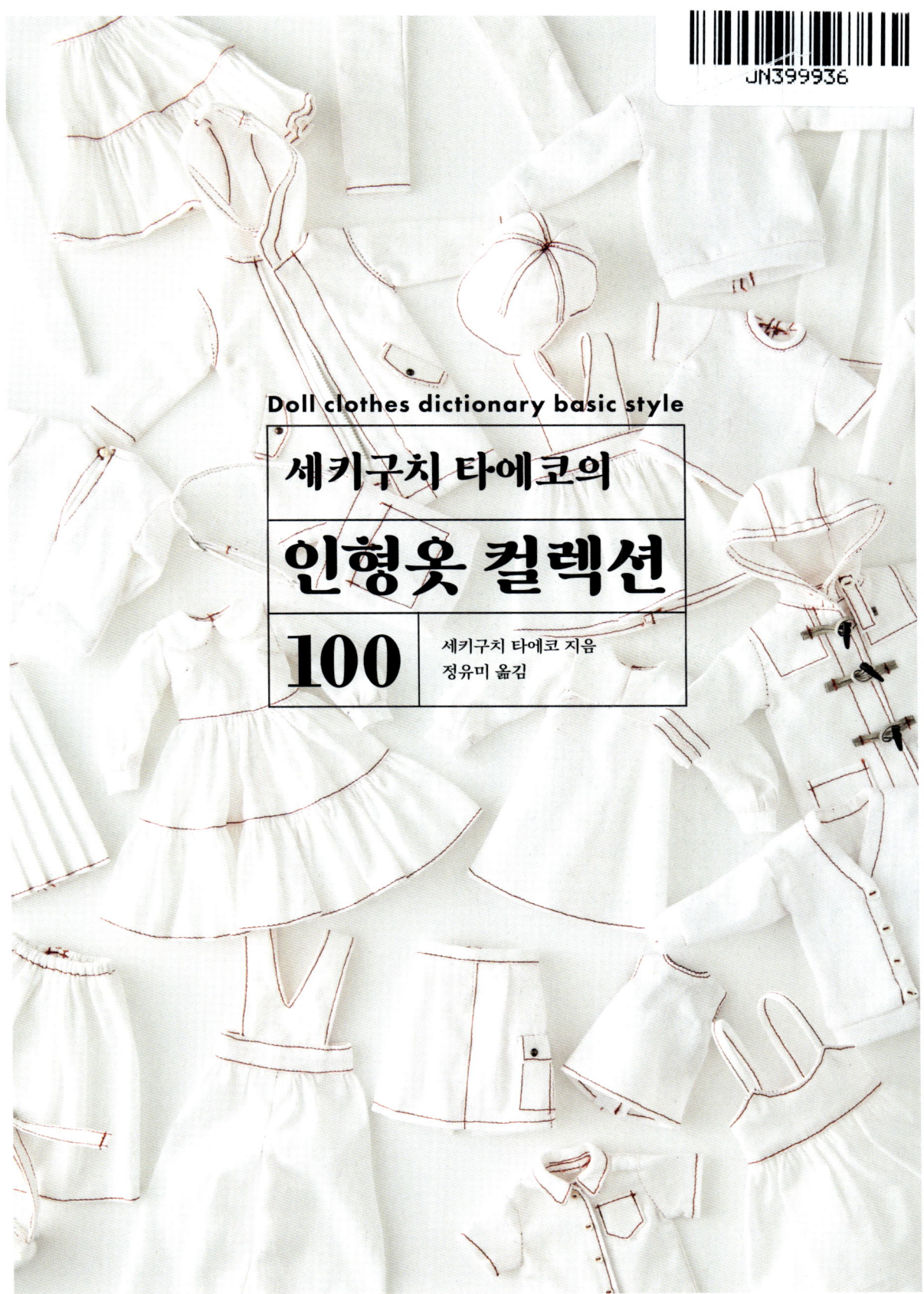

Doll clothes dictionary basic style

세키구치 타에코의
인형옷 컬렉션
100

세키구치 타에코 지음
정유미 옮김

시작하며

어릴 적부터 옷을 정말 좋아했습니다.
새 옷을 사서 처음 입을 때의 설렘과 기대감이란…!
그 마음은 지금도 변함이 없습니다.

상의, 하의, 외투를 선택하고 거기에 가방이나 모자 같은 소품을 더한 후,
마지막으로 신발을 선택하면 완성!
옷을 맞춰 입는다는 것은 상상만 해도 두근거리는 일입니다.

저의 인형옷 만들기는 그 연장선에 있습니다.
기본 의상을 많이 수록한 것도 다양한 조합이 재미있기 때문입니다.
내 옷을 골라 입을 때와 같은 느낌으로 인형옷도 코디네이션 할 수 있어요!

이 책은 다양한 코디네이션이 가능하도록,
정말이지 많은 옷을 만들 수 있게 구성되었답니다.
화보의 작품을 그대로 만들어도 재미있게 즐길 수 있지만,
부분부분 패턴을 조합할 수 있어서
자신의 취향에 꼭 맞는 옷을 만들 수 있습니다.
만드는 방법이나 설명에 있어서도, 기본 의상을 가능한 한 많이
그리고 최대한 조합하고 응용할 수 있도록 하겠다고 생각한 결과물입니다.
인형옷의 모든 것을 담았다고 할 수도 있을 것 같군요.

해당되는 인형 크기는 11㎝, 20~22㎝, 27㎝,
그리고 29㎝ 남자 인형 치수로의 변형도 가능하도록
패턴의 크기를 조정하는 방법을 실었습니다.
다양한 크기의 인형에 맞춰 만들면 귀여울 것 같네요.

시간이 있을 때마다 조금씩 만들어서, 다양한 옷으로
코디네이션을 즐겨주시길 바랍니다.

세키구치 타에코

11cm / Model: 미니마미 ©PetWORKs Co.,Ltd.

Contents

시작하며 2
이 책에 대하여 6
이 책의 인형 치수에 대하여 7

인형 & 스타일링 8

Chapter 1 기본 33

도구 34
재료 36
손바느질의 기본 42
패턴 만들기 44
원단에 표시하고 재단하기 44
시접의 처리 46
자주 사용하는 기법과 포인트 47

목둘레, 소매둘레의 안단 처리 48
잔주름(개더) 잡기 50
턱 주름 잡기 51
다트 재봉하기 51
포켓 만들기 52
트임 처리하기 54

Chapter 2 상의 59

앞트임 블라우스의 종류 60
   기본 블라우스 만들기 62
   칼라 응용: 셔츠 칼라 만들기 67
   칼라 응용: 스탠드 칼라 만들기 67
   칼라 응용: 보우 칼라 만들기 68
   칼라 응용: 오픈 칼라 만들기 69
   소매 응용: 퍼프소매 만들기 70
   소매 응용: 긴소매 만들기 72
   드롭 숄더 블라우스 만들기 73
   세일러 칼라 블라우스 만들기 74

뒤트임 블라우스의 종류 77
   기본 뒤트임 블라우스 만들기 78
   칼라 응용: 플랫칼라 달기 81
   칼라 응용: 셔츠 칼라 달기 82
커트 앤 소운의 종류 83
   기본 티셔츠 만들기 84
   보트 네크라인 만들기 87
   래글런 소매 만들기 88
스웨트셔츠의 종류 89
   기본 스웨트셔츠 만들기 90
   후드티 만들기 93
   카디건 만들기 96

Chapter 3 하의 99

스커트의 종류 **100**
   기본 개더스커트 만들기 **101**
   플레어스커트 만들기 **104**
   턱 주름 스커트 만들기 **105**
   타이트스커트 만들기 **106**
   플리츠 스커트 만들기 **108**
   밴딩 스커트로 변형하기 **110**
팬츠의 종류 **112**
   기본 스트레이트 팬츠 만들기 **113**
   턱 주름 와이드 팬츠 만들기 **118**

Chapter 4 원피스 121

원피스의 종류 **122**
   기본 원피스 만들기 **123**
   A라인 원피스 만들기 **126**
   살로페트 만들기 **127**
   점퍼스커트 만들기 **130**
   에이프런 만들기 **133**

Chapter 5 아우터 135

아우터의 종류 **136**
   더플코트 만들기 **137**
   야상코트 만들기 **143**
   테일러드 재킷 만들기 **149**

Chapter 6 소품 155

소품 리스트 **156**
   베레모 만들기 **157**
   캡모자 만들기 **159**
   보디백 만들기 **162**
   숄더백 만들기 **165**
   양말 만들기 **168**

Chapter 7 코디네이션 169

   22cm 크기 **170**
   27cm 크기 **172**
   11cm 크기 **173**
   아이템 리스트 **176**
      22cm **176**
      27cm **179**
      11cm **181**
      29cm(남자) **183**
      소품 **184**

작품의 패턴,
치수 조정하는 방법 **185**

이 책에 대하여

이 책은 유행을 타지 않는 기본형의 블라우스, 스커트, 팬츠, 원피스, 아우터, 소품을 게재하고 있습니다. 예를 들어, 블라우스 몸판이 같아도 칼라나 소매로 다양한 응용이 가능하므로 기본 블라우스와 함께 칼라 또는 소매 변형 방법을 제안합니다. 스커트와 팬츠도 마찬가지입니다. 허리 벨트나 트임 처리는 공통이지만, 스커트는 개더인지 플레어인지, 팬츠는 스키니인지 와이드인지에 따라 원하는 작품을 만들 수 있습니다.

대응하는 인형은 11, 22(20), 27, 29㎝입니다. 22㎝를 기준으로 11, 22, 27㎝의 실제 크기 패턴을 수록하고 있습니다. 29㎝는 27㎝를 110% 확대해 사용하면 됩니다. 11㎝는 작은 크기로 인해 예쁘게 만들기 어려운 아이템이 있어 일부는 제외했으니, 양해해주세요.

우리가 평소 입는 옷처럼 아이템을 조합하거나 돌려 입는 것을 고려해 만들었으니, 코디네이션 예시도 함께 즐겨주시길 바랍니다.

이 책의 42~57쪽에서는 책 전체에 공통으로 적용되는 제작 기법과 기본 정보를 사진으로 설명하고 있으니 참고하세요. 물론 각 아이템 페이지에도 설명이 되어 있습니다.

아이템별 설명 페이지입니다. 먼저 각 아이템의 종류를 소개하고, 이어서 기본 형태를 만드는 방법을 알려줍니다. 아이템이 블라우스라면 플랫 칼라의 반소매, 아이템이 스커트라면 개더스커트가 기본 형태에 해당합니다. 기본 형태의 응용은 '포인트'로 설명합니다. 각 파츠의 조합과 응용을 꼭 즐겨보세요.

아이템 리스트를 소개한 페이지입니다. 여기에서 완성 사진, 만드는 법, 그리고 패턴이 실린 쪽수를 쉽게 찾을 수 있습니다. 코디네이트할 때 유용하게 활용해주세요.

※ 제작 과정을 설명하는 사진에는 흰색 원단에 빨간색 실을 사용했습니다. 실제로 만들 때는 원단 색에 맞는 실을 사용해 주세요.

이 책의 인형 치수에 대하여

이 책은 1/6 크기와 1/12 크기의 인형에 맞춘 의상을 게재하고 있습니다. 그런데 인형에는 다양한 종류가 있고 치수와 체형도 제각각 다르므로, 기본적인 인형 치수에 대해 알고 있어야 합니다. 책 뒤에 실린 패턴의 치수와 미세한 치수 조정에 대해서는 185쪽을 참고하세요.

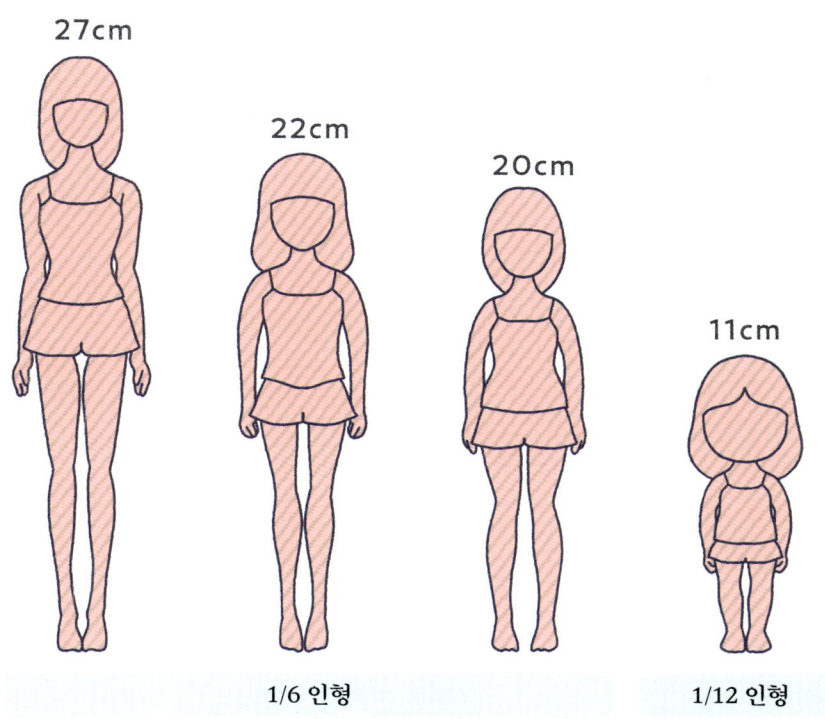

1/6 인형

20cm 크기
퓨어니모 XS 치수를 사용한 인형(아존 인터내셔널 오리지널 인형, 루루코 등)

29cm 크기
6분의 1 남자도감 나인·에이트, 유노아 크루스 라이트 아즈라이트

22cm 크기
퓨어니모 S 치수를 사용한 인형(엑스☆큐트, 포키 부 봉봉 등). 퓨어니모는 여러 종류의 바디가 있으며 각각의 크기가 다르지만, 이 책에서는 22cm로 표기합니다.

27cm 크기
모모코, 유노아 크루스 라이트 후로우 라이트 등

1/12 인형

11cm 크기
피코니모 P 바디를 사용한 인형(SugarCups는 신장이 13cm 이지만 11cm의 의상을 착용할 수 있음), 오비츠 11 바디를 사용한 인형(미니조시, 미니먀미 등) 등

이 책은 11, 22, 27㎝의 패턴을 게재합니다. 22㎝ 패턴은 기본적으로 22㎝ 인형(브라이스, 리카짱)을 기준으로 하지만, 20㎝ 인형에도 입힐 수 있습니다. 29㎝는 남자인형용 아이템 일부를 게재합니다. 29㎝ 인형의 경우, 27㎝ 패턴을 110% 확대해서 사용하면 됩니다. 패턴 치수에 대한 자세한 내용은 185쪽을 참고하세요.

27㎝ / 모델: 모모코
신발: 펫웍스
momoko™ ©PetWORKs Co.,Ltd.

22㎝ / 모델: 엑스☆큐트 미우 (좌), 엑스☆큐트 치이카 (우)
신발: 세키구치 (좌), 펫웍스 (우)
©AZONE INTERNATIONAL

22㎝ / 모델: 엑스☆큐트 치이카
신발: 세키구치
©AZONE INTERNATIONAL

22㎝ / 모델: 컬러풀 드리밍 아사히나 코호
신발: 펫웍스
©AZONE INTERNATIONAL

27㎝ / 모델: 유노아 크루스 라이트 아즈라이트
신발: 펫웍스
©Gentaro Araki / Renkinjyutsu-Koubou,Inc.

27cm / 모델: 모모코
신발: 세키구치
momoko™ ©PetWORKs Co.,Ltd.

27㎝ / 모델: 모모코
신발: 세키구치
momoko™ ©PetWORKs Co.,Ltd.

22㎝ / 모델: 컬러풀 드리밍 아사히나 코호
신발: 세키구치
©AZONE INTERNATIONAL

27cm / 모델: 모모코
신발: 세키구치
momoko™ ©PetWORKs Co.,Ltd.

22㎝ / 모델: 포키 부 봉봉
신발: 세키구치
©KINOKOJUICE / AZONE INTERNATIONAL

29㎝ / 모델: 6분의 1 남자도감 나인 (좌)
28㎝ / 모델: 6분의 1 남자도감 에이트 (우)
신발: 세키구치 (좌), 펫웍스 (우)
©PetWORKs Co.,Ltd.

11㎝ / 모델: 미니먀미
©PetWORKs Co.,Ltd.

11㎝ / 모델: SugarCups 쇼콜라
© AZONE INTERNATIONAL

11㎝ / 모델: SugarCups 캔디루루 (좌)
SugarCups 비스킷티나 (우)
© AZONE INTERNATIONAL

11㎝ / 모델: 미니조시 F.L.C. 모델 RED (좌), 미니조시 F.L.C. 모델 BLONDE (우)
©PetWORKs Co.,Ltd.

11cm / 모델: 미니먀미
©PetWORKs Co.,Ltd.

27㎝ / 모델: 모모코
신발: 세키구치
momoko™ ©PetWORKs Co.,Ltd.

22㎝ / 모델: 포키 부 봉봉
신발: 세키구치
©K NOKOJUICE / AZONE INTERNATIONAL

27cm / 모델: 모모코
신발: 펫웍스
momoko™ ©PetWORKs Co.,Ltd.

20㎝ / 모델: 루루코 보이 (좌), 루루코 (우)
신발 : 세키구치 (좌), 펫웍스 (우)
ruruko™ ©PetWORKs Co.,Ltd.

11㎝ / 모델: 미니조시 F.L.C. 모델 RED (좌), 미니조시 F.L.C. 모델 BLONDE (우)
©PetWORKs Co.,Ltd.

Chapter 1

기본

Basics

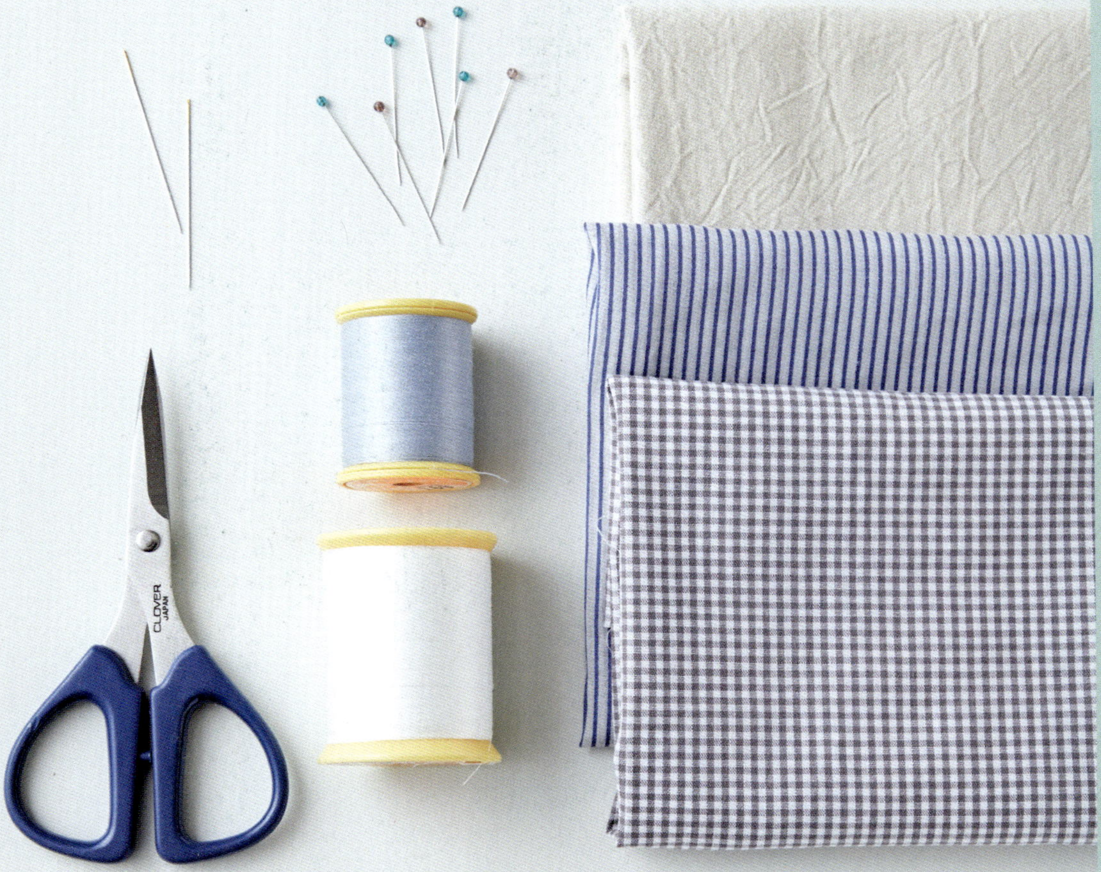

인형옷 만들기를 시작하기 전에,
알고 있으면 좋은 도구와 재료, 패턴 만드는 방법,
자주 사용하는 바느질 방법을 소개합니다. 도구와 재료는 기본적인 것들을
알려드리므로 본인의 취향에 맞게 선택하시면 됩니다.

도구

이 책에서 사용하는 도구를 소개합니다.

여기서 따로 소개하지는 않지만, 재봉틀 사용이 기본이므로 재봉틀도 준비해 주세요.

A. 원단용 초크펜과 지우개 펜
보통 보라색 초크펜을 사용하고, 짙은 색 원단에는 흰색 초크펜을 사용합니다. 흰색의 경우, 시간이 조금 지나야 색이 나타납니다. 지우고 싶을 때는 지우개 펜을 사용합니다.

B. 자
인형옷은 크기가 작아서 짧은 자를 준비합니다.

C. 시침핀
가늘고 짧은 제품을 추천합니다.

D. 손바느질용 바늘
얇은 원단용 바늘을 사용합니다. 바늘의 길이는 다양하지만, 본인이 바느질하기 편한 길이가 좋습니다.

E. 원단용 접착제
물에 젖으면 접착 성분이 사라지는 제품으로, 주로 재봉 전 임시 고정용으로 사용합니다. 극세 노즐이 있는 것이 편리합니다.

F. 올풀림 방지액
원단을 자른 후에 사용합니다. 잘라도 올이 풀어지지 않는 원단이나 니트 원단에는 사용하지 않습니다. 용기의 모양이나 입구 크기 등 본인이 사용하기 편한 것을 선택하세요.

G. 가위
원단용과 종이용, 두 종류를 준비하세요. 사진 왼쪽의 패치워크 가위는 원단과 실을 자르는 데 사용하고, 오른쪽의 종이용 가위는 패턴을 자를 때 사용합니다.

H. 실뜯개(리퍼)
바느질이 잘못되었을 경우, 실 땀을 풀거나 잘라낼 때 사용합니다.

I. 수예용 송곳
모서리를 깔끔하게 정리하거나 곡선 부분을 다듬을 때 사용합니다. 작은 부분을 꺾을 때도 편리합니다.

J. 겸자
원단을 겉으로 뒤집을 때의 필수품입니다. 또한 옷을 갈아입힐 때 소맷부리 쪽에서 소매를 잡아당길 때도 유용합니다.

K. 루프 뒤집개
가는 끈 같은 형태를 겉으로 뒤집을 때 사용합니다.

L. 다리미와 다림판
다림판은 작은 크기도 괜찮지만, 바닥 판이 단단한 쪽이 사용하기 편합니다. 다리미는 끝이 뾰족한 것으로 스팀 기능이 있는 제품을 추천합니다. 접착제를 바른 후, 또는 재봉 후 자주 다림질을 해주면 깔끔하게 마무리할 수 있습니다.

있으면 편리한 것, 옷에 따라 사용하는 것

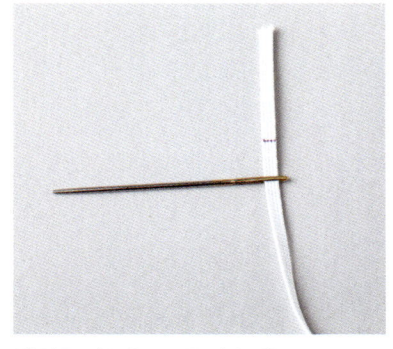

털실용 바늘(고무줄 끼우개)
고무밴드를 통과시킬 때 사용합니다. 바늘귀가 고무밴드가 통과할 수 있는 크기여야 하고, 통과할 때 원단에 걸리지 않도록 바늘귀의 끝이 둥근 것이 좋습니다.

주름 가공 스프레이
스커트의 플리츠나 팬츠의 중심선처럼. 영구적으로 접는 부분을 만들고 싶은 곳에 사용합니다. 다리미용 스프레이 접착제를 사용해도 좋습니다.

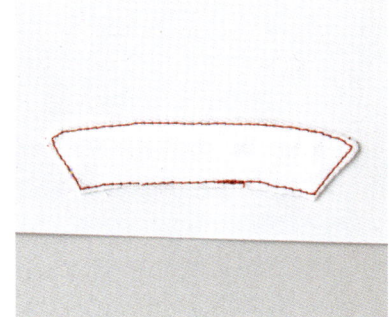

복사용지
원단 아래에 종이를 깔고 함께 바느질하면, 좁은 부분 재봉이나 가장자리 상침재봉 등을 깔끔하게 할 수 있습니다. 재봉 후에는 뜯어내므로 재활용 종이도 괜찮습니다.

재료

원단 중에는 인형옷 전용으로 판매되는 종류도 있습니다. 원단 두께와 패턴 크기에 주의하며 시판되는 원단을 사용하세요.

상의

블라우스에는 면 평직이나 샴브레이(얇은 선염 평직) 등을 사용하고, 니트류에는 얇은 싱글 다이마루, 스웨트셔츠(맨투맨)에는 쭈리, 양면 다이마루 등을 사용합니다.

면 평직(30~40수)
무지, 프린트 등 종류가 다양하고 재봉이 쉬워서 인형옷에 자주 사용되는 원단입니다.

면 평직(60~80수)
매우 얇고 섬세한 촉감의 면 원단입니다. 블라우스나 원피스에 주로 사용합니다.

면 라미(=면마)
면과 라미(마)가 혼합된 원단으로, 부드러운 촉감과 내추럴한 느낌이 특징입니다.

다이마루
실의 두께에 따라 원단 두께가 달라지므로 얇은 것을 선택하세요. 티셔츠 종류는 물론 양말에도 사용합니다.

줄무늬 니트
인형 치수에 맞춰 줄의 폭이나 너비가 너무 넓지 않은 것을 선택합니다.

울혼방 니트
스웨트셔츠(맨투맨) 등에 사용하면, 니트 스웨터 같은 분위기를 낼 수 있습니다.

중간 두께의 다이마루 원단
스웨트셔츠에는 쭈리나 미니쭈리, 기모쭈리 등 다소 두꺼운 니트 원단을 추천합니다.

하 의
다소 두꺼우면서 탄성이 있는 원단이나 톡톡한 원단을 사용합니다.
상의보다 두께감 있는 원단이 좋습니다.

중간 두께의 면 원단
면 트윌이나 옥스포드 등, 다소 두껍고 탄력이 있는 면 원단을 말합니다. 팬츠나 타이트스커트에 적합합니다.

데님
인형용으로는 6온스나 8온스(여름용 30~40수 데님)를 사용합니다. 염색된 데님은 색이 잘 빠지므로, 인형 본체나 다른 옷에 이염되지 않도록 주의하세요. 팬츠, 아우터 등에 사용합니다.

면 평직(타탄체크)
전통 체크무늬는 기본 스커트에 잘 어울립니다. 인형 치수에 맞춰 작은 체크무늬를 선택하세요.

인도면(80수 아사면)
인형 치수에 맞춰 작은 크기의 무늬를 선택하세요. 패턴에 따라 상의, 스커트, 원피스 등 다양한 옷에 이용할 수 있습니다.

재료

아우터
적당한 두께의 원단을 사용합니다. 모직 원단은 두꺼운 종류가 많으므로, 얇은 것을 선택하세요. 직조 무늬나 질감이 느껴지는 원단이 잘 어울립니다.

치노 크로스
적당한 탄성이 있는 얇은 면 트윌입니다. 야상코트, 팬츠, 소품에도 적합합니다.

코튼울
면과 모직의 혼방 원단입니다. 모직의 질감이 느껴지는 얇은 원단으로 인형옷에 적합합니다. 헤링본이나 하운드투스 체크 등의 무늬도 있습니다.

코듀로이
표면의 잔털 촉감이 느껴지는 원단입니다. 인형옷에는 골이 좁은 종류를 선택하세요. 아우터나 하의에 적합합니다.

아우터 안감
사진은 면 평직입니다. 면 평직은 안감으로 사용할 때도 다루기 쉽고 재봉하기 좋습니다. 폴리에스터(타프타) 등의 안감용 원단도 있지만 다루기 어려워 초보자에게는 면 평직을 추천합니다.

원피스
원피스는 상의의 길이를 그대로 늘리는 경우가 많아 특별히 원피스 전용 원단은 없습니다. 상의나 스커트 원단을 사용하면 됩니다. 드레스에는 새틴이나 조젯 원단을 사용합니다.

전사 프린트에 대하여
티셔츠를 만들 때 전사 프린트를 사용하면, 실제 티셔츠 같은 리얼한 느낌을 낼 수 있습니다. 다림질용 프린트 전사지를 사용해 쉽게 작업할 수 있는데, 다만 프린터와 전사할 디자인을 준비해야 합니다. 사용하려는 전사 프린트의 사용법을 잘 읽고 시작하세요.

양말

발에 꼭 맞도록 신축성 있는 원단을 사용합니다.

도트 망사
도트 패턴이 있는 망사원단으로, 레이스 양말이나 타이츠 같은 분위기를 연출할 수 있습니다.

투웨이 트리코트
가로와 세로, 모두 잘 늘어나는 스판덱스 원단입니다. 양말뿐 아니라 타이츠나 수영복 등에도 사용합니다.

다이마루
티셔츠에도 좋지만 양말에 더 어울리는 원단입니다. 망사보다는 훨씬 두께감이 있어서 면양말 같은 느낌을 줍니다. 가로 세로 모두 잘 늘어나므로, 타이츠나 수영복에도 사용할 수 있습니다.

가방

면이나 합성피혁 등을 사용합니다. 형태를 잡기 쉬운 탄탄한 원단이 적합합니다.

나일론
발수성 있는 원단으로 바스락거리는 촉감이 특징입니다. 의류에 사용할 때는 윈드브레이커(바람막이 점퍼) 같은 캐주얼 아이템에 적합합니다.

모자

캐주얼한 모자에는 약간 힘있는 면 원단을 사용하고, 베레모나 격식 있는 모자에는 울이나 니트 원단을 사용합니다.

압축 울(=울 본딩 저지)
신축성 있는 두꺼운 니트 원단으로, 가장자리가 풀리지 않아 베레모에 적합합니다. 신축성 좋은 원단이 더 깔끔하게 마무리됩니다.

재료

실

왼쪽은 손바느질용 실, 가운데는 니트 등 신축성 있는 원단용 실입니다. 오른쪽은 얇은 원단에 맞는 재봉틀용 실인데, 60번수나 90번수가 좋습니다. 실의 색상은 원단에 맞추고, 딱 맞는 색상이 없을 때는 좀더 진한 색상을 선택합니다.

접착심

사용 빈도는 높지 않지만, 모자 등 형태를 확실히 잡아야 할 때나 보강용으로 사용합니다. 이 책에서는 직물 형태의 얇은 제품과 다소 두꺼운 제품을 모두 사용합니다. 원단 안쪽 면에 풀이 도포된 면을 마주 댄 다음 다리미로 꼼꼼히 눌러서 접착합니다.

망사

안단 처리를 할 때 주로 사용하는 얇은 망사입니다. 사람 옷에 적합한 원단으로 인형옷을 만들면 너무 두꺼워지니 주의해야 합니다. 인형옷에는 올 풀림 처리가 필요 없고 두께가 얇은 망사가 편리합니다.

지퍼

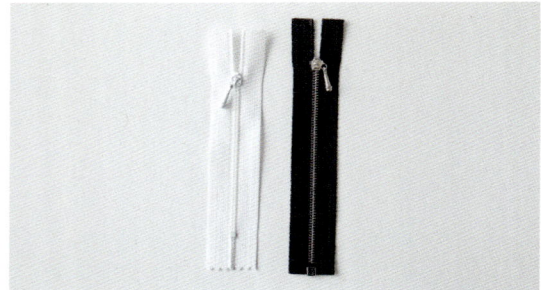

인형용의 작은 지퍼가 판매되고 있습니다. 왼쪽은 클로즈 타입의 작은 코일지퍼이고, 오른쪽은 아래로 오픈되는 미니 점퍼 지퍼입니다. 인형용으로 사용해도 문제없는 크기이지만, 너무 작아서 여닫는 데는 요령이 필요합니다. 길이 조정은 145쪽을 참고하세요.

벨크로 테이프

후크라고 불리는 요철이 있는 쪽(까끌)에 루프 모양이 있는 쪽(보들)이 걸리면서 접착됩니다. 인형용은 얇고 접착되는 힘도 다소 약합니다. 재단해서 테이프 형태로 만든 제품과 큰 시트 형태를 잘라서 사용하는 제품이 있습니다.

걸고리 (후크 앤 아이)

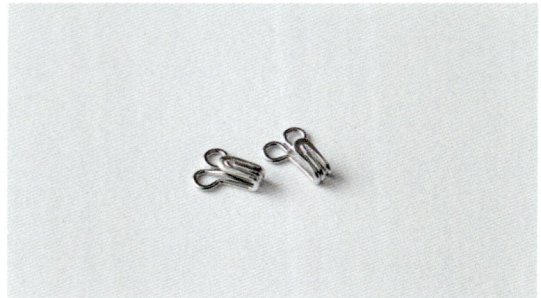

인형옷에서는 가장 작은 0번 크기를 사용하는데, 사진에 나오는 '후크' 쪽만 사용하는 경우가 대부분입니다. 원단에 실고리를 만들고 후크를 걸어주는 방식입니다. 반대쪽인 '아이'는 양쪽이 맞여밈 방식으로 고정될 때 사용합니다.

단추류

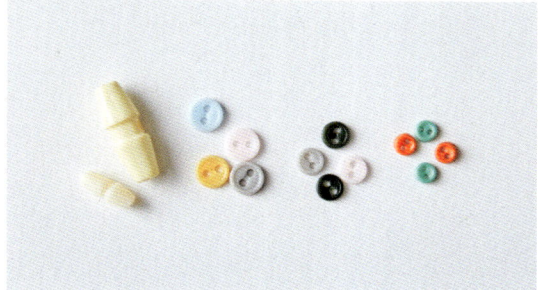

원형 단추는 대개 3~6mm 크기를 사용합니다. 더플코트에 많이 사용하는 토글 단추도 인형용으로 판매되고 있습니다.

비즈

진짜 단추 대신 작은 원형 비즈나 특수 비즈를 사용하는 경우가 있습니다. 비즈로 단추 형태를 표시하는 것입니다. 트임에 3mm 진주 비즈를 실고리와 함께 사용할 수도 있습니다.

버클, 금속링

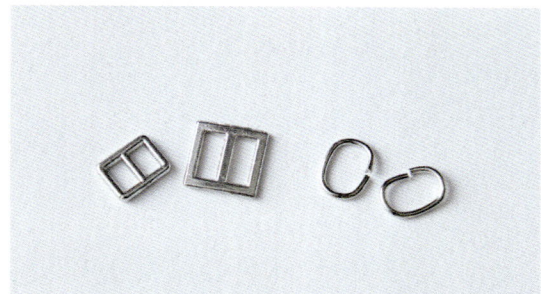

왼쪽은 인형용 가방의 끈을 통과시키거나 벨트로 사용할 수 있는 버클입니다. 크기와 모양이 다양하므로 취향에 맞는 것을 사용하세요. 오른쪽은 액세서리 부품인 C링입니다. 링 종류는 가방끈이나 벨트를 통과시키거나 장식으로 사용됩니다.

핫픽스

다리미로 붙일 수 있는 반원형의 장식용 부품입니다. 다양한 종류와 크기가 있지만, 인형용으로는 2~3mm 크기가 적당합니다. 데님 팬츠의 리벳이나 단추 대용으로 사용합니다.

고무밴드

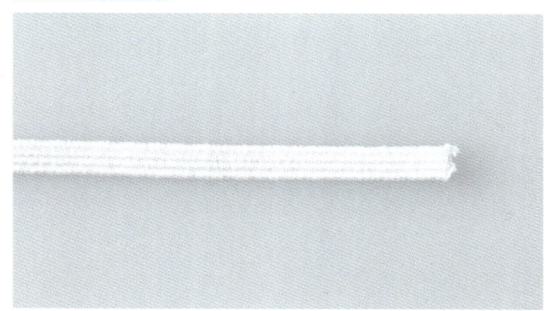

허리 고무줄로 사용하는 4골 고무밴드는 4개의 고무실을 나란히 붙인 것을 말합니다. 4골 고무밴드의 너비는 약 3mm인데 고무실의 개수가 늘어날수록 너비가 넓어집니다.

끈 종류

너비 2~5mm 정도의 끈, 직조 테이프, 리본이 있으면 편리합니다. 끈은 더플코트 단추를 거는 용도로, 직조 테이프는 가방의 어깨끈으로, 리본은 장식용으로 사용합니다.

손바느질의 기본

이 책에서 사용하는 도구를 소개합니다.
여기서 따로 소개하지는 않았지만, 재봉틀 사용이 기본이므로 재봉틀도 준비해 주세요.

매듭짓기 손가락 이용하기

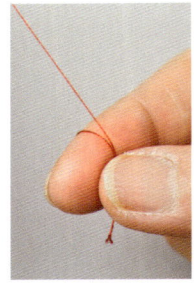
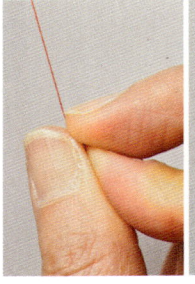

1 바늘에 실을 꿴 후 1가닥으로 만듭니다. 한 손으로 실이 빠지지 않도록 바늘구멍과 실을 잡고, 다른 손으로 실 끝을 잡아줍니다.

2 실 끝을 검지에 한 번 감아줍니다. 검지와 엄지로 실을 잡고 빙글빙글 돌려가며 검지를 빼냅니다.

3 실이 돌돌 말린 부분을 끝까지 당기면 매듭이 생깁니다.

매듭짓기 바늘 이용하기

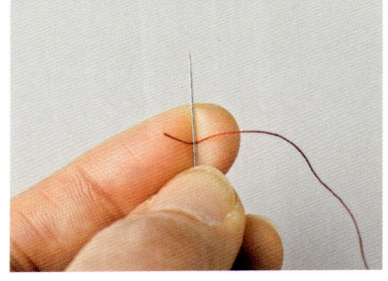
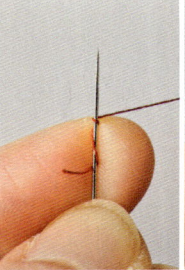
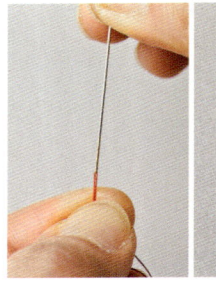

1 바늘에 실을 꿴 후 1가닥으로 만듭니다. 검지에 바늘 끝을 대고, 실 끝을 당겨 바늘 아래로 실 끝부분이 가도록 합니다.

2 실 끝을 눌러 잡은 상태에서 바늘 끝 부분에 실을 두 번 감아주고, 실을 내려서 감겨있는 실을 실 끝부분에 모아줍니다.

3 실 끝부분을 검지와 엄지 사이에 끼워서 바늘을 당겨 빼주면 실 끝부분에 매듭이 생깁니다.

끝매듭

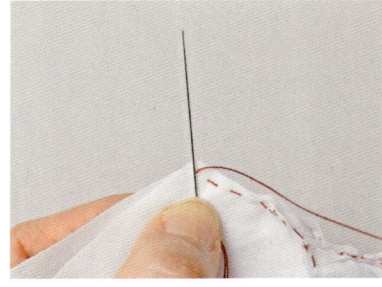
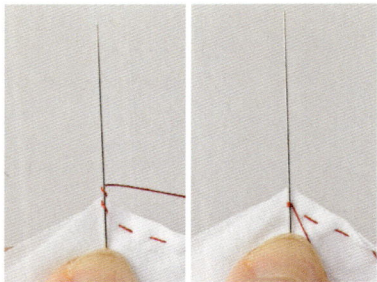

1 위의 '바늘 이용하기' 방법과 같습니다. 바느질을 마치면, 바늘을 밖으로 빼낸 다음 바느질이 끝난 부분에 바늘을 맞춥니다.

2 바늘이 움직이지 않도록 검지와 엄지로 누르고, 바늘 끝에 실을 두 번 감습니다. 실을 잡아 내려서 마지막 바늘땀에 딱 붙도록 맞춰줍니다.

3 실이 감긴 부분을 검지와 엄지로 잡은 채, 바늘을 밀어 빼내 줍니다. 끝매듭이 만들어졌습니다.

시침질

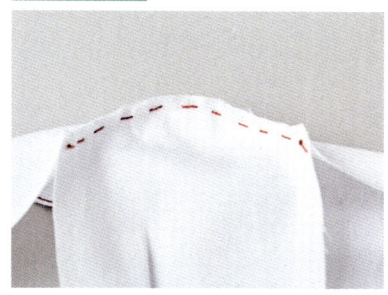

손바느질용 실을 사용합니다. 시침질하고 싶은 천 2장을 겹친 다음, 완성선에서 시접 쪽으로 1~2mm 떨어진 부분에 바느질합니다. 바늘땀 간격은 3~5mm가 적당합니다.

재봉틀 바느질

바늘땀 길이는 1~1.5mm입니다. 바늘의 시작과 끝은 반드시 두세 땀 되박음질 해주세요. 재봉틀 바느질에서는 90수 실에 9호 바늘이 기본이지만, 조금 두꺼운 원단은 60수 실에 1호 바늘이 좋습니다. 두꺼운 천이지만 섬세하게 마무리하고 싶다면(상침재봉 등) 90수 실에 1호 바늘을 선택하세요.

손바느질

재봉틀 바느질이 기본이지만, 전체를 손바느질로 해도 문제없습니다.
손바느질할 경우, 온박음질로 하면 튼튼하고 깔끔하게 마무리됩니다.

▶ **온박음질**

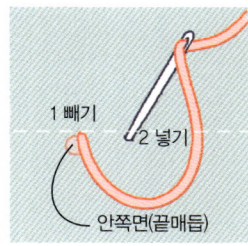

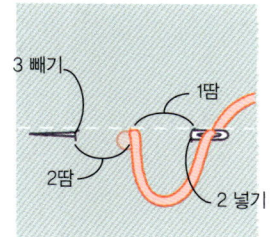

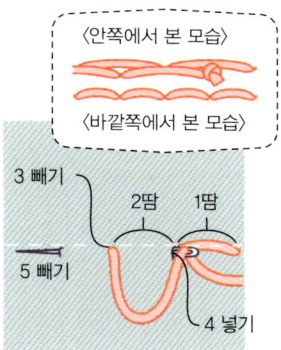

1 바느질 시작점에서 1땀 앞으로 바늘을 빼낸(1 빼기) 다음, 바느질 시작점에 바늘을 찔러넣습니다. (2 넣기).

2 이번에는 바느질 시작점에서 2땀 앞으로 바늘을 빼냅니다(3 빼기).

3 1땀 뒤로 가서 '1 빼기' 위치에 바늘을 넣고(4 넣기), 다시 2땀 앞에서 바늘을 빼냅니다(5 빼기). 이것을 반복합니다.
겉면에서 보면 재봉틀로 박은 것처럼 바늘땀이 연결되고, 안쪽면에서 보면 2땀 길이의 바늘땀이 1땀씩 어긋나게 겹쳐 있습니다.

▶ **홈질**

손바느질할 때 기본이 되는 바느질로, 바늘땀 길이와 간격은 모두 3~4mm입니다. 바늘땀을 촘촘하게 하는 홈질을 '고운 홈질'이라고 부르기도 합니다.

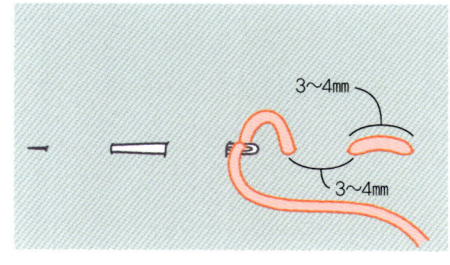

패턴 만들기

패턴을 복사하거나 옮겨 그려서 사용하면 됩니다.

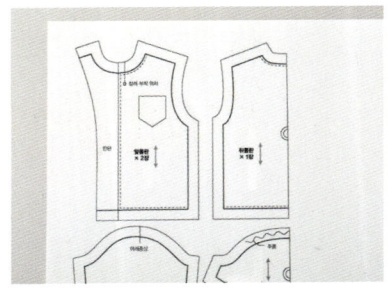

1. 필요한 패턴을 준비합니다. 확대 비율이 표시되어 있는 경우, 지정된 비율로 확대해주세요.

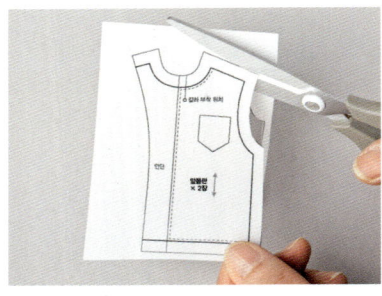

2. 각 파츠를 여유 있게 대충 잘라낸 다음, 패턴의 가장 바깥쪽 선을 따라 깔끔하게 잘라냅니다.

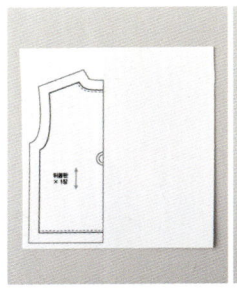

3. 겹으로 된 반원 표시(골선)가 있는 경우, 패턴의 반쪽만 그려놓은 것이므로 골선 표시에 맞춰 겉면으로 접어줍니다.

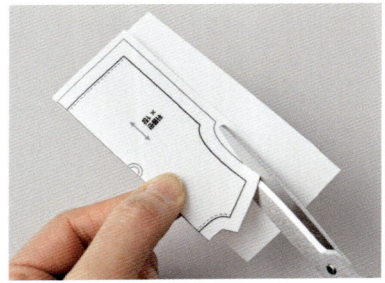

4. 접힌 패턴이 움직이거나 어긋나지 않도록 단단히 잡고 바깥쪽 선을 따라서 잘라냅니다.

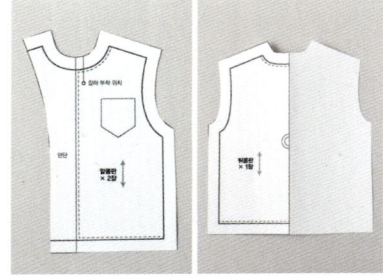

5. 완성된 패턴의 모습입니다. 골선 표시가 있는 패턴은 펼쳐서 사용하세요.

원단에 표시하고 재단하기

패턴이 완성되면 원단에 옮겨 그립니다. 바깥 선뿐 아니라 여러 가지 위치 표시도 함께 옮겨주세요.
바깥 선 이외의 표시는 작업을 하면서 그때그때 패턴에 맞춰 그려도 됩니다.

1. 펠트지를 깔고, 그 위에 원단을 올려놓으면 원단이 움직이지 않아 옮겨 그리기 쉽습니다. 원단 위에 패턴을 올리고 바깥 선을 따라 그립니다.

2. 바깥 선은 시접분을 포함한 형태이고, 안쪽의 실선이 완성선입니다. 손바느질로 하려면 완성선을 옮겨 그려야 하지만, 재봉틀은 재봉틀의 가이드를 따라 바느질하므로 완성선을 표시할 필요가 없습니다.

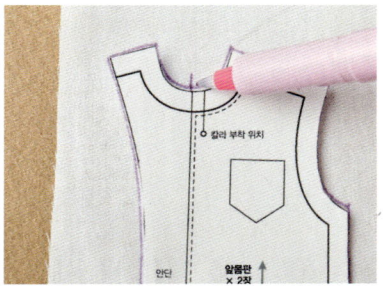

3. 패턴에 맞춰서 중심선과 칼라 부착 위치를 표시합니다.

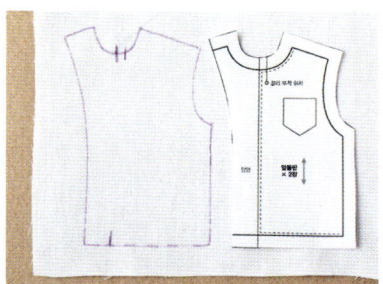

4 표시는 선의 바깥쪽이 아니라 안쪽에 해줘야 잘려 나가지 않습니다.

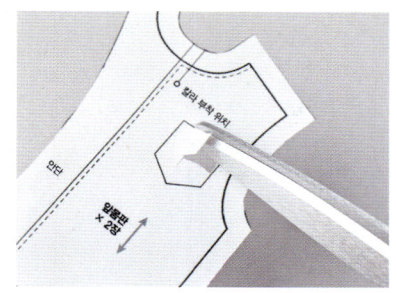

5 포켓 위치를 표시하는 방법입니다. 우선 포켓 위치를 오려냅니다.

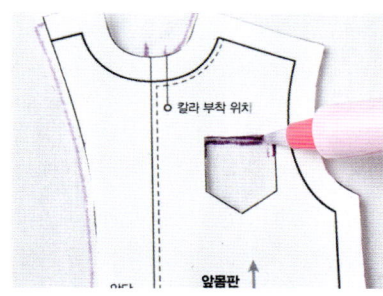

6 포켓을 오려낸 몸판 패턴을 원단의 표시와 맞춰서, 포켓 입구를 표시합니다.

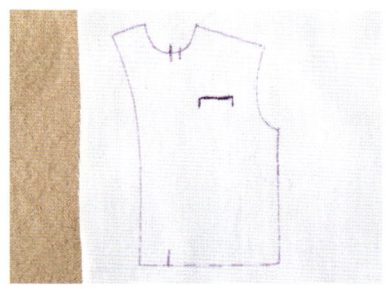

7 포켓은 위치만 알면 되므로, 포켓 전체 형태를 옮겨 그릴 필요가 없습니다.

8 손바느질을 할 때, 또는 재봉틀 가이드로 재봉하기 어려운 경우에는 완성선을 그려줍니다. 바깥 선 안쪽에 5mm의 시접 너비를 촘촘하게 표시한 다음, 표시한 부분들을 연결합니다.

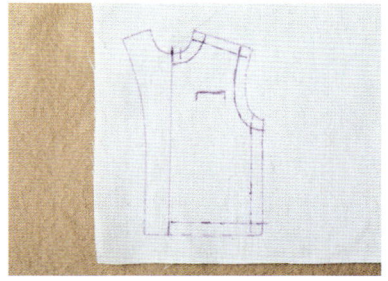

9 패턴과 같은 모양으로 옮겨 그려졌습니다.

10 그려진 선에 맞춰 원단을 재단합니다. 여러 파츠를 한 번에 그린 경우, 파츠별로 대충 자른 후 한 장씩 정교하게 잘라냅니다.

11 원단 끝에 올풀림 방지액을 조금씩 바릅니다. 액체가 시접을 넘어 몸판 쪽에 스며들지 않도록 주의하세요. 큰 파츠는 종이 위에 올려놓고 발라줍니다.

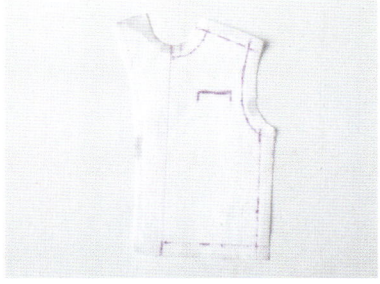

12 종이 위에서 말립니다. 사람 옷은 올풀림 방지를 위해 오버로크 재봉을 하지만, 인형옷은 너무 두꺼워질 우려가 있어 올풀림 방지액을 사용합니다.

시접의 처리

파츠에 따라 시접의 처리 방법이 달라집니다. 시접을 얼마나 깔끔하게 처리하느냐에 따라 완성도에 차이가 납니다.

나누기

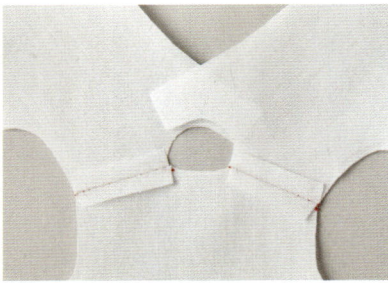

시접을 좌우로 펼쳐서 평평하게 하고, 겉에서 봤을 때 두께 차이가 나지 않도록 합니다. 다림질로 시접을 눌러서 확실하게 펼쳐줍니다.

한쪽으로 눕히기

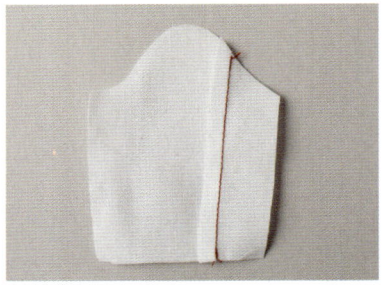

시접을 나눴을 때 겉에서 표시가 날 것 같다거나 한쪽으로 눕히는 것이 디자인적으로 좋은 경우에는 한쪽으로 눕힙니다. 시접을 눕힌 후 상침재봉으로 고정할 수도 있습니다.

가위집 넣기

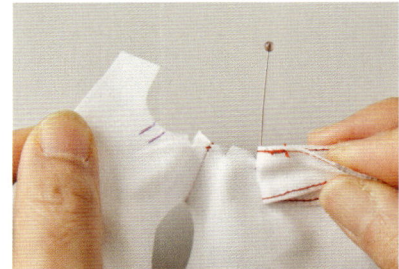

원단이 당겨지는 것을 막기 위해 목둘레와 같은 곡선, 어깨나 겨드랑이의 재봉선 바깥에 가위집을 넣어줍니다.

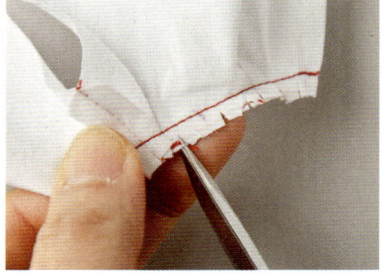

가위집은 재봉선에 바짝 붙여서 깊게 넣어야 합니다.

잘라내기

급커브 부분이나 작은 파츠에 가위집만 넣으면, 겉으로 뒤집었을 때 남는 원단이 뭉쳐져 깔끔하지 않을 수 있습니다. 이때 시접을 삼각형으로 잘라내면 여유가 생겨 깔끔해집니다. 칼라의 모서리 부분도 시접을 가능한 한 좁게 잘라냅니다. 너무 많이 자르면 올이 풀릴 수 있으므로, 올풀림 방지액을 발라주세요.

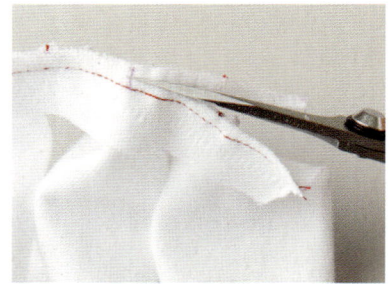

원단으로 감싸는 부분은 시접 너비 조절을 위해 잘라내야 할 수도 있습니다. 5mm 시접을 3mm 폭으로 줄이고 싶을 때는, 시접 너비를 절반으로 잘라냅니다.

자주 사용하는 기법과 포인트

재봉은 편리해지고 마무리는 깔끔해지는 몇 가지 요령을 알려드립니다.

접착제로 임시 고정, 완전 고정

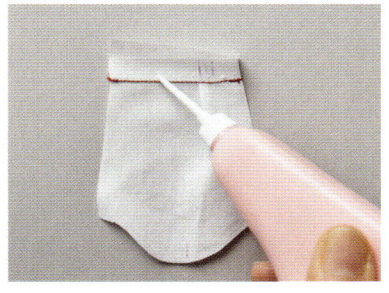
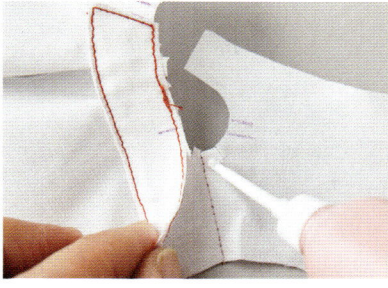

접착제는 조금씩 바르는 것이 중요하므로, 좁은 노즐을 가진 제품이 편리합니다.

칼라를 붙이는 위치는 곡선이므로, 목둘레에 칼라를 접착제로 임시 고정해 두면 재봉이 쉬워집니다.

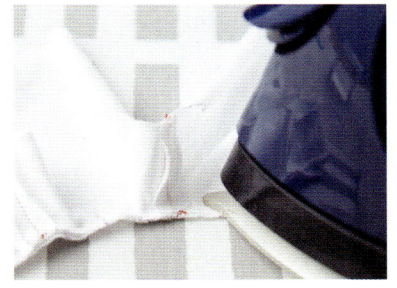

다림질로 접착되는 종류라면, 접착제를 바른 후 다림질해서 확실히 고정되도록 합니다.

종이와 함께 재봉하기

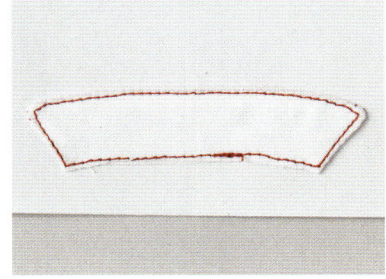

1 원단 가장자리에 상침재봉할 때, 작은 파츠를 재봉할 때 종이를 원단 아래에 깔고 함께 재봉하면 손으로 잡을 수 있는 면적이 늘어나 재봉이 쉽습니다.

2 종이의 결에 맞춰 재봉하면 종이를 쉽게 찢어낼 수 있습니다. 재봉 후에는 결 방향에 따라 조심스럽게 종이를 제거합니다.

물을 뿌려 형태 잡기

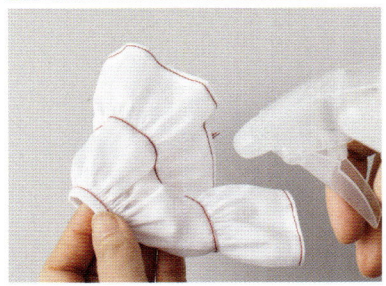

1 플레어나 개더스커트의 퍼짐을 잡아주고 형태를 깔끔하게 정돈하는 방법입니다. 분무기로 의상 전체에 물을 뿌려줍니다.

2 손으로 살짝 쥐어서 퍼짐을 막아줍니다. 형태를 잡았다면 그대로 말립니다. 칼라 등 형태를 잡고 싶은 부분에도 분무기를 사용합니다.

올풀림 방지

45쪽의 설명처럼 전체 파츠에 바를 수도 있고, 칼라의 경우처럼 재봉 후에 바를 수도 있습니다. 원단의 올풀림을 막기 위해 바르는 것은 동일합니다.

목둘레, 소매둘레의 안단 처리

칼라나 소매가 없는 디자인에는 안단을 붙여서 시접을 처리합니다.
여기서는 알아보기 쉽게 검은 망사를 사용했지만, 실제로 만들 때는 흰색이나 원단 색상에 맞는 망사를 사용해 주세요.

목둘레와 소매둘레에 함께 달기

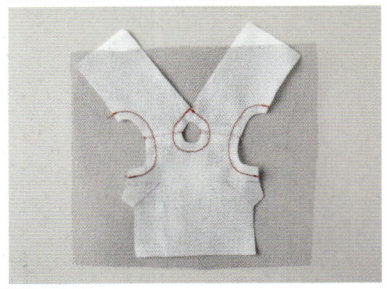 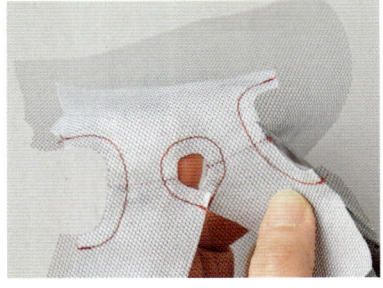 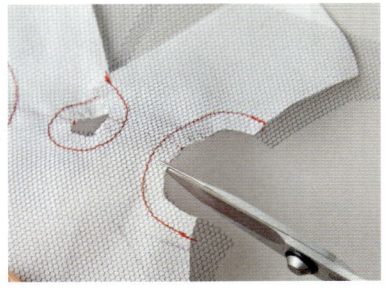

1 크게 사각형으로 자른 안단(망사)과 몸판을 겉끼리 마주 대어, 목둘레와 소매둘레를 재봉합니다.

2 목둘레와 소매둘레 바깥 선에 맞춰 여분의 망사를 잘라냅니다. 목둘레 깊게 가위집을 넣은 후 여분을 잘라 냅니다.

3 목둘레와 소매둘레 시접에 가위집을 넣어줍니다.

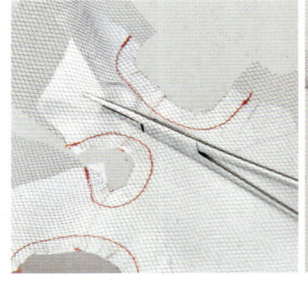 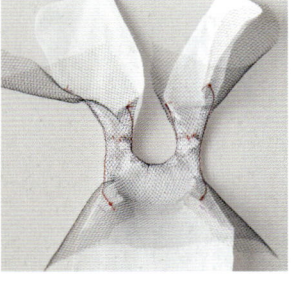 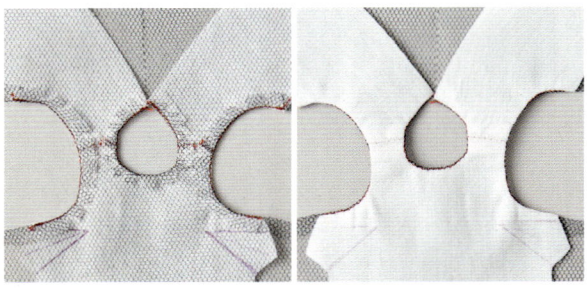

4 몸판과 안단 사이에 겸자를 넣고, 어깨를 통해 뒤판의 끝을 잡아당겨 겉으로 뒤집습니다. 뒤판의 양쪽을 모두 겉으로 뒤집으면 둥글게 말려있는 상태가 됩니다.

5 수예용 송곳으로 곡선 부분을 다듬고 다림질합니다. 목둘레와 소매둘레 시접에 넣은 가위집이 벌어지면서, 곡선 부분이 깔끔하게 정리됩니다.

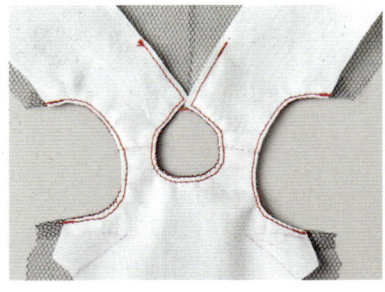 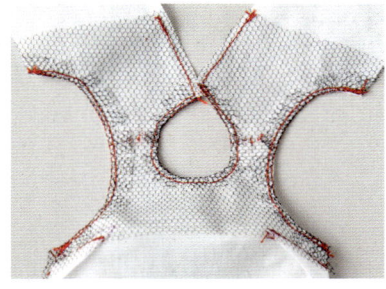

6 안단에 상침재봉합니다. 소매둘레, 뒤여밈, 목둘레 완성선에서 약 1mm 안쪽에 하면 됩니다.

7 여분의 안단을 잘라냅니다.

1 기본

소매둘레에만 달기

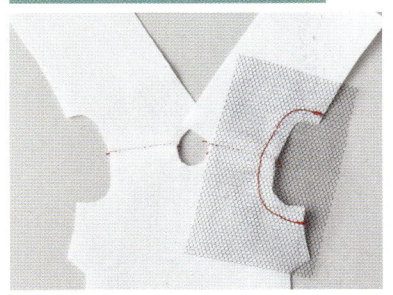

1 소매둘레와 크게 잘라낸 안단(망사)을 겉끼리 마주 대어, 소매둘레의 완성선을 재봉합니다.

2 소매둘레에 맞춰 여분의 망사를 잘라내고, 시접에 가위집을 넣어줍니다.

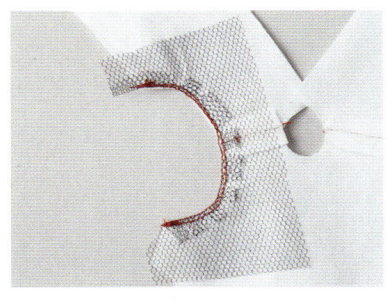

3 겉으로 뒤집어 수예용 송곳으로 곡선을 다듬은 후 다림질합니다. 소매둘레 완성선에서 약 1mm 안쪽에 상침 재봉합니다.

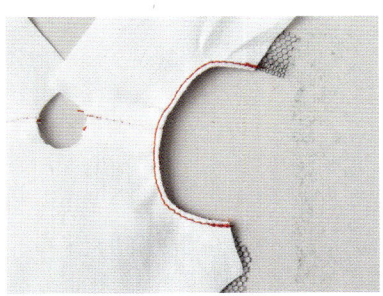

4 겉에서 본 모습입니다. 반대쪽 소매둘레도 같은 방법으로 안단을 달아줍니다. 목둘레에 칼라를 재봉해 단 후에 여분의 망사를 잘라냅니다.

목둘레에만 달기

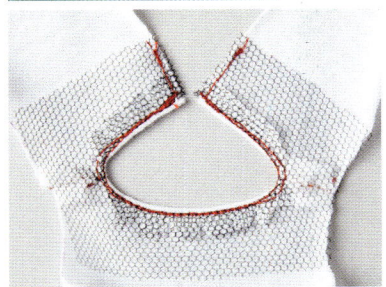

목둘레도 위의 소매둘레와 같은 방법으로 재봉하고, 마지막에 여분의 안단을 잘라냅니다.

잔주름(개더) 잡기

원단에 주름용 재봉을 해서 잔주름을 만드는 방법입니다.
여기서는 재봉틀로 하는 방법을 소개하지만, 손바느질로도 가능합니다.

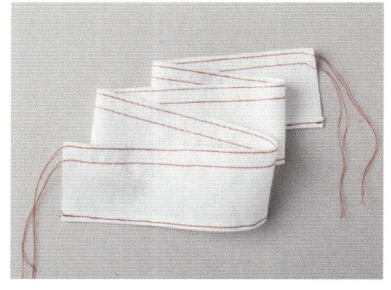

1 재봉틀의 바늘땀을 3~4mm로 크게 설정해 주름용 재봉을 2줄 합니다. 완성선의 위아래, 즉 시접에 1줄, 본체 부분에 1줄 합니다. 시작과 끝부분의 실은 길게 남겨둡니다.

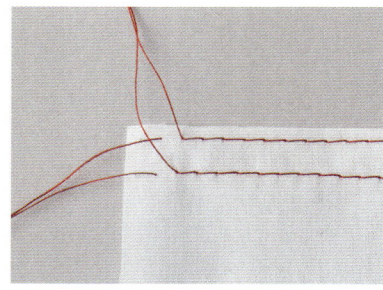

2 바느질의 끝부분, 마지막 바늘땀의 아래쪽 실을 잡아당겨 빼냅니다. 위쪽 실과 아래쪽 실이 같은 방향으로 나와 있는 상태입니다.

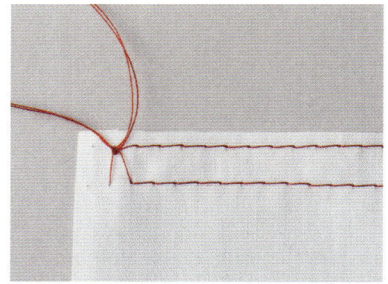

3 위쪽 실 2가닥을 합치고 아래쪽 실 2가닥을 합친 다음, 위쪽 실과 아래쪽 실을 단단히 매듭지어줍니다.

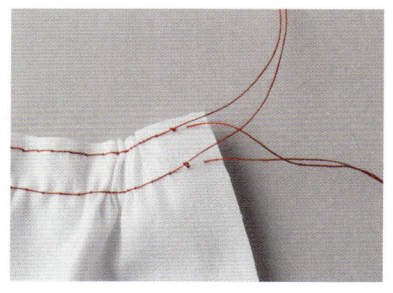

4 바느질의 시작 부분도 같은 방향으로 실을 빼냅니다. 이번엔 아래쪽 실 2가닥만 당기면 자연스럽게 주름이 잡힙니다. 원하는 길이가 될 때까지 주름을 당겨줍니다.

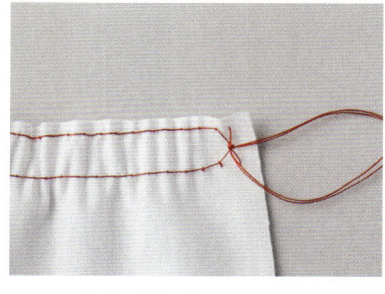

5 주름을 잡은 후, 위쪽 실 2가닥을 합치고 아래쪽 실 2가닥을 합친 다음 단단히 매듭을 짓습니다.

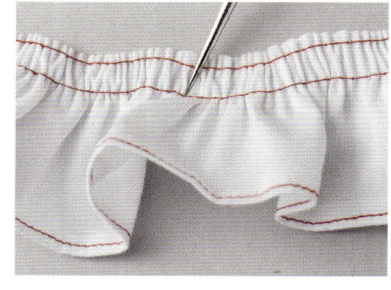

6 수예용 송곳으로 주름을 고르게 정돈하면, 잔주름 완성입니다.

7 파츠를 재봉해 합친 후, 본체 쪽의 주름용 재봉실만 양쪽 끝을 잡아당겨 잘라서 빼냅니다. 수예용 송곳을 이용하세요.

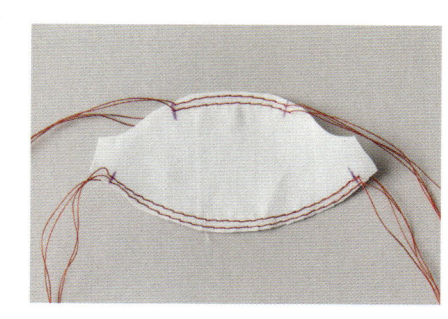

소매의 주름도 같은 방법으로 재봉할 수 있습니다. 다만, 소매는 2줄의 주름용 재봉 모두 시접 부분에 해야 합니다.

턱 주름 잡기

원단을 집어서 만드는 턱 주름은 스커트나 팬츠의 허리 부분, 소맷부리에 자주 사용됩니다.

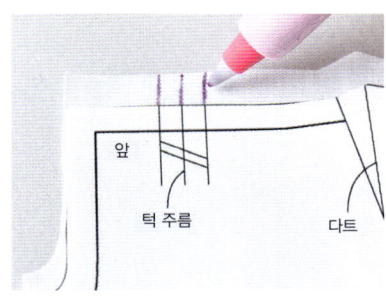
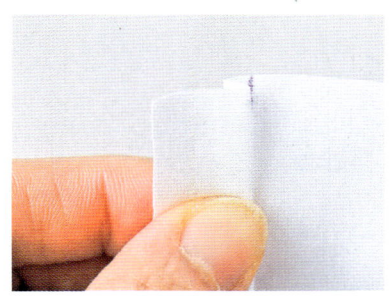

1 재단한 원단 위에 패턴을 올린 후, 턱 주름을 잡을 위치를 표시합니다.

2 패턴에 표시된 턱 주름의 사선 방향에 맞춰 접습니다. 먼저 중심선을 접어 금을 내고, 2줄 사선으로 이어진 높은 쪽의 직선을 접어서 낮은 쪽 직선 위에 올립니다. 다림질로 형태를 고정합니다.

다트 재봉하기

체형에 맞춰 입체감을 주기 위해 삼각 형태를 집어서 재봉합니다. 허리나 가슴 부분에 사용됩니다.

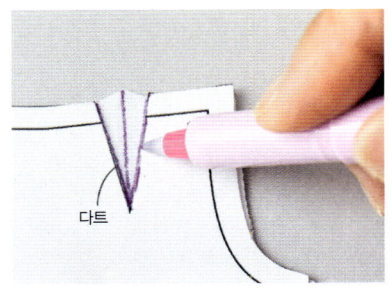
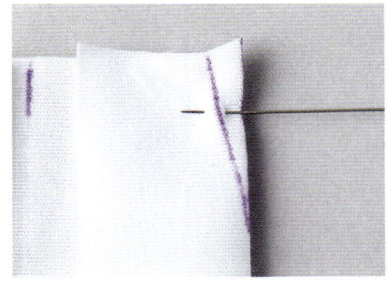

1 패턴의 다트 부분을 잘라내고, 재단한 원단 위에 패턴을 맞춰 올려 위치를 표시합니다.

2 다트의 중심선에 맞춰 겉끼리 맞닿게 접고, 표시된 선에 맞춰 시침핀으로 고정합니다.

3 표시선(다트의 완성선)을 재봉합니다.

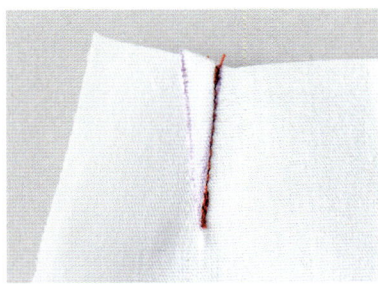

4 시접을 한쪽으로 눕혀줍니다. 눕히는 방향에 정해진 규칙은 없으므로 겉에서 보기 좋은 방향으로 해주세요. 다만, 좌우 다트의 방향은 맞춰야 합니다.

포켓 만들기

간단해서 어떤 아이템에도 편리하게 사용할 수 있는 포켓 제작법을 소개합니다.

기본 패치포켓

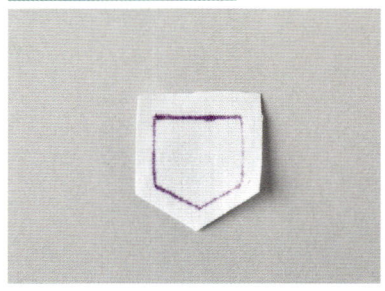

1 원단에 포켓 패턴을 대고 완성선을 그립니다. 시접은 3~5mm 정도입니다.

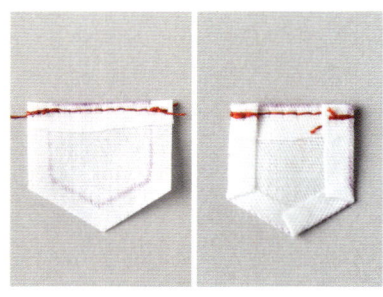

2 포켓 입구 시접을 접어 원단용 접착제로 붙이고, 상침재봉합니다. 아래 시접을 순서대로 접어 붙이고, 마지막으로 양옆의 시접을 접어 붙입니다.

3 포켓 부착 위치에 맞춰 붙이고, 입구를 제외하고 3면을 재봉하면 완성입니다.

플랩 포켓

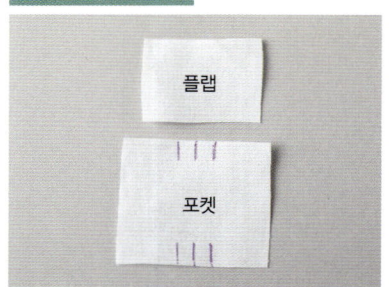

1 플랩(덮개)과 포켓 파츠를 준비합니다. 사진의 포켓은 턱 주름이 들어간 형태로, 카고 팬츠 등에 사용됩니다.

2 포켓의 한쪽 끝 선에 맞춰 겉으로 접고, 접은 선의 가장자리에 상침재봉합니다. 다른 쪽 끝도 똑같이 합니다.

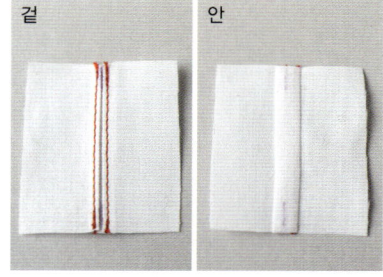

3 가운데 선에서 양쪽의 접은 부분이 만나도록 다림질로 형태를 고정합니다. 안쪽에서 본 모습도 확인하세요.

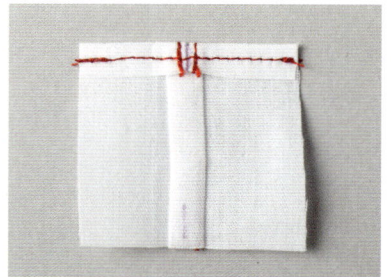

4 포켓 입구 시접을 접어 접착제로 붙이고 상침재봉합니다.

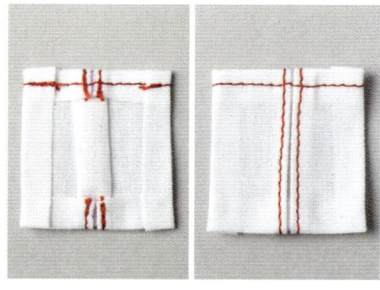

5 아래와 양옆의 시접을 접어 붙입니다. 이로써 포켓 부분이 완성되었습니다.

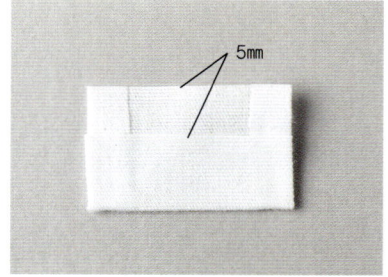

6 플랩을 만듭니다. 아래쪽에 위치할 포켓보다 작아지지 않도록 주의하면서 양옆 시접을 접어 붙입니다. 위쪽 시접이 5mm(11cm 크기는 3mm)가 되게 남기고 아래쪽을 접어서 붙입니다.

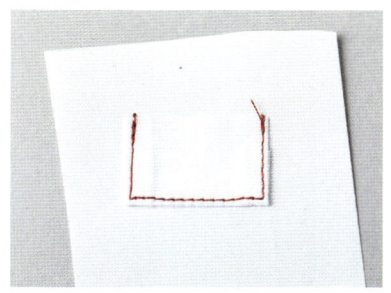

7   종이 위에 플랩을 올리고, 위쪽을 제외하고 3면에 상침재봉합니다. 종이를 찢어냅니다.

8   플랩과 본체를 겉끼리 맞닿게 포개어 맞추고, 5mm(11cm 크기는 3mm) 시접 위치를 재봉합니다.

9   플랩의 재봉선 아래에 포켓 입구를 맞추고, 포켓의 양옆과 아래를 재봉합니다.

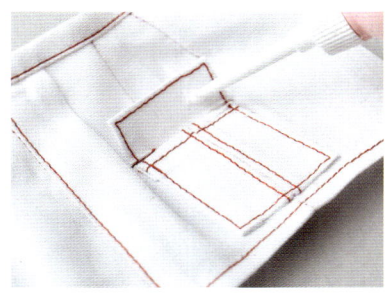

10   플랩을 접어 접착제를 바르고 포켓에 붙입니다.

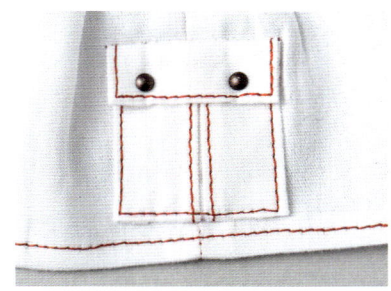

11   취향에 맞는 핫픽스 등 장식을 붙이면 완성입니다.

플랩만 있는 페이크 포켓

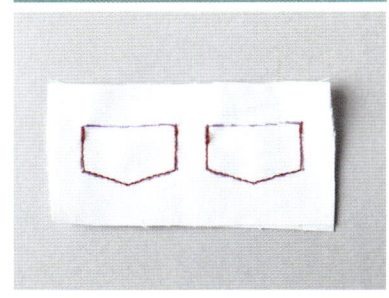

1   원단 2장을 겉끼리 마주 대어, 위쪽을 남기고 3면을 재봉합니다.

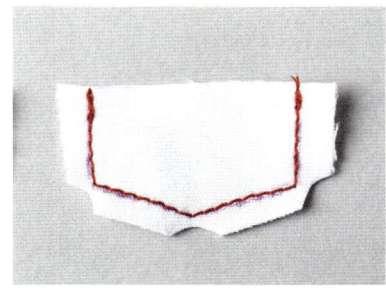

2   시접 3mm를 남기고 재단하고, 모서리는 삼각형으로 잘라냅니다. 모서리와 위쪽에 올풀림 방지액을 발라줍니다.

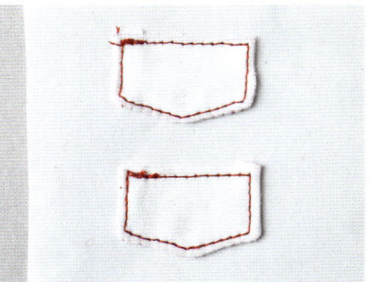

3   겉으로 뒤집어 모서리를 깔끔하게 정돈하고 다림질합니다. 종이를 아래에 깔고 가장자리를 빙 둘러 상침재봉합니다. 이후 과정은 '플랩 포켓'의 8~10번을 참고하세요.

트임 처리하기

인형에게 입히기 쉽고 두꺼워지지 않게 하는 것이 중요합니다. 몇 가지 방법 중에 원하는 것을 선택하세요.

벨크로 테이프 앞트임 (블라우스 등)

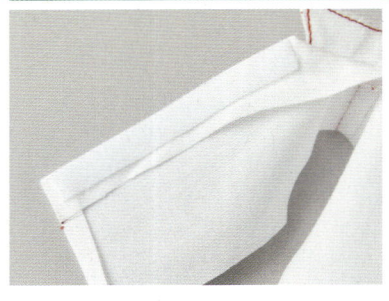
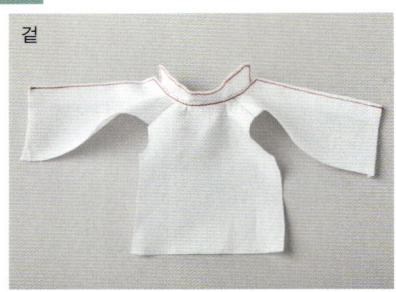

1 앞몸판을 여몄을 때 위로 가는(여기서는 오른쪽) 안단에 벨크로 테이프 루프(보들) 쪽을 원단용 접착제로 임시 고정합니다.

2 밑단~목둘레~반대쪽 밑단을 빙 둘러서 상침재봉합니다. 이 과정에서 벨크로 테이프가 고정됩니다.

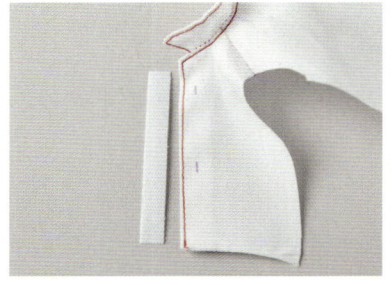

3 반대쪽 몸판에 5mm 너비(11cm 크기는 3mm)를 표시하고, 벨크로 테이프의 후크(까슬) 쪽을 준비합니다.

4 표시된 곳에 벨크로 테이프의 끝을 맞추어 재봉합니다. 벨크로 테이프가 밖으로 살짝 튀어나와 있습니다. 이것으로 완성.

벨크로 테이프 뒤판 맞여밈은 벨크로 테이프가 돌출 (블라우스, 티셔츠, 스웨트셔츠 등)

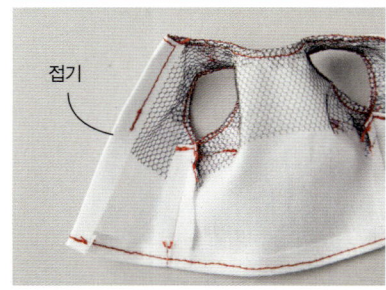
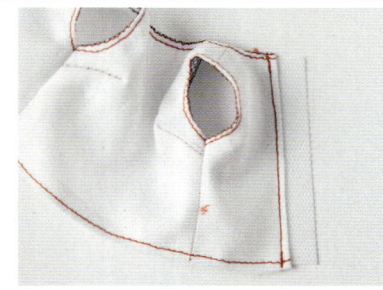
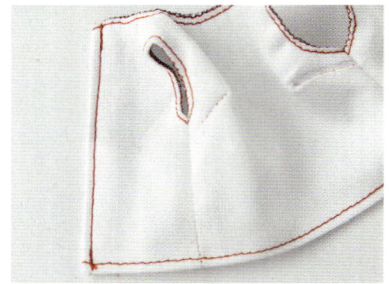

1 뒤트임의 한쪽 시접을 접어줍니다.

2 벨크로 테이프의 후크(까슬) 쪽이 뒤트임에서 6~7mm 정도 튀어나오게 겹쳐서 재봉합니다. 종이를 아래에 깔고 재봉하면 작업이 쉽습니다.

3 반대쪽 뒤트임의 시접을 접고, 벨크로 테이프의 루프(보들) 쪽을 단에 꼭 맞게 겹쳐서 재봉합니다.

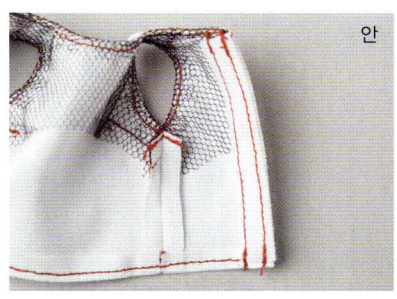 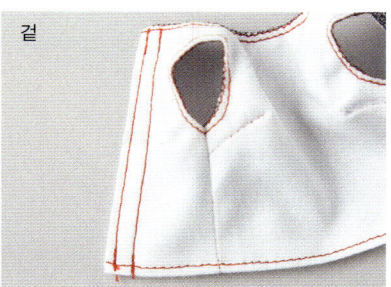

4 벨크로 테이프를 단단히 고정하기 위해, 다시 한 번 상침재봉합니다. 이것으로 완성.

벨크로 테이프 뒤트임 덧단에 부착 (스커트, 팬츠)

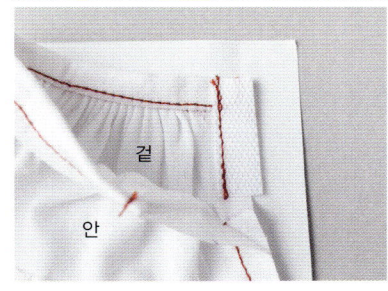 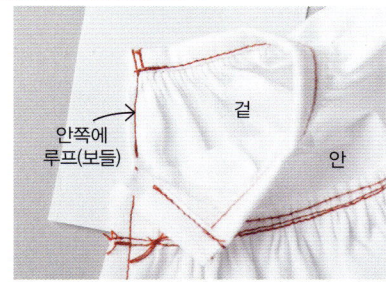 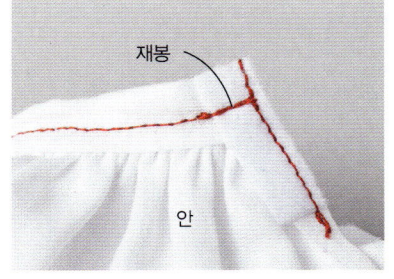

1 뒤트임에서 접지 않은 쪽의 시접분 위에 벨크로 테이프의 후크(까슬) 쪽을 겹쳐서 재봉합니다. 시접은 5mm이므로 벨크로 테이프가 밖으로 튀어나오게 됩니다.

2 반대쪽의 접어 놓은 시접에 벨크로 테이프 루프(보들)를 겹쳐서 재봉합니다. 접은 부분에서 벨크로 테이프가 튀어나오지 않도록 주의하세요.

3 허리벨트의 상침재봉에 맞춰 벨크로 테이프의 후크(까슬)를 가로 방향으로 재봉합니다. 이것으로 완성. 허리벨트 달기와 덧단 재봉법은 113쪽(기본 스트레이트 팬츠 만들기)을 참고하세요.

후크 앞트임 (카디건 등)

 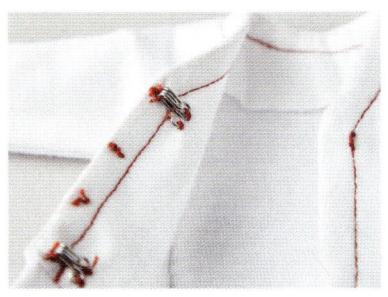

1 앞몸판의 한쪽 단에 단추를 답니다. 자세한 방법은 96쪽의 카디건 만들기를 참고하세요.

2 맨 위 단추와 맨 아래 단추의 뒷면에 걸고리의 후크를 달아줍니다. 반대쪽에는 후크 위치에 맞춰 실고리를 만들어 줍니다.

트임 처리하기

후크 뒤트임의 덧단에 부착 (스커트, 팬츠)

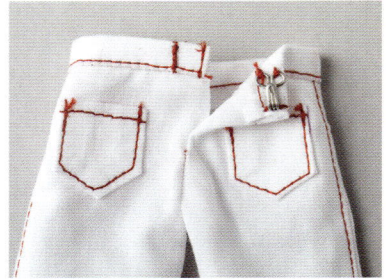

1 116쪽을 참고해 허리벨트를 재봉합니다. 뒤판을 겉끼리 마주 대어 시침핀으로 고정합니다.

2 트임분을 제외하고 재봉한 후, 가위집을 넣어줍니다. 이것으로 트임 처리를 위한 덧단이 만들어졌습니다.

3 재봉이 끝나면 마지막으로 후크와 실고리를 달아줍니다. 위가 되는 쪽에 후크를 달고, 인형의 허리 크기에 맞게 위치를 정한 후 아래쪽에 실고리를 만들어 줍니다.

후크 달기

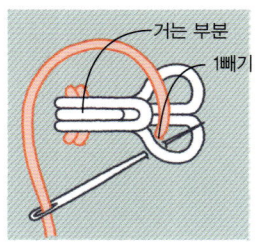
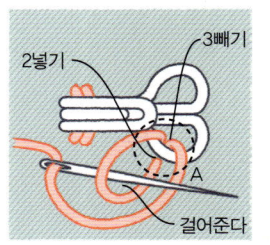
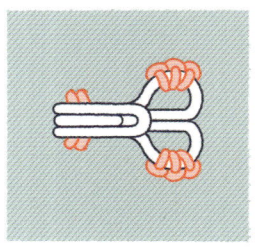

1 후크의 거는 부분을 2~3회 바느질한 다음, 동그란 부분 안으로 바늘을 빼냅니다. 이어서 동그란 부분 바깥에서 안으로 바늘을 넣습니다.

2 동그란 부분 안쪽(A)으로 실을 끝까지 잡아당기지 않고, 실로 고리를 만들어 바늘을 통과시킨 후 당깁니다.

3 동그란 모양을 따라서 이 과정을 반복하여 3~4땀씩 바느질해줍니다.

실고리와 단추 뒤판 맞여밈 방식 (티셔츠, 스웨트셔츠, 원피스)

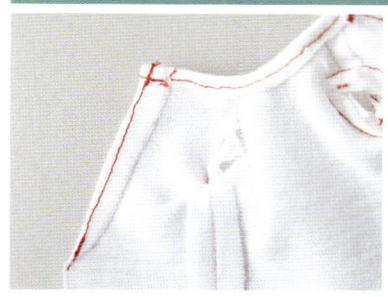

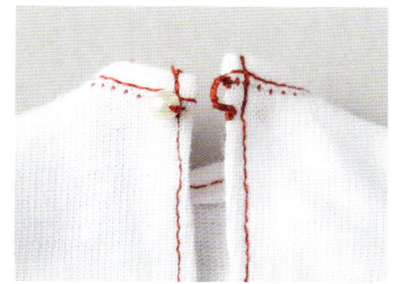

1 뒤트임의 시접을 트임 끝 위치까지 비스듬하게 접어서 접착제로 임시 고정한 후, 가장자리에 상침재봉합니다. 좌우를 똑같이 처리합니다.

2 뒤트임의 아랫부분을 겉끼리 마주 대어 재봉합니다.

3 겉으로 뒤집어 한쪽 끝에는 실고리를 달고, 다른 쪽 끝에는 위치를 맞추어 단추 대용으로 비즈를 달아줍니다. 비즈를 실고리에 걸면 완성.

실고리 만들기

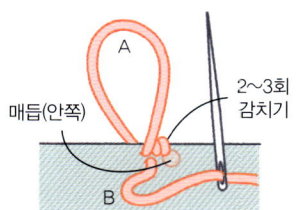
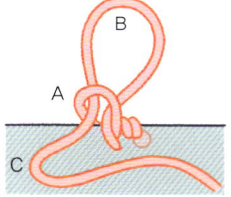
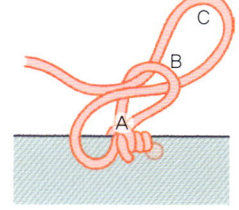

1 안쪽에서 겉면으로 바늘을 빼내서 원단을 2~3번 감친 후 실을 매듭짓습니다. 안쪽에서 겉면으로 다시 바늘을 빼내어 고리(A)를 만듭니다.

2 그림과 같이 A의 고리에 B의 실을 통과시켜, 당기면서 고리를 만듭니다.

3 계속해서 B의 고리에 C의 실을 통과시켜 고리를 만들어 갑니다. 이 작업을 반복해서 사슬뜨기를 합니다.

4 비즈나 걸고리가 통과할 수 있는 길이가 될 때까지 사슬뜨기를 계속합니다. 완만한 산 모양을 만들어서 원단에 단단히 고정합니다.

단추 대용으로 비즈 달기

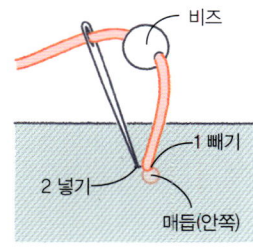
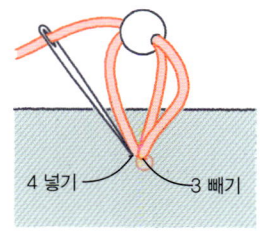
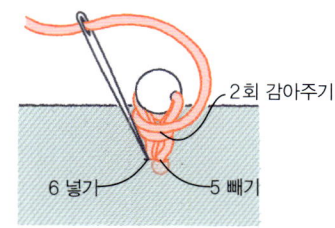

1 안쪽에서 겉으로 바늘을 빼내 비즈를 통과시킨 후, 바늘이 나온 자리에 다시 바늘을 꽂아 넣습니다.

2 같은 방법으로 한 번 더 비즈에 실을 통과시켜 고정합니다.

3 겉으로 바늘을 빼내어 비즈를 통과한 실을 2회 감아준 다음, 실의 시작 부분에 바늘을 집어넣어 안쪽에서 매듭지어줍니다.

27㎝ / 모델: 모모코
momoko™ ©PetWORKs Co.,Ltd.

Chapter 2

상의

Tops

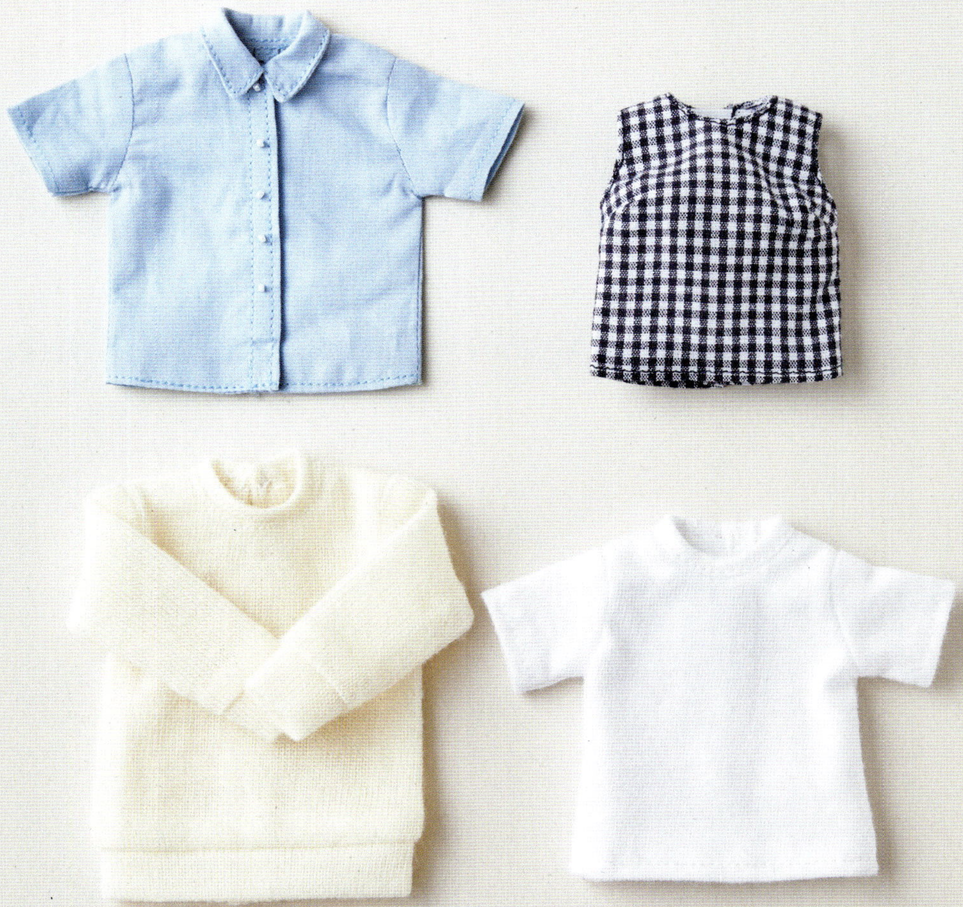

블라우스(앞트임과 뒤트임), 티셔츠, 스웨트셔츠의 4종을 소개합니다.
블라우스는 소매, 칼라만 바꿔도 분위기가 확 달라지므로
게재된 스타일뿐만 아니라 여러 가지 조합을 즐겨주세요.

앞트임 블라우스의 종류

앞을 단추(또는 벨크로 테이프)로 여미고 소매와 칼라가 달린 형태입니다. 소매, 칼라, 포켓으로 다양한 스타일을 연출할 수 있습니다. 그 외에도 오버핏의 드롭숄더 디자인과 인기가 많은 세일러 칼라를 소개합니다.

기본 블라우스
How to make > P.62

가장 단순한 형태인, 각진 플랫칼라의 반소매 블라우스를 기본으로 설명하겠습니다. 포켓은 취향에 따라 달아주시면 됩니다. 기본 블라우스는 몸판 만들기, 소매 만들기와 달기, 칼라 만들기와 달기의 기본이 됩니다.

칼라 응용
몸판의 형태는 기본과 같고, 칼라의 형태가 다릅니다. 칼라는 형태에 따라 부착 위치가 다릅니다.

둥근 플랫칼라
칼라의 형태가 둥근 타입.
만드는 방법은
기본형과 같습니다.

셔츠 칼라
칼라의 형태를 잡아주기 위한
스탠드 부분이 있는 타입입니다.
How to make > P.67
※11㎝ 크기는 없습니다.

오픈칼라
칼라를 열어서 입는
타입입니다.
How to make > P.69

스탠드칼라(밴드칼라)
칼라를 접지 않고
세워서 입는 타입입니다.
How to make > P.67

보우 칼라
칼라와 보우 타이가 연결된 타입입니다.
How to make > P.68
※11㎝ 크기는 없습니다.

세일러 칼라 How to make > P.74

몸판과 칼라의 형태가 기본형과 다르고, 소매는 동일합니다.
칼라 다는 방법은 기본적으로 같습니다.

앞이 중간까지 트인 블라우스로 V 네크라인에 큰 사각형 칼라가 달렸습니다.
앞트임 형태이지만, 다른 블라우스와는 패턴과 만드는 법이 다릅니다.

2 상의

소매 응용 몸판의 형태는 기본형과 같고 소매의 형태가 다릅니다. 다는 방법은 기본적으로 같습니다.

퍼프소매 긴소매
소맷부리와 소매산에
잔주름을 잡은 10부 길이의
퍼프소매입니다.

긴소매
소매가 10부 형태로,
소맷부리에 턱 주름과
소매 커프스를 달았습니다.
How to make > P.72

퍼프소매 반소매
소맷부리와 소매산에
잔주름을 잡은
짧은 길이의 퍼프소매입니다.
How to make > P.70

드롭 숄더
어깨 위치를 소매 쪽으로
내려준 형태로, 대부분 품이 넓고
여유 있는 오버핏입니다.
몸판의 형태와 소매 다는 방법이
기본형과 다릅니다.
How to make > P.73

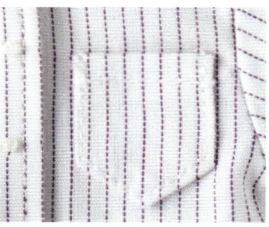

선택항목

포켓
포켓 형태는 대부분 사각형이나 기본형을
선택합니다. 또는 페이크 플랩만 달아서
포켓이 있는 것처럼 연출하기도 합니다.
How to make > P.52

기본 블라우스 만들기

기본 앞트임의 몸판에 각진 플랫칼라를 적용한, 깔끔한 반소매 블라우스입니다.

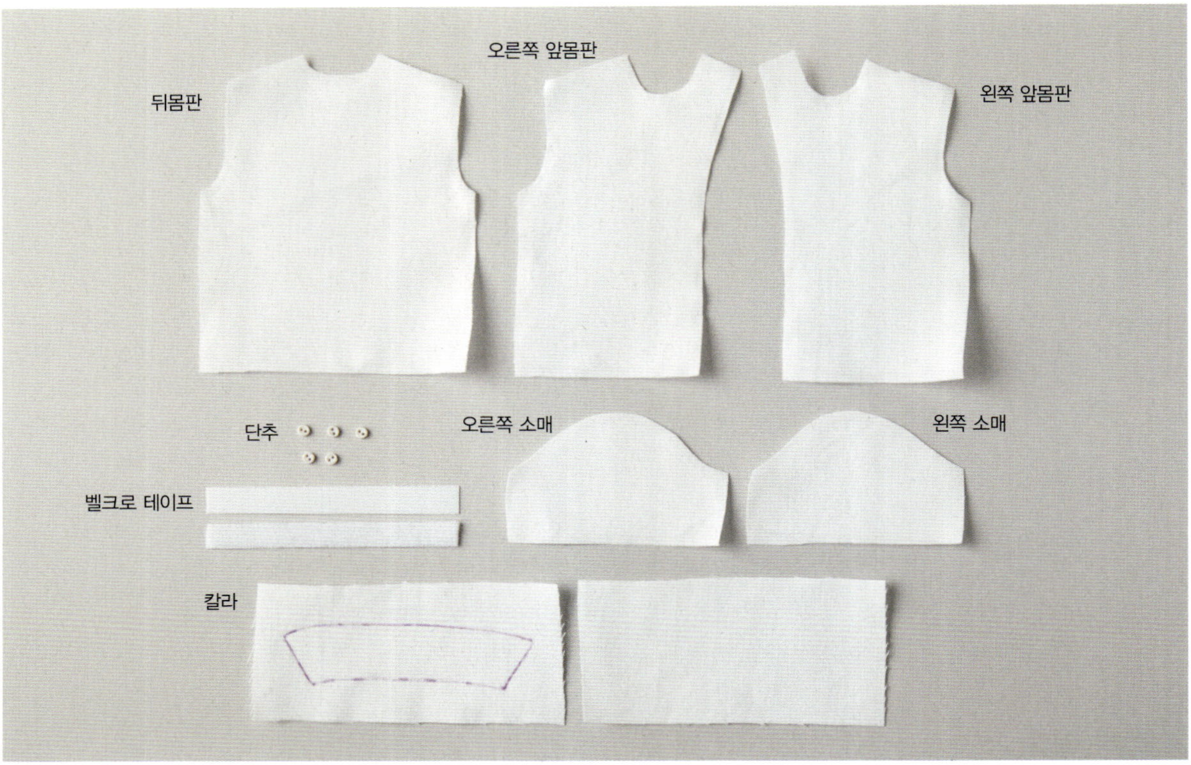

준비물
22cm: 면 평직 10cm × 33cm, 단추(비즈) 5개, 벨크로 테이프
27cm: 면 평직 13cm × 35cm, 단추(비즈) 5개, 벨크로 테이프
11cm: 면 평직 7cm × 23cm, 단추(비즈) 4개, 벨크로 테이프

1 각 파츠를 재단하고 가장자리에 올 풀림 방지액을 발라줍니다. 칼라(2장)는 원단을 사각형으로 대충 잘라 완성선을 그려줍니다. 완성선 표시는 1장에만 하면 됩니다.

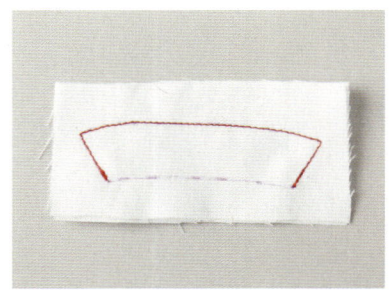

2 칼라 2장을 겉끼리 마주 대어, 목둘레 부분(창구멍)을 제외하고 완성선을 재봉합니다.

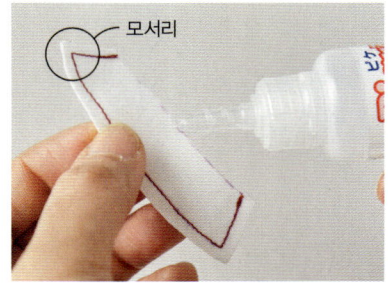

3 재봉한 부분의 시접을 3mm 정도 남기고 잘라줍니다. 목둘레는 패턴에 시접이 포함된 상태이므로 재단선을 자릅니다. 목둘레와 모서리 부분에 올 풀림 방지액을 바르고 건조시킵니다.

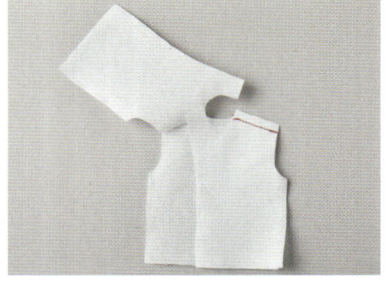

4 앞뒤 몸판을 겉끼리 마주 대어 어깨를 재봉합니다. 시접은 5mm(11cm 크기는 3mm)입니다.

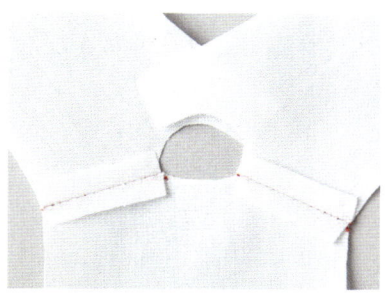
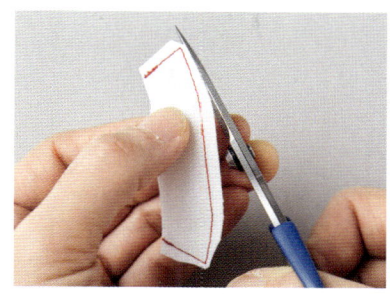

5 어깨 시접을 나누고 다림질로 고정합니다.

6 칼라의 올풀림 방지액이 마르면, 모서리 부분의 시접은 삼각형으로 잘라내고, 그 주변 1cm 정도는 시접을 얇게 잘라줍니다.

7 칼라를 겉으로 뒤집은 후, 송곳을 이용해 각진 부분을 빼줍니다. 시접을 얇게 잘라주었으므로 모서리가 깔끔하게 나옵니다. 다림질로 모양을 정돈합니다.

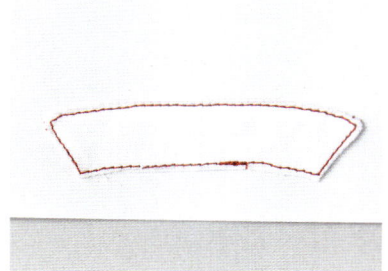

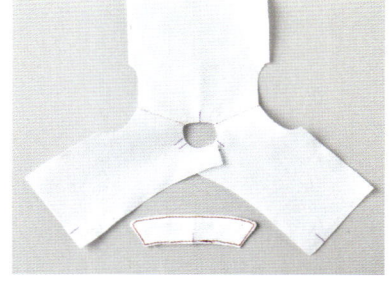

8 종이를 아래에 깔고, 칼라의 가장자리에서 1mm 안쪽에 상침재봉합니다. 이렇게 작은 파츠를 종이와 함께 재봉하면 작업이 쉽고 원단이 집히지도 않습니다.

9 재봉선을 따라 종이를 떼어냅니다. 재봉선이 늘어지지 않도록 주의해서 떼어주세요.

10 칼라의 중심, 뒤몸판의 중심, 앞몸판의 안단과 칼라 부착 위치를 표시합니다. 칼라와 뒤몸판의 중심은 원단을 반으로 접어서 표시하면 됩니다.

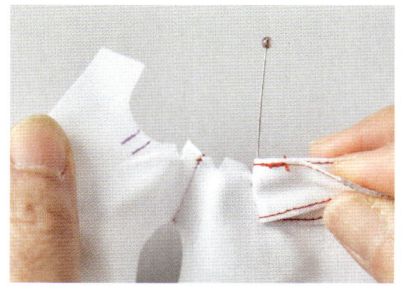

11 목둘레 시접, 즉 어깨 시접 양옆과 뒤중심에 가위집을 넣어줍니다. 이어서 칼라의 양쪽 끝과 몸판의 칼라 부착 위치를 맞춥니다. 뒤중심과 칼라 중심을 맞추어 시침핀으로 고정합니다.

12 목둘레에 원단용 접착제를 발라 칼라를 임시 고정합니다. 몸판의 칼라 부착 위치와 칼라의 끝을 정확히 맞춰주세요.

기본 블라우스 만들기

13 몸판 안단의 시접에 사진처럼 접착제를 바른 후, 표시에 맞춰 겉끼리 마주 닿게 꺾어 접어줍니다. 칼라에 안단이 임시 고정되었습니다.

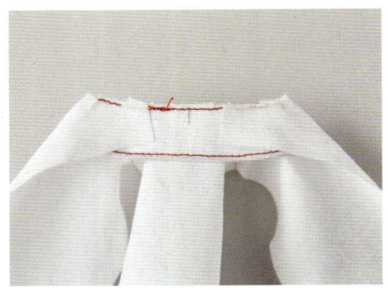

14 좌우 안단을 임시 고정하면 이런 모습이 됩니다.

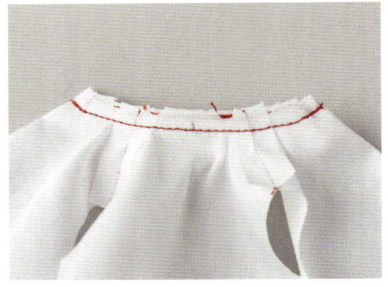

15 이제 목둘레를 재봉합니다. 어깨 부분이 접히거나 당겨지기 쉬우므로, 어깨 쪽을 주의하며 재봉해주세요. 소매둘레 부분을 잡고 살짝 당기듯이 재봉하면 울지 않습니다.

16 안단의 아래쪽도 표시에 맞춰 겉끼리 마주 닿게 접어 재봉합니다.

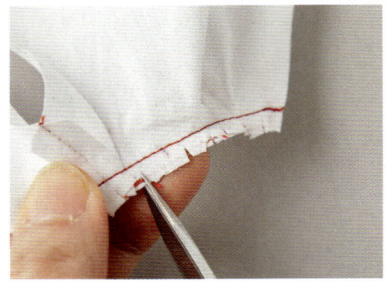

17 목둘레 시접에 가위집을 넣습니다. 이전에 넣은 가위집 사이에 넣어서, 총 여덟 군데 정도 되도록 합니다.

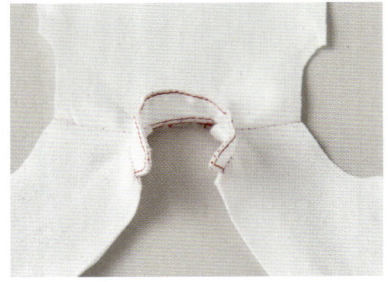

18 안단과 목둘레를 겉으로 뒤집은 후, 다림질로 모양을 정돈합니다. 목둘레를 꼭꼭 눌러 가면서 다림질해 칼라의 형태를 잡습니다.

19 여몄을 때 위로 가는(여기서는 오른쪽) 앞트임의 안단에 벨크로 테이프의 루프(보들)를 접착제로 임시 고정합니다. 목둘레와 밑단에서 각각 2mm 정도씩 띄어줍니다.

20 밑단~목둘레~반대쪽 밑단을 빙 둘러서 상침재봉합니다. 이 과정에서 벨크로 테이프도 함께 고정됩니다.

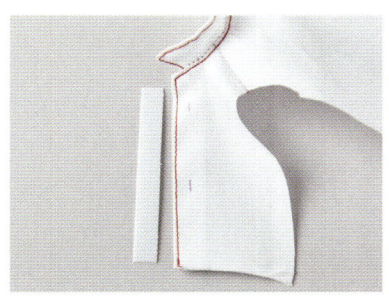

21 반대쪽 앞트임에 5mm(11cm 크기는 3mm) 너비를 표시하고, 벨크로 테이프의 후크(까슬) 부분을 준비합니다.

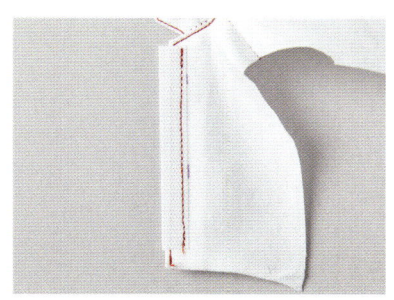

22 앞에서 표시한 곳과 벨크로 테이프의 가장자리를 맞춰 재봉합니다. 벨크로 테이프가 밖으로 조금 튀어나온 상태로 고정됩니다.

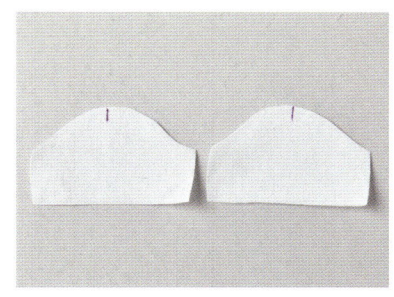

23 소매를 만들 차례입니다. 좌우 소매에 어깨 중심을 표시합니다.

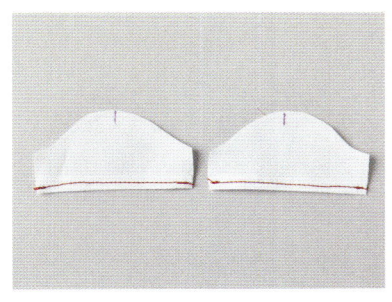

24 소맷부리의 시접을 접어 재봉합니다.

25 몸판 소매둘레와 소매산을 겉끼리 마주 대어, 살짝살짝 주름을 잡으면서, 소매의 중심과 끝을 맞춰 시침질합니다.

26 시침질로 임시 고정하면 이런 모습이 됩니다.

27 시접 5mm(11cm 크기는 3mm)를 주고 소매를 재봉합니다. 소매 쪽을 보면서 소매와 몸판이 평평한 상태가 되게 재봉하고, 마지막에는 어긋나지 않도록 끝을 정확히 맞춰서 재봉하세요.

28 앞에서 시침질한 실을 빼내고, 시접을 소매 쪽으로 눕혀 다림질로 정돈합니다.

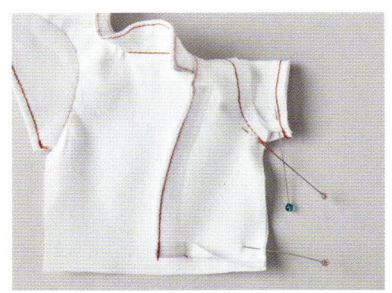

29 옆선과 소매아래를 좌우 각각 겉끼리 마주 대어 시침핀으로 고정합니다. 밑단은 펼쳐서 고정하세요.

기본 블라우스 만들기

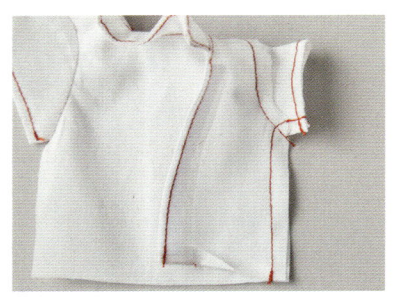

30 소매아래부터 옆선까지 이어서 재봉합니다. 밑단은 접힌 부분을 펼쳐서 재봉합니다.

31 좌우 모두 재봉한 모습입니다.

32 겨드랑이 시접의 좌우, 즉 몸판 쪽과 소매 쪽에 각각 가위집을 넣습니다. 이렇게 하면 옆선이 당기지 않습니다.

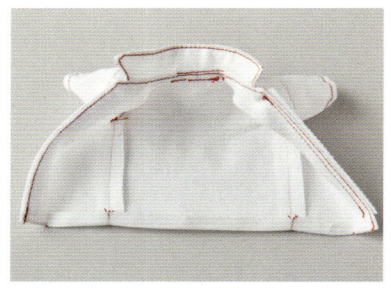

33 겉으로 뒤집어 옆선 시접을 나누고, 밑단 시접은 접어 다림질로 눌러 형태를 고정합니다.

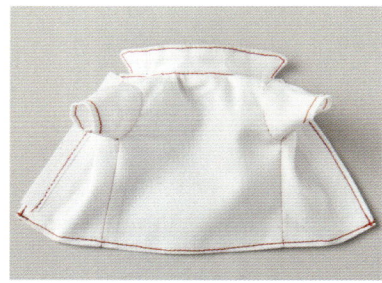

34 밑단에서 약 1mm 위치에 상침재봉합니다.

35 목둘레부터 밑단까지 일정한 간격으로 단추 부착 위치를 표시합니다. 여기서는 1.2cm 간격입니다.

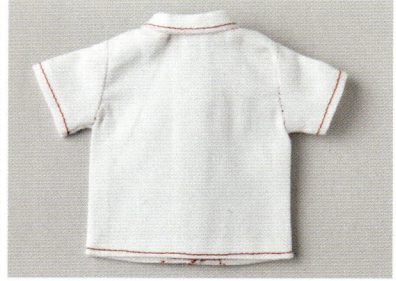

36 단추를 달아주면 완성. 다림질로 모양을 정돈합니다.

칼라 응용 — 셔츠 칼라 만들기

셔츠에 주로 사용되는 칼라로 단정한 인상을 줍니다. 기본 블라우스와 만드는 방법이 같지만, 칼라 부착 위치가 앞단 끝이란 점이 다릅니다.

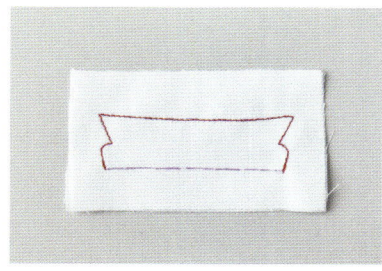
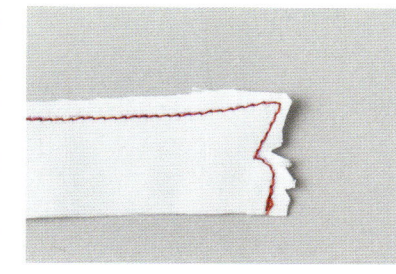
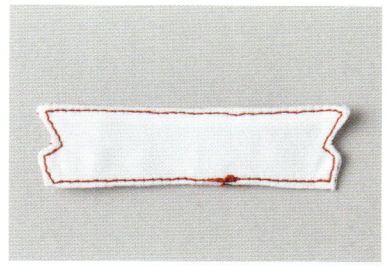

1. 칼라 원단 2장을 겉끼리 마주 대어, 목둘레를 남기고 재봉합니다. 재봉한 부분은 시접 3mm로, 목둘레는 그대로 재단합니다. 목둘레와 모서리에 올풀림 방지액을 발라줍니다.

2. 모서리를 삼각형으로 잘라내고, 모서리 주변의 약 1cm 정도는 시접을 좁게 잘라냅니다. 칼라를 세우는 아래쪽 '받침' 부분은 뒤집었을 때 시접이 뭉치지 않도록 삼각형으로 잘라냅니다.

3. 겉으로 뒤집어 모양을 정돈한 후, 가장자리에서 1mm 위치에 상침재봉합니다. 종이 위에 올려서 재봉하면 편합니다.

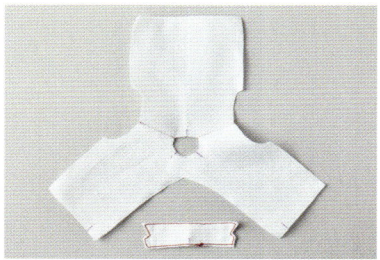
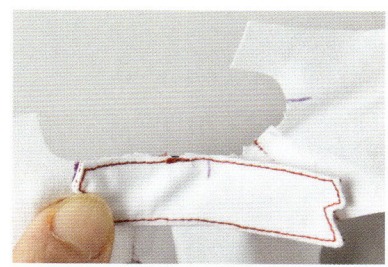

4. 칼라의 중심, 뒤몸판의 중심, 앞몸판의 안단 부분에 표시합니다. 칼라의 '받침' 부분이 있어서 앞단 끝에서부터 칼라가 부착됩니다.

5. 어깨 시접의 좌우와 뒤중심에 가위집을 줍니다. 칼라의 끝과 안단의 위치를 맞춰 접착제로 임시 고정합니다. 이후는 기본 블라우스와 동일.

칼라 응용 — 스탠드 칼라 만들기

기본 블라우스와 만드는 방법은 같지만, 칼라가 앞단 끝에 부착됩니다.

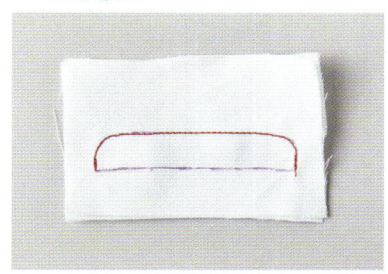
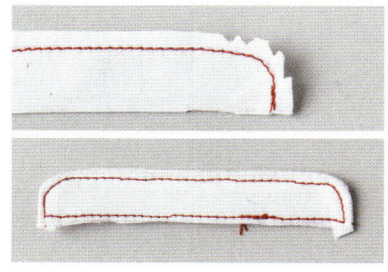
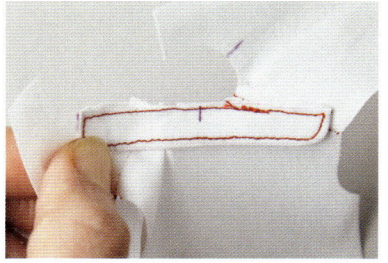

1. 칼라 원단 2장을 겉끼리 마주 대어, 목둘레를 남기고 재봉합니다. 재봉한 부분은 시접 3mm로, 목둘레는 그대로 재단합니다. 목둘레와 모서리에 올풀림 방지액을 발라줍니다.

2. 곡선 부분의 시접을 삼각형으로 잘라내면, 겉으로 뒤집었을 때 시접이 뭉치지 않습니다. 겉으로 뒤집어 모양을 정돈한 후, 가장자리에서 1mm 안쪽에 상침재봉합니다.

3. 칼라의 중심, 뒤몸판의 중심, 앞몸판의 안단 위치를 표시합니다. 칼라는 앞단 끝에서부터 달면 되고, 이후 과정은 기본 블라우스와 같습니다.

칼라 응용 보우 칼라 만들기

칼라와 보우 타이 부분이 연결되어 있습니다. 칼라 부착 방법은 기본 블라우스와 같지만, 보우 타이 부분을 피해서 조심스럽게 재봉해야 합니다.

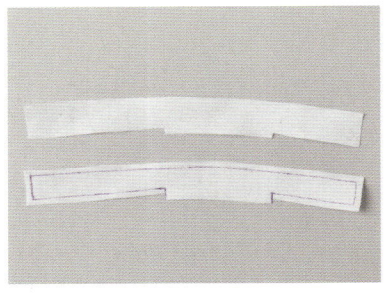

1 칼라 파츠를 준비합니다. 파츠에서 돌출된 부분은 나중에 목둘레와 맞춰질 시접 5mm입니다. 그 외의 시접은 3mm입니다.

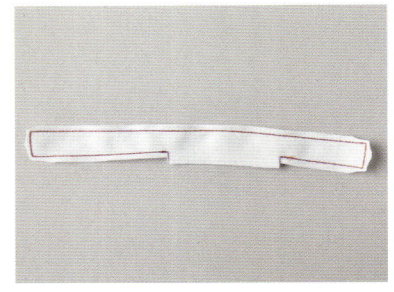

2 칼라 2장을 겉끼리 마주 대어, 돌출된 시접을 남기고 빙 둘러 재봉합니다. 모서리는 삼각형으로 잘라내고, 모서리 주변 1cm 정도는 시접을 얇게 잘라줍니다.

3 돌출된 시접의 양쪽 끝 선에 가위집을 넣어줍니다.

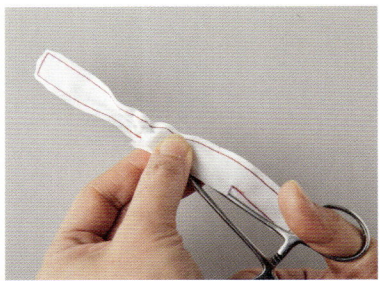

4 돌출된 시접에 겸자를 넣어 원단을 잡아당기면서 겉으로 뒤집어줍니다. 반대쪽도 같은 방법으로 해주세요.

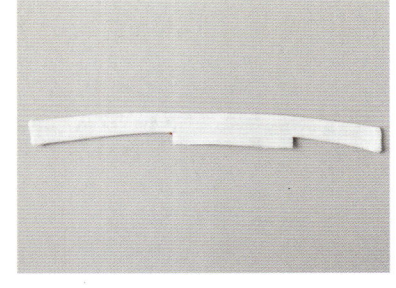

5 모서리 부분을 깔끔하게 정리하고 다림질로 모양을 정돈합니다.

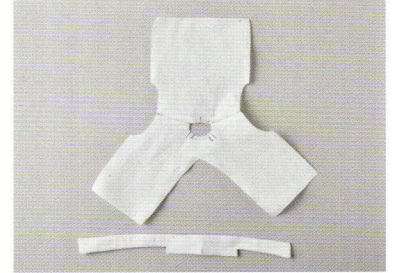

6 칼라 시접의 중심, 뒤몸판의 중심에 표시합니다. 중심점은 반으로 접어서 표시하면 됩니다. 앞몸판의 안단과 칼라 부착 위치도 표시합니다.

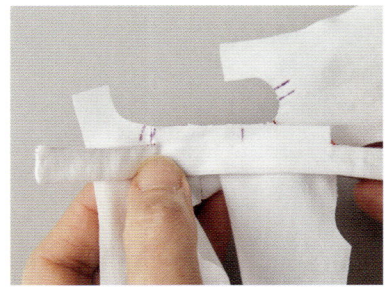

7 어깨 시접 좌우와 뒤중심 시접에 가위집을 넣어줍니다. 칼라의 돌출 시접과 몸판의 부착 위치를 맞춥니다. 이때 보우 타이의 오른쪽이 길게 맞춥니다. 접착제로 임시 고정합니다.

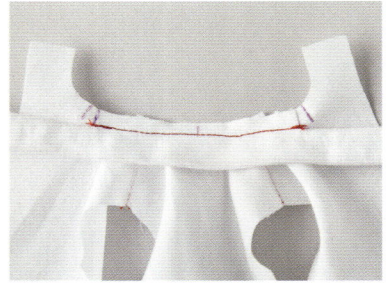

8 기본 블라우스와 같은 방법으로 목둘레를 재봉합니다. 보우 타이의 재봉선과 겹쳐져 재봉됩니다.

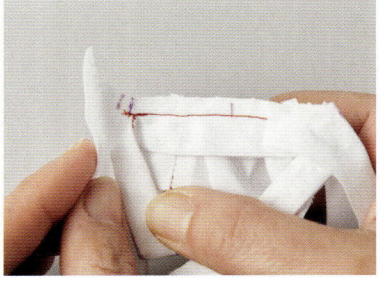

9 안단 시접에 접착제를 바르고, 보우 타이를 피해서 안단의 표시에서 겉끼리 마주 닿도록 접어줍니다. 반대쪽 안단도 같은 방법으로 처리합니다.

  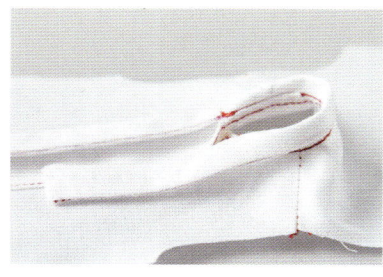

10 앞에서 재봉한 목둘레의 재봉선 위를 다시 재봉합니다. 이때 좌우가 비뚤어지지 않도록 주의하세요.

11 기본 블라우스와 마찬가지로 시접에 가위집을 넣어줍니다. 안단의 아래쪽을 재봉한 후 겉으로 뒤집고, 목둘레를 다림질하여 칼라를 세웁니다.

12 기본 블라우스와 마찬가지로 벨크로 테이프를 달아줍니다. '밑단~목둘레~반대쪽 밑단'을 빙 둘러 가장자리에 상침재봉합니다. 칼라를 접어서 모양을 정돈합니다.

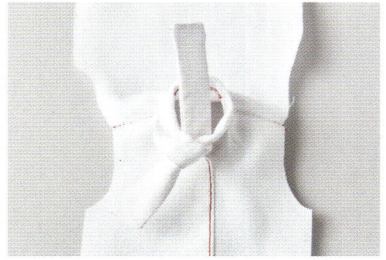 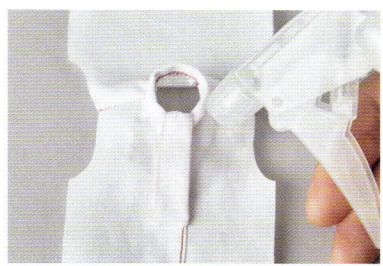

13 오른쪽 리본을 왼쪽 리본 아래로 넣어 위로 꺼낸 후 묶어줍니다.

14 분무기로 물을 뿌려 리본 모양을 고정합니다. 완전히 건조되어 형태가 잡히면 완성입니다.

칼라 응용 오픈 칼라 만들기

기본 블라우스와 만드는 법이 같지만, 칼라 부착 위치가 다릅니다.

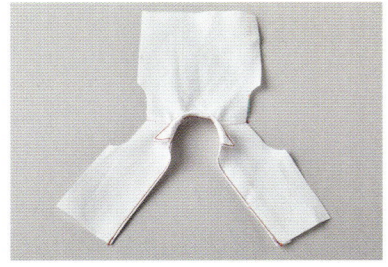 

1 기본 블라우스(각진 플랫칼라)와 같은 방법으로, 칼라와 벨크로 테이프를 달아줍니다. 칼라를 오픈하므로 벨크로 테이프는 오픈하는 위치 아래에 달아줍니다.

2 인형에 맞춰서, 오픈 위치에서 칼라를 접어 줍니다. 다림질로 형태를 확실하게 고정합니다.

소매 응용 퍼프소매 만들기

소매산과 소맷부리에 주름을 잡아 부풀려진 모양의 소매입니다. 소매 다는 방법은 기본 블라우스와 같지만, 주름을 잡고 재봉하는 과정에서 요령이 필요합니다.

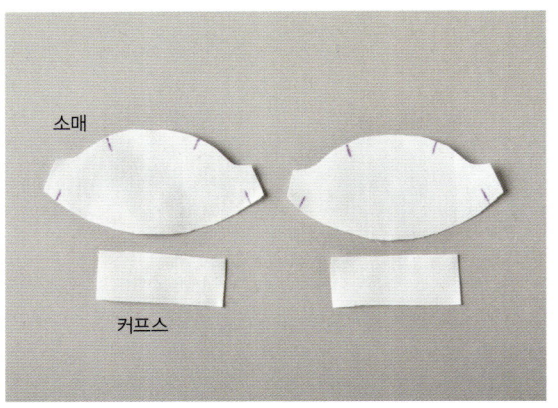

1 소매에 주름 잡을 위치를 표시합니다.

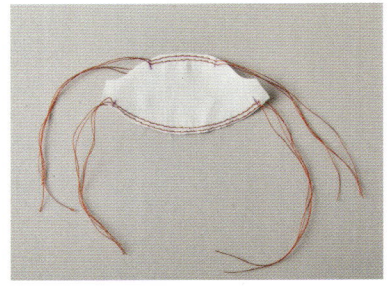

2 주름 잡을 위치의 시접 부분에 큰 바늘땀으로 주름용 재봉을 2줄씩 해줍니다. 재봉 시작과 끝부분의 실은 길게 남겨 둡니다.

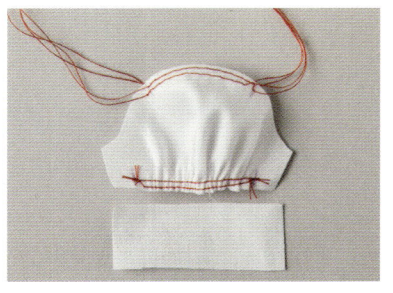

3 50쪽을 참고해 주름을 잡아줍니다. 소맷부리는 커프스 길이에 맞춰 실을 당겨줍니다. 길이가 맞으면, 양쪽 끝의 실을 묶어 고정합니다.

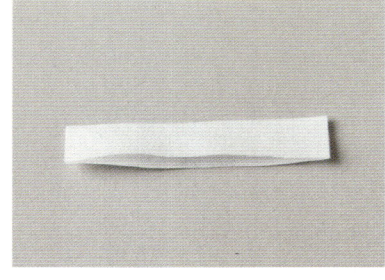

4 커프스를 겉면 쪽에서 가로로 반 접어줍니다.

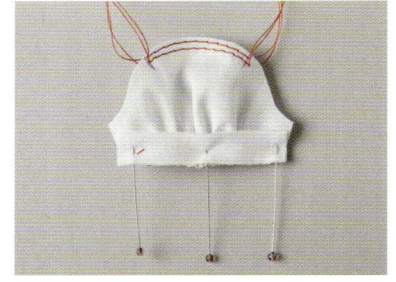

5 소맷부리와 접은 커프스를 겉끼리 마주 대어, 시침핀으로 고정합니다. 커프스의 접힌 부분(골선)이 위로 가야 합니다.

6 시접 5mm(11cm 크기는 3mm)가 되도록 소맷부리를 재봉합니다.

7 커프스를 아래로 펼치고, 시접은 소매 쪽으로 눕힙니다. 다림질로 형태를 고정합니다.

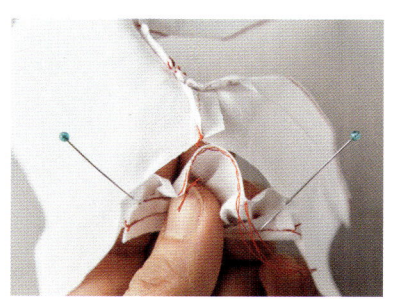

8 소매산과 몸판 소매둘레를 마주 대어, 소매 양끝을 맞춰 시침핀으로 고정합니다.

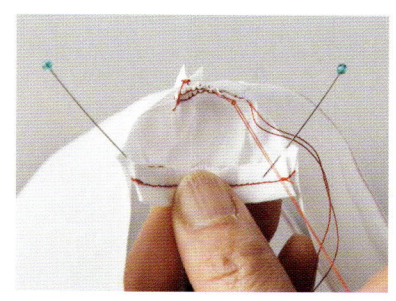

9 소매산에 주름 잡은 실을 당겨서, 몸판 소매둘레와 맞춥니다. 실을 묶어서 고정합니다.

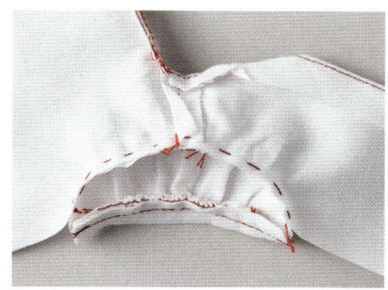

10 주름을 고르게 정리하고, 소매둘레에 시침질합니다.

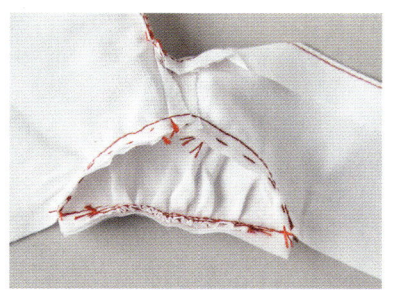

11 기본 블라우스와 마찬가지로, 시접 5mm(11cm 크기는 3mm)를 주고 재봉합니다.

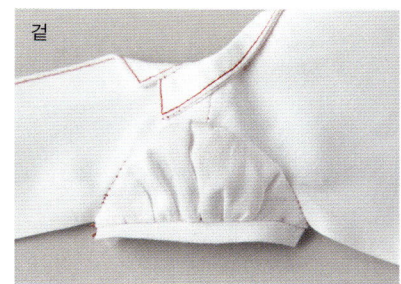

12 시침질한 실을 빼내고, 시접을 소매 쪽으로 눕힌 후 다림질하여 정돈합니다.

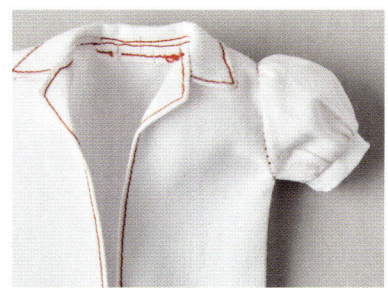

13 이후 과정은 기본 블라우스와 같습니다. 소매아래와 옆선을 재봉해 블라우스의 형태를 만듭니다.

소매 응용 긴소매 만들기

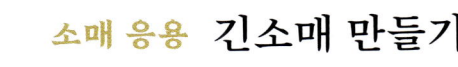

긴소매에 커프스가 달린 형태입니다. 소매 커프스를 제외하고는 기본 블라우스와 같습니다.

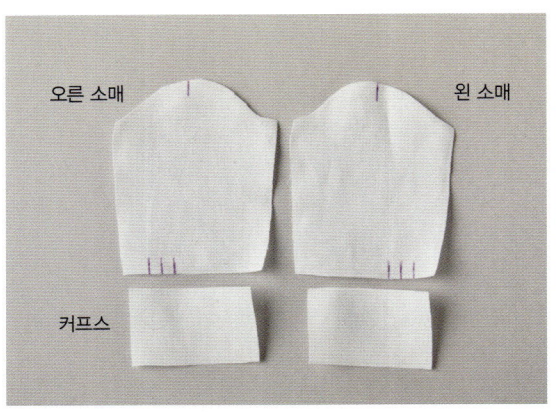

오른 소매 / 왼 소매 / 커프스

1 소매의 위아래에 어깨 중심과 턱 주름 위치를 표시합니다. 소맷부리에 턱 주름을 넣으면 커프스와 같은 길이가 됩니다.

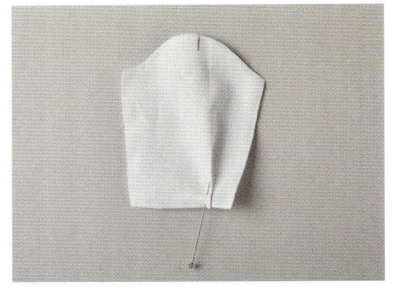

2 턱 주름의 가운데 표시가 안으로 들어가게 접어 좌우 표시가 맞닿게 한 다음, 시침핀으로 고정합니다(51쪽 참고).

3 소맷부리와 커프스를 겉끼리 마주 대어, 시접 8mm(11cm 크기는 5mm)를 주고 재봉합니다.

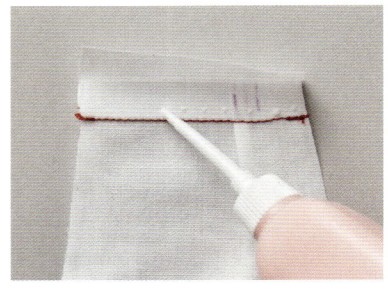

4 안쪽 면에서, 소매 쪽 시접에 접착제를 바른 다음 커프스를 꺾어 접어줍니다. 커프스의 양옆 단은 그대로 두어도 됩니다.

5 겉면에서, 커프스의 가장자리를 따라 상침재봉합니다. 종이를 아래에 깔고 가장자리에서 1mm 정도 안쪽을 재봉하면 됩니다. 커프스 달린 소매 완성입니다.

드롭 숄더 블라우스 만들기

어깨의 위치가 소매 쪽으로 내려가 있어서, 소매둘레가 거의 직선에 가깝습니다.
소매산이 없으므로 소매 달기가 매우 쉽습니다.

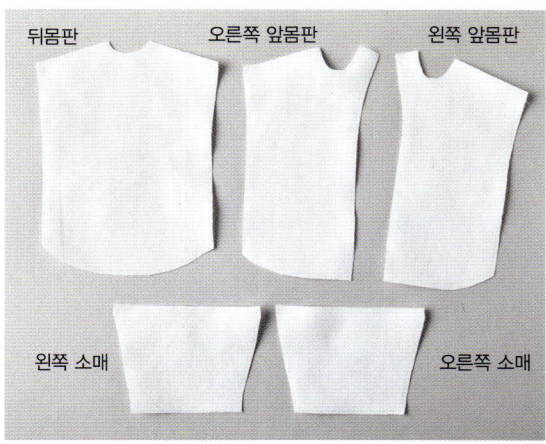

준비물
22cm: 면 평직 10cm × 33cm, 단추(비즈) 5개, 벨크로 테이프
27cm: 면 평직 13cm × 35cm, 단추(비즈) 5개, 벨크로 테이프
11cm: 면 평직 7cm × 23cm, 단추(비즈) 4개, 벨크로 테이프

1 파츠를 재단합니다. 여기서는 칼라와 커프스를 생략합니다. 칼라 다는 방법은 기본 블라우스와 같고, 커프스 다는 방법은 긴소매 만들기를 참고하세요.

2 앞뒤 몸판의 어깨를 재봉하고, 몸판에 소매 부착 위치를 표시합니다. 소매 파츠에는 어깨 중심과 시접 위치를 표시합니다.

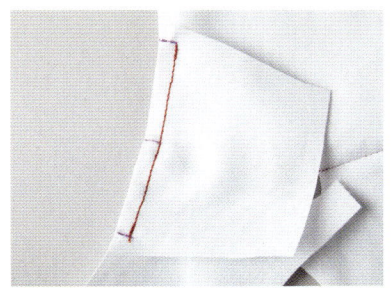

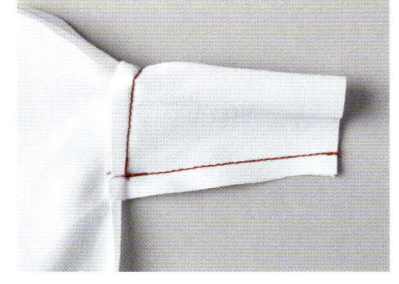

3 몸판과 소매의 표시를 맞추어 겉끼리 마주 대어, 표시에서 표시까지 재봉합니다. 시접 부분이 재봉되지 않도록 주의하세요.

4 겉으로 뒤집어 시접을 소매 쪽으로 눕힙니다.

5 소매를 겉끼리 마주 닿도록 접고, 소매아래(소맷부리~겨드랑이 시접 표시)를 재봉합니다.

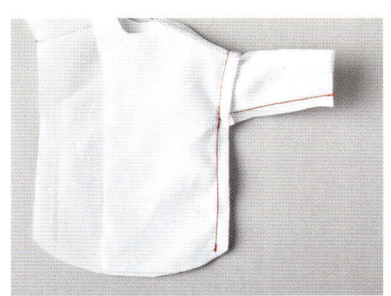

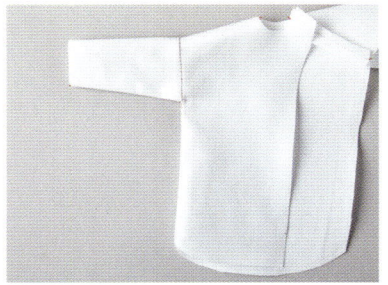

6 앞뒤 몸판을 겉끼리 마주 대어, 겨드랑이 표시부터 밑단까지 옆선을 재봉합니다. 재봉할 때, 소매둘레 시접이 끼이지 않도록 주의하세요.

7 소매아래와 옆선을 이어서 재봉하지 않았으므로, 시접이 분리되어 당기지 않습니다. 기본 블라우스도 이 방법을 쓸 수 있지만, 이어서 재봉하고 가위집을 넣는 것이 더 간단합니다.

8 겉으로 뒤집어 다림질로 형태를 정돈합니다. 나머지 재봉은 기본 블라우스와 같습니다.

세일러 칼라 블라우스 만들기

소매 달기와 소매아래와 옆선 재봉하기는 기본 블라우스와 같습니다.

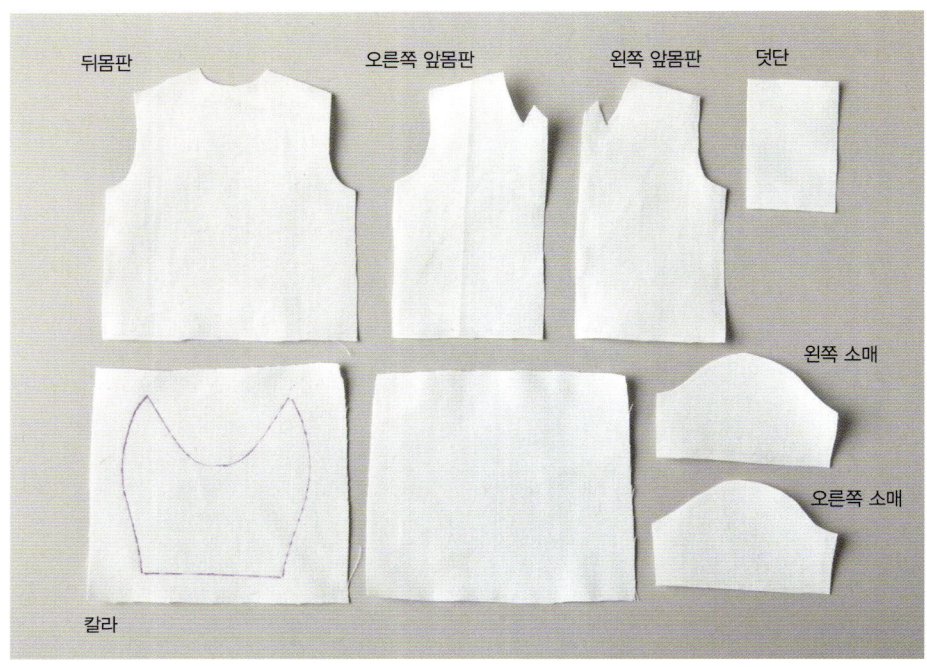

1
파츠를 재단하고 가장자리에 올풀림 방지액을 발라둡니다. 칼라는 원단을 사각형으로 대충 잘라서 완성선을 그려줍니다. 칼라 원단 1장에만 그리면 됩니다.

준비물

22cm: 면 평직 10cm × 38cm, 단추(비즈) 1개
27cm: 면 평직 12cm × 38cm, 단추(비즈) 1개
11cm: 면 평직 7cm × 27cm, 단추(비즈) 1개

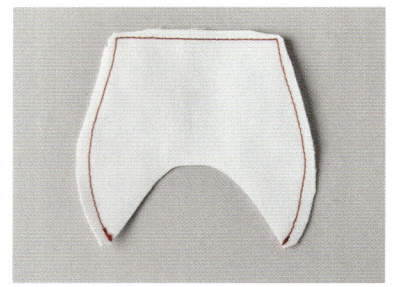

2
기본 블라우스와 마찬가지로 칼라를 재봉한 후에 재단합니다. 겉으로 뒤집어 모양을 정돈합니다.

3 칼라를 취향에 맞춰 장식합니다. 리본을 붙이는 경우, 리본 뒷면에 접착제를 바르고 다림질로 눌러 임시 고정합니다.

4 모서리 부분에서, 리본을 삼각형으로 접어주면 둥글어지지 않고 깔끔하게 각이 나옵니다.

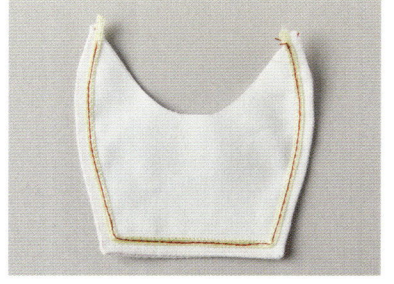

5 임시 고정한 리본의 중앙에 상침재봉을 합니다.

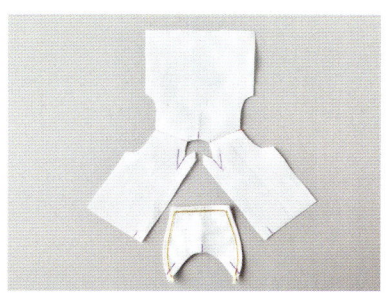

6 기본 블라우스와 마찬가지로, 앞뒤 몸판을 겉끼리 마주 대어 어깨를 재봉합니다. 칼라의 중심, 뒤몸판의 중심, 앞몸판 안단, 목둘레 재봉선을 살짝 표시해둡니다.

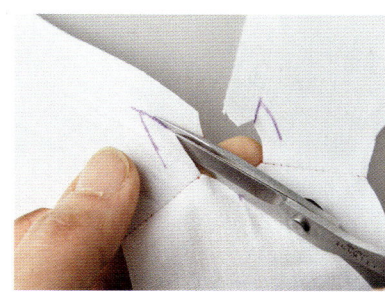

7 안단 표시에 가위집을 넣어줍니다.

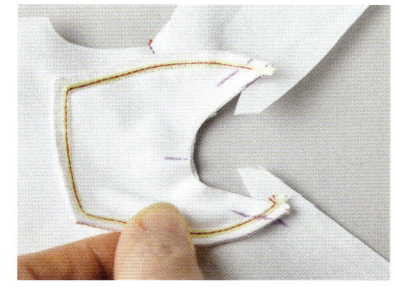

8 칼라 중심과 뒤몸판의 중심을 맞추고, 칼라 재봉선 끝과 선과 안단 표시를 각각 맞추어 접착제로 고정합니다.

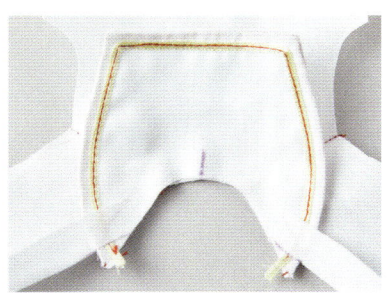

9 안단을 겉끼리 마주 닿도록 꺾어 접어서 접착제로 고정합니다. 안단 표시에 가위집을 넣었으므로, 칼라의 끝이 안단에 끼워지는 형태가 됩니다.

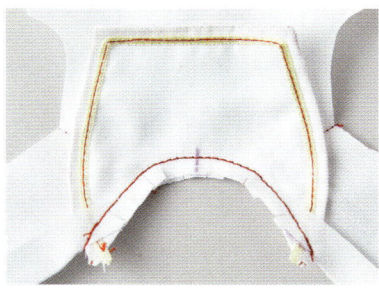

10 목둘레를 재봉하고 시접에 가위집을 넣어줍니다. 가위집은 좌우에 각 5곳 정도 넣으면 됩니다.

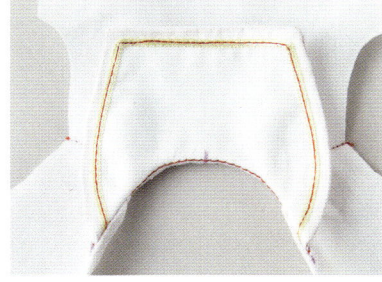

11 안단을 다시 겉으로 뒤집고 목둘레 시접을 안쪽으로 접어 넣어, 다림질로 형태를 정돈합니다.

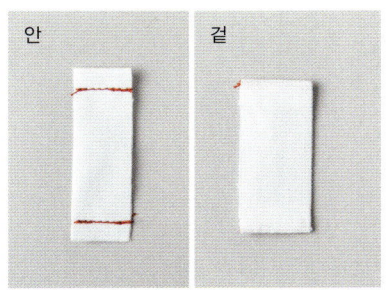

12 덧단을 겉끼리 마주 대어 세로로 반 접어서, 위아래를 재봉해 겉으로 뒤집어 줍니다.

13 덧단을 칼라 아래의 안단에 접착제로 붙입니다. 7mm(11cm 크기는 5mm) 시접을 주고 안단의 접는 선에 재봉해 붙입니다.

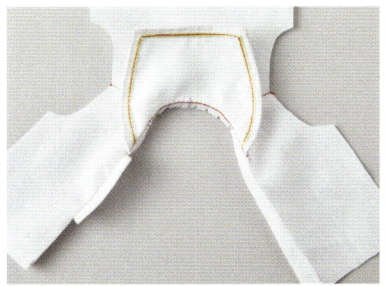

14 안단을 겉으로 뒤집어줍니다. 칼라 아래에 덧단이 만들어졌습니다.

세일러 칼라 블라우스 만들기

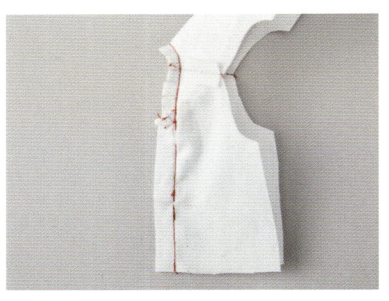

15 좌우 앞몸판을 겉끼리 마주 대어, 덧단을 제외하고 앞중심을 재봉합니다. 겉으로 뒤집어 시접을 나눕니다.

16 칼라 뒤에서 시작해 목둘레~앞트임~덧단 아래~앞트임~목둘레를 빙 둘러서 상침 재봉합니다. 덧단이 함께 재봉되지 않도록 주의하세요.

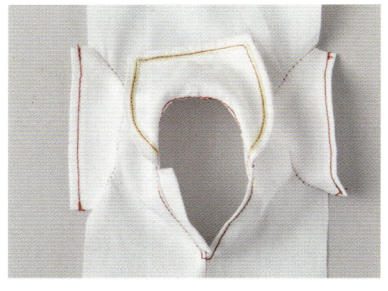

17 기본 블라우스와 마찬가지로, 몸판 소매둘레에 소매를 답니다.

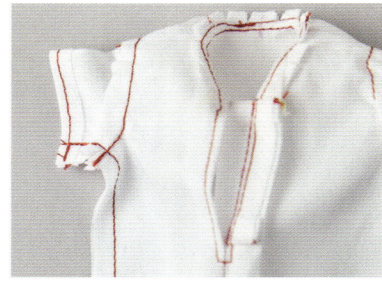

18 왼쪽 소매와 앞뒤 몸판을 각각 겉끼리 마주 대어, 소매아래와 옆선을 이어서 재봉합니다. 겨드랑이 시접 좌우에 가위집을 넣어줍니다.

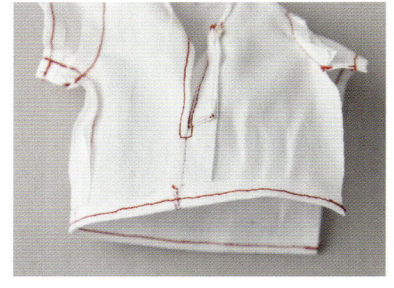

19 옆선 시접을 나누고, 밑단 시접을 접어 빙 둘러 상침재봉합니다. 원피스로 변형할 경우, 이 단계에서 밑단을 접지 않고 스커트를 연결합니다.

20 오른쪽 소매와 앞뒤 몸판을 각각 겉끼리 마주 대어, 소매아래와 옆선을 재봉합니다. 겨드랑이 시접 좌우에 가위집을 넣어 줍니다.

21 겉으로 뒤집어 다림질로 모양을 정돈합니다. 칼라 아래에 단추와 실고리(57페이지 참고)를 달아주면 완성.

뒤트임 블라우스의 종류

벨크로 테이프로 뒤를 여미고 가슴선에 다트가 들어가는(11㎝ 크기는 생략) 블라우스. 민소매를 기본으로 칼라와 소매를 추가해 다양하게 응용할 수 있고, 하의를 조합하면 원피스로 만들 수 있습니다.

기본 뒤트임 블라우스
How to make > P.78

가장 간단한 민소매 블라우스를 기본으로 설명합니다. 48쪽에서 설명했듯이, 목둘레와 소매둘레에 시접 처리가 필요합니다. 소매를 다는 경우, 70쪽의 퍼프소매 만들기를 참고하세요.

※뒤트임 블라우스 패턴에는 주름 없는 소매를 부착할 수 없습니다.

2 상의

칼라 응용
몸판의 형태는 기본형과 같고, 칼라 형태만 다릅니다.

각진 플랫칼라
끝이 뾰족한 플랫칼라로, 만드는 방법은 둥근 플랫칼라와 같습니다.

스퀘어 칼라
큰 사각형 칼라로, 만드는 방법은 둥근 칼라와 같습니다.

둥근 플랫칼라
각이 없는 여성스러운 플랫칼라입니다.
How to make > P.81

셔츠 칼라
칼라를 세울 수 있는 받침이 있는 형태입니다.
How to make > P.82

※11㎝ 크기 패턴에는 없습니다.

원피스 응용
아래에 스커트나 팬츠를 조합할 수 있고, 길이를 늘여 원피스로 만들 수 있습니다.

기본 뒤트임 블라우스 만들기

소매와 칼라가 없는 심플한 뒤트임 블라우스로, 목둘레와 소매둘레를 안단으로 처리합니다.
소매와 칼라가 달린 블라우스를 만들려면 123쪽의 2~4번 과정을 참고하세요.

준비물

22cm :
면 평직 9cm × 16cm,
안단용 망사원단 10cm × 12cm,
벨크로 테이프

27cm :
면 평직 10cm × 17cm,
안단용 망사원단 11cm × 12cm,
벨크로 테이프

11cm :
면 평직 6cm × 12cm,
안단용 망사원단 6cm × 9cm,
벨크로 테이프

1

각 파츠를 재단해서 가장자리에 올풀림 방지액을 발라줍니다. 여기서 안단용 망사는 검은색을 사용했는데, 실제로 만들 때는 흰색이나 옷 색상에 맞춰 선택하세요.

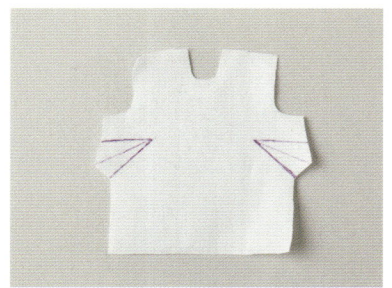

2 앞몸판의 가슴선에 다트를 표시합니다. 표시는 원단 안쪽면에 해주세요.

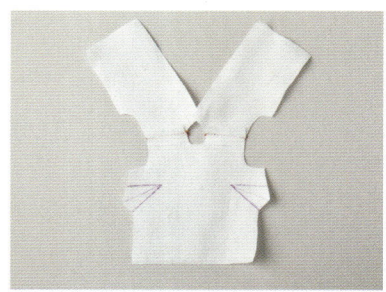

3 앞뒤 몸판을 겉끼리 마주 대어 어깨를 재봉하고 시접은 나눕니다.

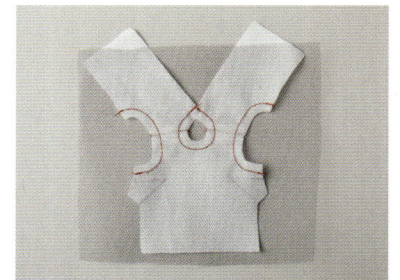

4 크게 사각형으로 자른 안단용 망사와 몸판을 겉끼리 마주 대어, 목둘레와 소매둘레를 재봉합니다.

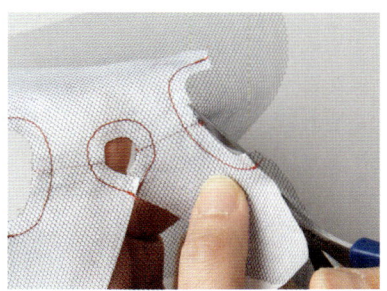

5 몸판 목둘레와 소매둘레에 맞춰 망사를 잘라냅니다. 목둘레는 시접 끝까지 가위집을 넣어 안쪽을 잘라냅니다.

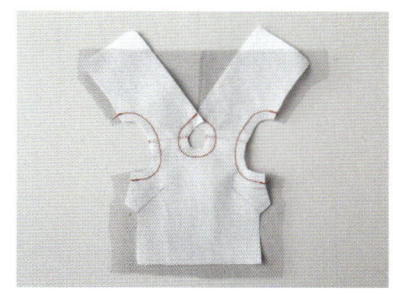

6 목둘레와 소매둘레는 시접에 맞춰서, 다른 부분은 몸판에 맞춰 대충 자릅니다.

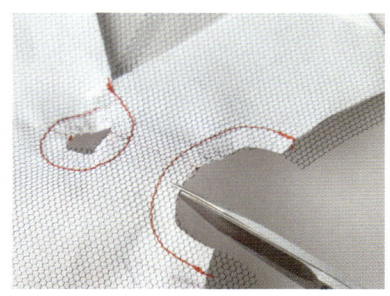

7 목둘레와 소매둘레 시접에 가위집을 넣어줍니다. 굴곡이 큰 부위이므로 촘촘하게 넣어주는 것이 좋습니다.

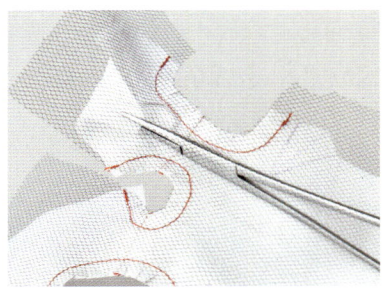

8 몸판과 안단 사이에 겸자를 넣고, 어깨를 지나서 뒤몸판의 끝을 집어 겉으로 뒤집어줍니다. 반대쪽도 같은 방법으로 합니다.

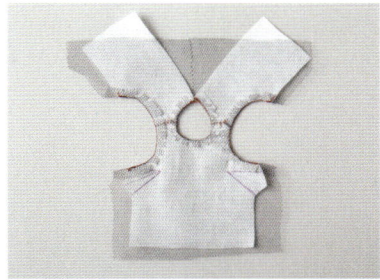

9 수예용 송곳으로 곡선 부분을 정리하고 다림질로 고정합니다. 목둘레와 진동둘레의 가위집이 펼쳐져서 당기지 않고 예쁜 모양이 됩니다.

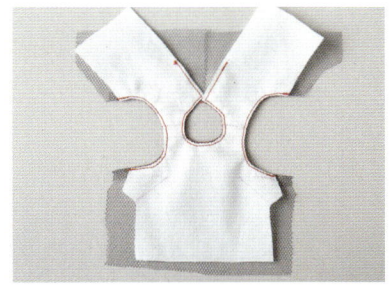

10 소매둘레와 뒤트임, 목둘레의 가장자리에서 약 1mm 위치에 상침재봉을 해서, 안단을 고정합니다.

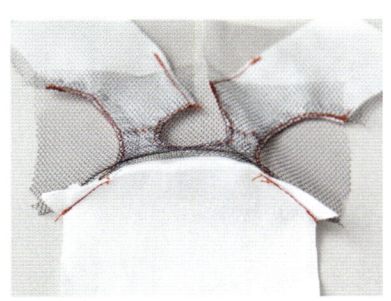

11 망사를 피해서 다트를 재봉합니다. 가운데 선에 맞춰 겉끼리 마주 닿도록 접고, 표시에 맞춰 재봉합니다.

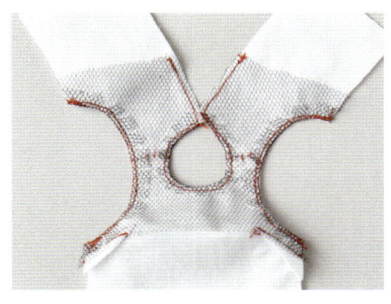

12 여분의 안단용 망사를 잘라냅니다.

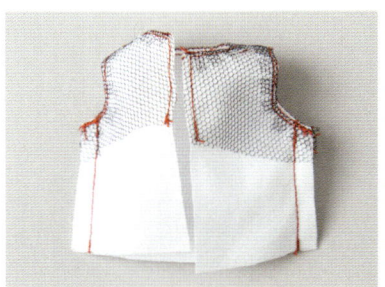

13 앞뒤 몸판을 겉끼리 마주 대어 양쪽 옆선을 재봉합니다. 다림질로 옆선 시접을 나눕니다.

기본 뒤트임 블라우스 만들기

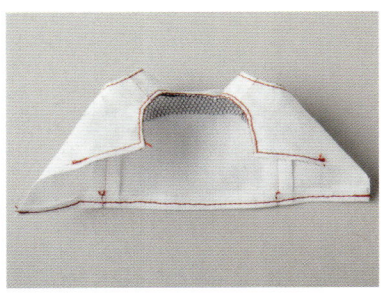

14 밑단 시접을 접어 상침재봉합니다.

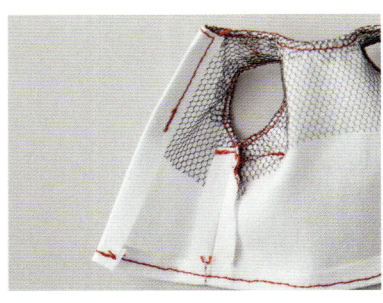

15 뒤트임의 한쪽 시접을 접어줍니다.

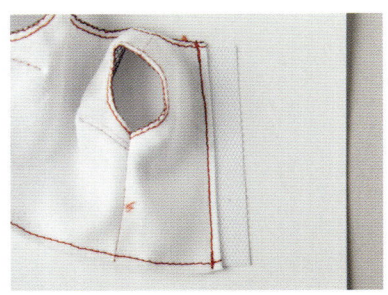

16 뒤트임에서 6~7mm 밖으로 나오도록 벨크로 테이프의 후크(까칠) 부분을 재봉합니다. 종이를 아래에 깔고 재봉하면 한결 쉽습니다.

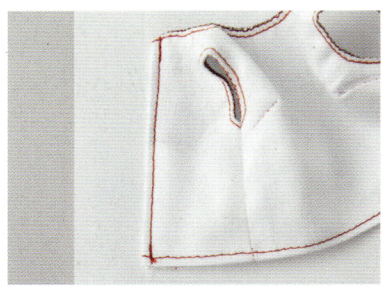

17 뒤트임의 반대쪽 시접을 접어주고, 벨크로 테이프의 루프(보들) 부분을 안쪽에 정확하게 겹쳐서 재봉합니다.

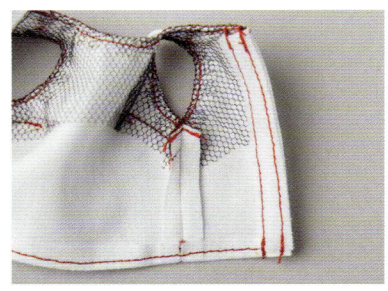

18 벨크로 테이프를 단단히 고정하기 위해, 다시 한 번 상침재봉합니다.

19 다림질로 모양을 정돈하면, 뒤에서 여미는 기본 뒤트임 블라우스 완성입니다.

칼라 응용 플랫칼라 달기

칼라 만드는 방법은 62쪽의 기본 블라우스와 같지만, 뒤트임이어서 칼라가 2장으로 나눠집니다. 칼라 모양이 달라도 만드는 방법은 같습니다.

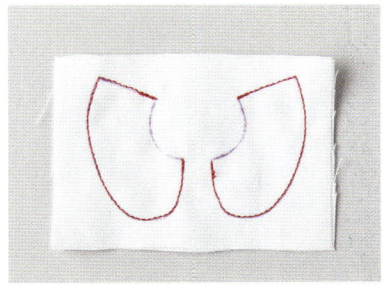

1 사각형으로 대충 자른 원단 1장에 칼라 1쌍의 완성선을 그립니다. 원단 2장을 겉끼리 마주 대어, 목둘레(창구멍)를 제외하고 완성선을 재봉합니다.

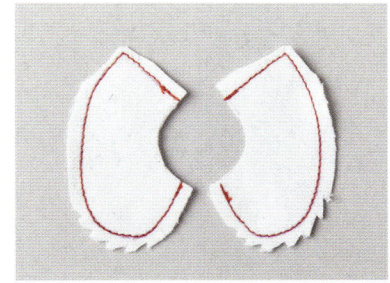

2 재봉한 부분은 3mm 정도 남기고 자릅니다. 목둘레는 시접이 포함된 상태이므로 그대로 잘라내고, 올풀림 방지액을 발라 건조합니다. 46쪽을 참고해 시접을 잘라냅니다.

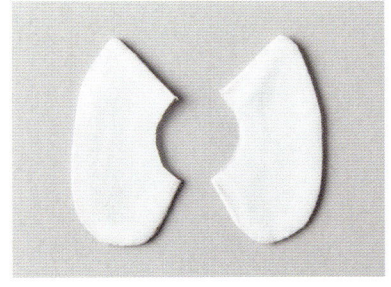

3 겉으로 뒤집어 송곳 등으로 모양을 잡고 다림질합니다.

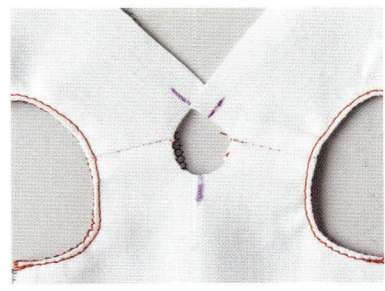

4 목둘레에 3곳을 표시합니다. 즉 앞몸판 중심, 뒤몸판 칼라 부착 위치입니다.

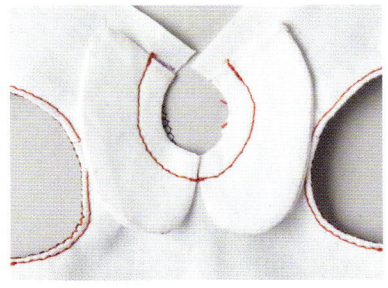

5 표시에 맞춰 칼라를 겹쳐 올리고, 원단용 접착제로 임시 고정합니다. 이어서 목둘레를 재봉합니다.

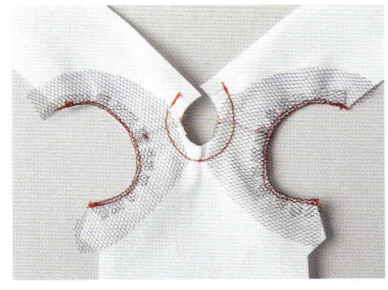

6 민소매라면 여분의 안단 원단을 잘라냅니다. 소매를 달 경우에는 70쪽의 퍼프소매 만들기를 참고하세요.

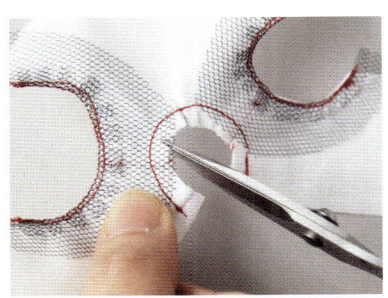

7 목둘레 시접에 가위집을 넣어줍니다. 앞중심과 어깨 시접 좌우, 그 사이에 다섯 군데 정도(전체적으로 11군데) 넣으면 됩니다.

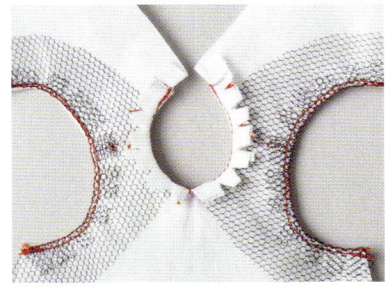

8 목둘레 시접을 안쪽으로 접어 넣고, 다림질로 고정합니다. 가위집 사이가 벌어져서 목둘레가 깔끔하게 접힙니다.

9 칼라를 위로 올린 상태에서, 목둘레에서 약 1mm 위치에 빙 둘러 상침재봉해서 칼라를 고정합니다. 칼라 달기 완성.

칼라 응용 셔츠 칼라 달기

칼라를 세우는 '받침' 부분이 있는 셔츠 칼라는 클래식하고 포멀한 인상을 줍니다.

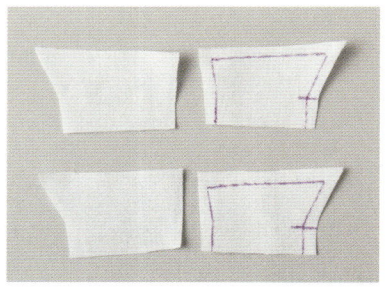

1 칼라 파츠가 작으므로, 재봉선을 표시해둡니다. 표시한 선의 윗부분이 칼라, 아랫부분이 받침입니다. 표시는 1장에만 하면 됩니다.

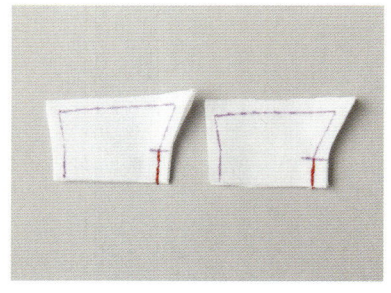

2 칼라 원단 2장을 각각 겉끼리 마주 닿게 포개어, 받침 부분만 재봉합니다.

3 재봉한 칼라 2장을 펼쳐서 겉끼리 마주 닿게 포개고, 차례로 재봉선을 재봉합니다. 이때 앞에서 재봉한 받침 부분이 재봉되지 않도록 주의하세요.

4 모서리에 올풀림 방지액을 바르고 시접을 잘라냅니다. 모서리는 삼각형으로 자르고, 모서리 주변 시접은 모서리를 향해 얇게 잘라냅니다. 가운데 받침 부분의 시접은 나눕니다.

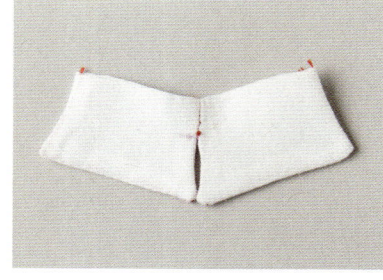

5 겉으로 뒤집어 송곳 등으로 모양을 잡은 후, 다림질로 정돈합니다. 받침 부분은 붙어 있고, 칼라 부분은 나뉘어진 형태가 됩니다.

6 목둘레에 앞중심과 뒤몸판의 칼라 부착 위치를 표시합니다. 표시에 맞춰 칼라의 받침 부분과 목둘레를 겉끼리 마주 대어, 접착제로 임시 고정한 후 재봉합니다. 칼라 다는 방법은 다른 칼라와 같습니다.

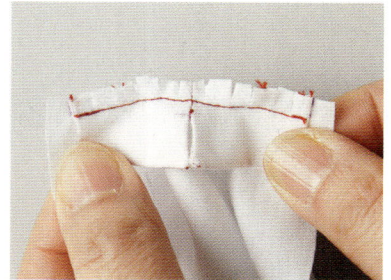

7 목둘레 시접 좌우에 각각 다섯 군데씩 가위집을 넣어줍니다.

8 겉으로 뒤집어, 목둘레 시접을 다림질로 정리하고 상침재봉합니다.

9 받침 부분과 칼라 부분의 경계에서 칼라를 접고, 다림질로 모양을 정돈하면 완성입니다.

커트 앤 소운의 종류

'커트 앤 소운(cut and sewn)'은 말 그대로 니트 원단을 자르고 재봉해서 만든 의상을 말합니다.
티셔츠나 스웨트셔츠(맨투맨)가 대표적입니다. 이 책에서는 티셔츠를 기본으로 하고,
원단이 두꺼우면서 소맷부리와 밑단에 리브 조직(시보리)이 있는 스웨트셔츠는 별도로 설명합니다.

기본 티셔츠

How to make > P.84

반소매 긴소매

티셔츠는 목둘레에 얇은 리브가 있는 종류와 없는 종류가 있으며, 소맷부리와 밑단에는 리브가 없습니다. 뒤트임에는 벨크로 테이프나 단추·실고리를 이용합니다. 목둘레는 라운드 네크라인, 보트 네크라인, U 네크라인 등이 있고, 소매는 반소매와 긴 소매 외에도 7부 소매, 민소매, 래글런 소매가 있습니다.

목둘레 응용

목둘레의 형태가 다르고, 몸판 부분도 조금 더 슬림하게 변형했습니다.

보트 네크라인

목둘레가 얕으면서 옆으로 넓게 파인 형태입니다. U 네크라인과 만드는 방법이 같습니다.
How to make > P.87

U 네크라인

목둘레가 U자 모양으로 깊게 파인 형태입니다. 만드는 방법은 보트 네크라인이나 기본 뒤트임 블라우스와 같습니다.

소매 응용

몸판의 형태는 기본형과 같으며, 소매의 유무나 길이가 변형되었습니다.

민소매

만드는 방법은 78쪽의 기본 뒤트임 블라우스와 같고, 소매둘레의 깊이가 다릅니다.

7부 소매

긴소매보다 소매통이 날씬한 형태로, 만드는 방법은 같습니다.

래글런 소매

목둘레에서 겨드랑이를 향해 비스듬하게 소매가 달린 형태로 몸판 모양과 소매 다는 법이 다릅니다.
How to make > P.88

기본 티셔츠 만들기

간단한 티셔츠로 커트 앤 소운 제작 기법을 설명하겠습니다. 목둘레에 얇은 리브가 있고, 뒤트임은 단추와 실고리를 사용합니다. 뒤트임을 벨크로 테이프로 처리할 수도 있습니다.

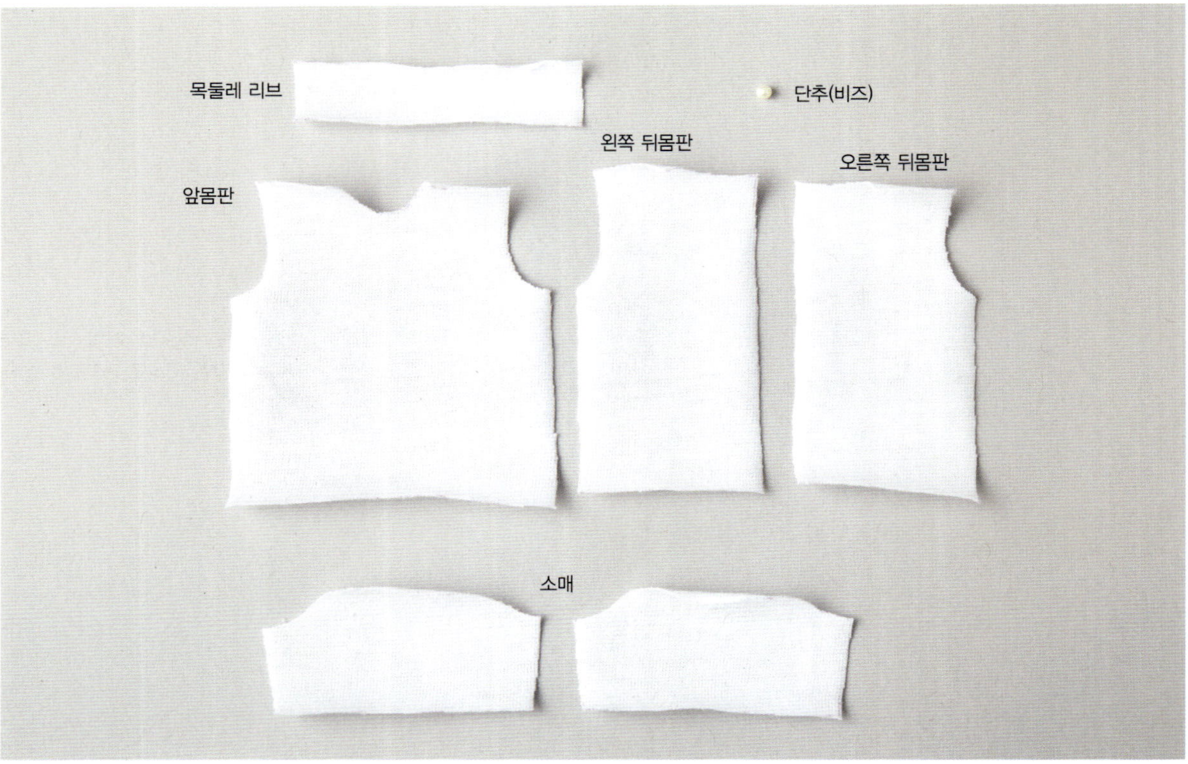

목둘레 리브 / 단추(비즈) / 앞몸판 / 왼쪽 뒤몸판 / 오른쪽 뒤몸판 / 소매

준비물
22cm: 니트 다이마루 11cm × 23cm, 3mm 비즈 1개 (또는 벨크로 테이프)
27cm: 니트 다이마루 12cm × 24cm, 3mm 비즈 1개 (또는 벨크로 테이프)
11cm: 니트 다이마루 6cm × 22cm, 벨크로 테이프

1 파츠를 재단합니다. 니트 원단은 가장자리가 말리지만 그대로 두어도 괜찮습니다. 늘어나기 쉬운 원단이라면 종이를 아래에 깔고 재봉합니다.

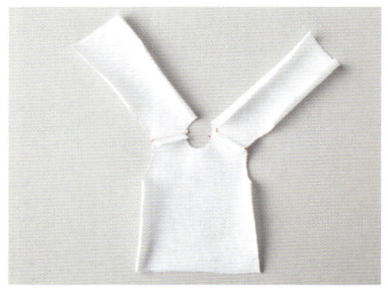
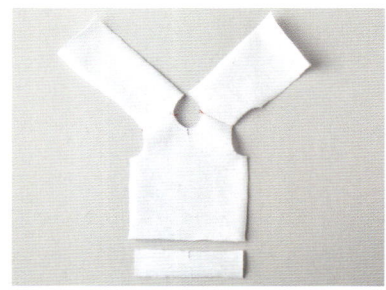

2 앞뒤 몸판을 겉끼리 마주 대어 어깨를 재봉합니다. 시접은 나누고 다림질로 고정합니다.

3 목둘레 리브의 중심과 몸판의 앞중심에 표시합니다.

4 몸판의 목둘레와 리브를 겉끼리 마주 대어, 표시해 놓은 곳과 끝을 맞춥니다. 리브의 길이가 짧으므로 당기면서 맞춰주세요.

5 몸판 목둘레에 리브를 접착제로 임시 고정합니다.

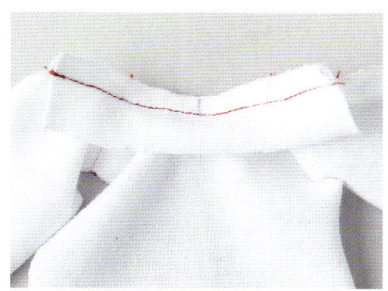

6 시접을 5mm(11cm 크기는 3mm) 주고 재봉합니다.

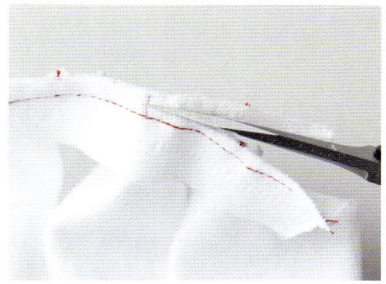

7 리브 부분이 두꺼워지지 않도록 목둘레 시접을 반으로 자릅니다. 11cm 크기는 적당한 너비로 가지런히 잘라줍니다.

8 리브 쪽의 시접에 접착제를 바릅니다. 이때 시접의 너비가 목둘레 리브의 너비가 됩니다.

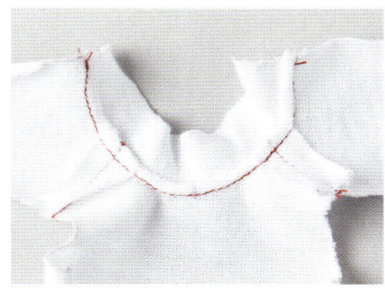

9 목둘레 리브를 위로 펼치면 접착제로 고정됩니다.

10 몸판 쪽의 시접에도 접착제를 바릅니다.

11 겉면에서 보면서, 리브의 너비가 고르게 되도록 접어줍니다.

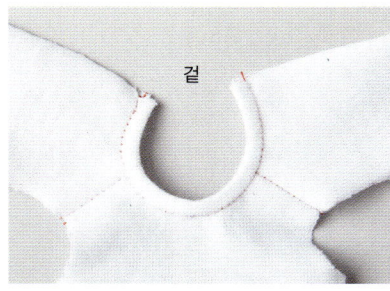

12 리브의 너비가 균일하게 접혔습니다.

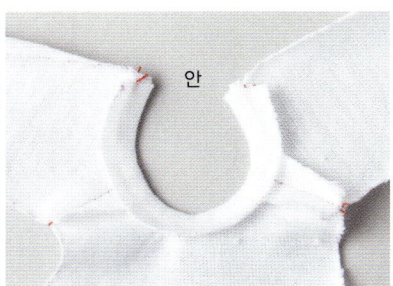

기본 티셔츠 만들기

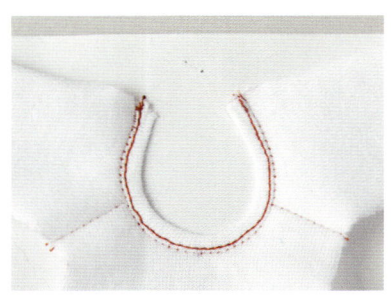

13 종이를 아래에 깔고, 리브와 몸판의 경계선에서 살짝 리브 쪽에 재봉합니다. 리브 바깥으로 바늘땀이 나가지 않도록 주의하세요.

14 목둘레 안쪽에서 시접을 반으로 자릅니다.

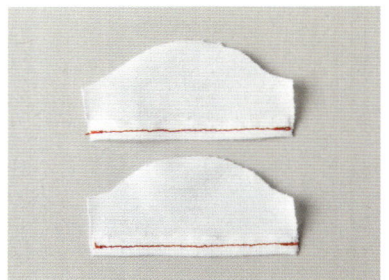

15 소매를 만들 차례입니다. 소매 밑단의 시접을 접어 접착제로 임시 고정하고 상침재봉합니다.

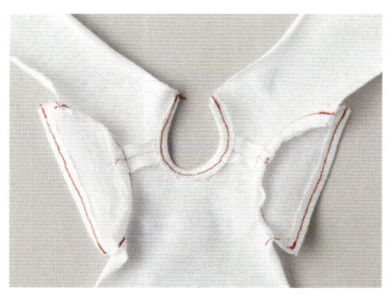

16 기본 블라우스(62쪽 참고)의 25번과 같이, 몸판과 소매를 시침질로 임시 고정한 후 재봉합니다. 니트 원단에는 주름을 넣지 않습니다.

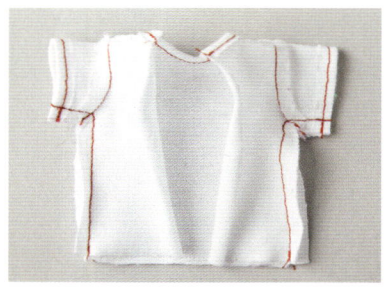

17 소매와 앞뒤 몸판을 각각 겉끼리 마주 대어, 소매아래~옆선을 이어서 재봉합니다. 겨드랑이 시접 좌우에 가위집을 넣어줍니다.

18 옆선 시접은 나누고, 밑단 시접은 접어 접착제로 임시 고정한 후 상침재봉합니다.

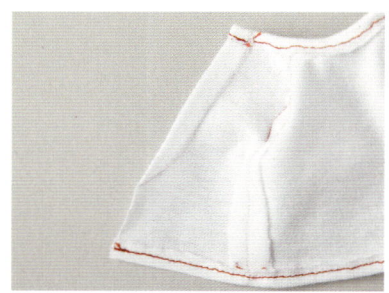

19 뒤트임 시접은 트임 끝 위치를 향해 비스듬하게 접고 접착제로 임시 고정합니다.

20 뒤트임 가장자리에 상침재봉합니다. 좌우 똑같이 처리합니다.

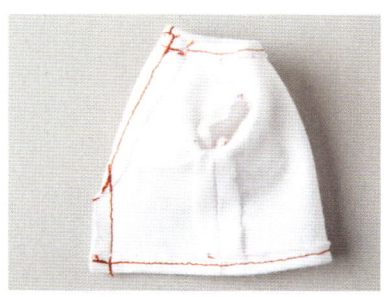

21 겉끼리 마주 대어, 트임 끝 위치에서 밑단까지 재봉합니다.

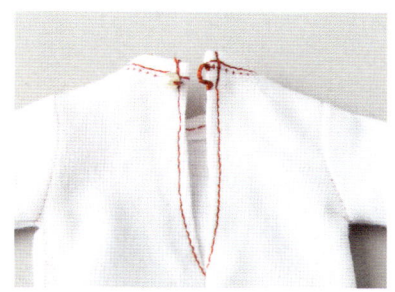

22 겉으로 뒤집어 뒤트임의 한쪽 단에 실고리를 만들고, 반대쪽 단에 위치를 맞추어 비즈를 달아 여밉니다.

23 티셔츠가 완성되었습니다. 뒤트임을 벨크로 테이프로 처리하고 싶다면 54쪽을 참고하세요.

보트 네크라인 만들기

목둘레에 리브를 달지 않으므로 안단을 사용해서 마무리합니다.

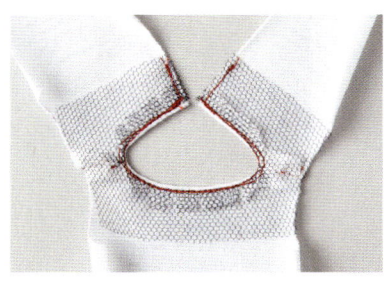

1 49쪽을 참고해 목둘레에 안단을 붙입니다. 목둘레 시접 전체에 가위집을 넣어주면, 겉으로 뒤집었을 때 시접이 펼쳐져 깨끗하게 접을 수 있습니다.

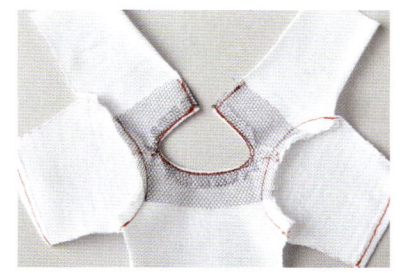

2 소매를 달 때, 안단의 망사 끝부분도 함께 재봉해서 고정합니다.

래글런 소매 만들기

목둘레에서 어깨에 걸쳐 소매가 연결되므로 다른 소매들과 패턴이 다르지만, 소매 다는 방법 외에는 모두 동일합니다.

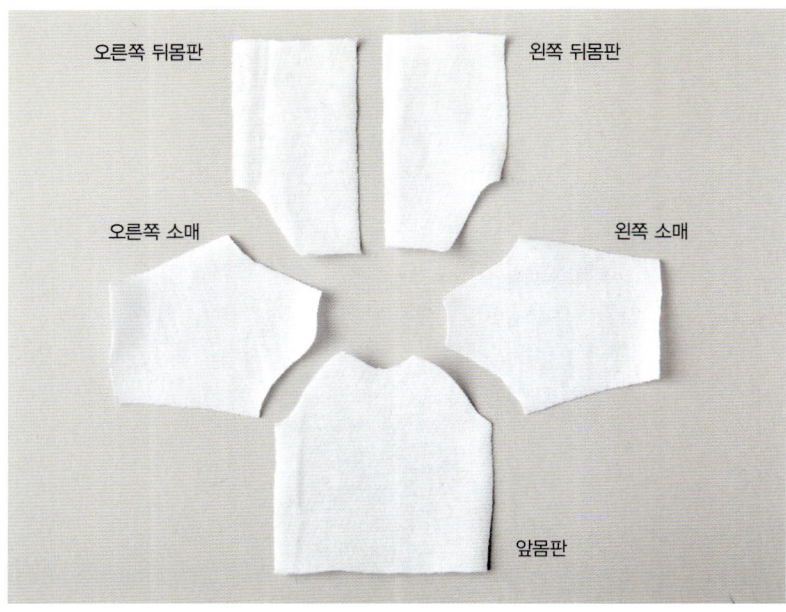

1 몸판과 소매 파츠를 준비합니다. 사진처럼 재봉 위치에 맞춰 파츠를 배치해보면 알아보기 쉽습니다.

2 앞몸판과 소매를 겉끼리 마주 대어 재봉합니다.

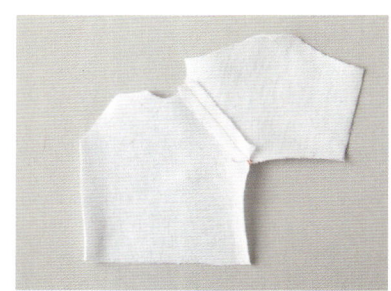

3 겉으로 뒤집어 시접을 나눕니다.

4 반대쪽 소매도 똑같이 재봉합니다.

5 소매와 뒤몸판을 겉끼리 마주 대어 각각 재봉하고, 시접을 나눕니다. 몸판과 소매를 먼저 재봉해서 마무리한다는 것이 다를 뿐, 목둘레 리브와 옆선, 밑단 재봉은 기본 티셔츠와 같습니다.

스웨트셔츠의 종류

스웨트셔츠(맨투맨)도 '커트 앤 소운'의 일종이지만, 소맷부리와 밑단에 리브가 부착되므로 별도로 설명하겠습니다. 후드티나 카디건 등 인기 아이템들이 여기에 해당합니다.

기본 스웨트셔츠

How to make > P.90

겉모습은 티셔츠와 비슷하지만, 긴소매에 소맷부리와 밑단에 리브가 달려 있는 것이 기본 형태입니다. 티셔츠와 달리, 목둘레 리브는 시접을 감싸지 않고 처리합니다. 후드 티의 후드, 카디건의 앞여밈 처리 등 스웨트 셔츠라도 종류에 따라 만드는 방법이 달라집니다.

후드티

몸판의 형태는 기본형과 같고, 목둘레는 리브가 아니라 후드로 되어 있습니다.

How to make > P.93

목둘레에 후드를 부착하는 방법이 가장 큰 특징입니다.

카디건

몸판의 형태가 다르고, 소매는 드롭 숄더입니다.

How to make > P.96

앞이 트여 있어서 안단 처리가 필요합니다.

기본 스웨트셔츠 만들기

뒤트임 처리는 기본 티셔츠와 같습니다. 단추와 실고리 만들기는 57쪽, 벨크로 테이프 달기는 54쪽을 참고하세요.

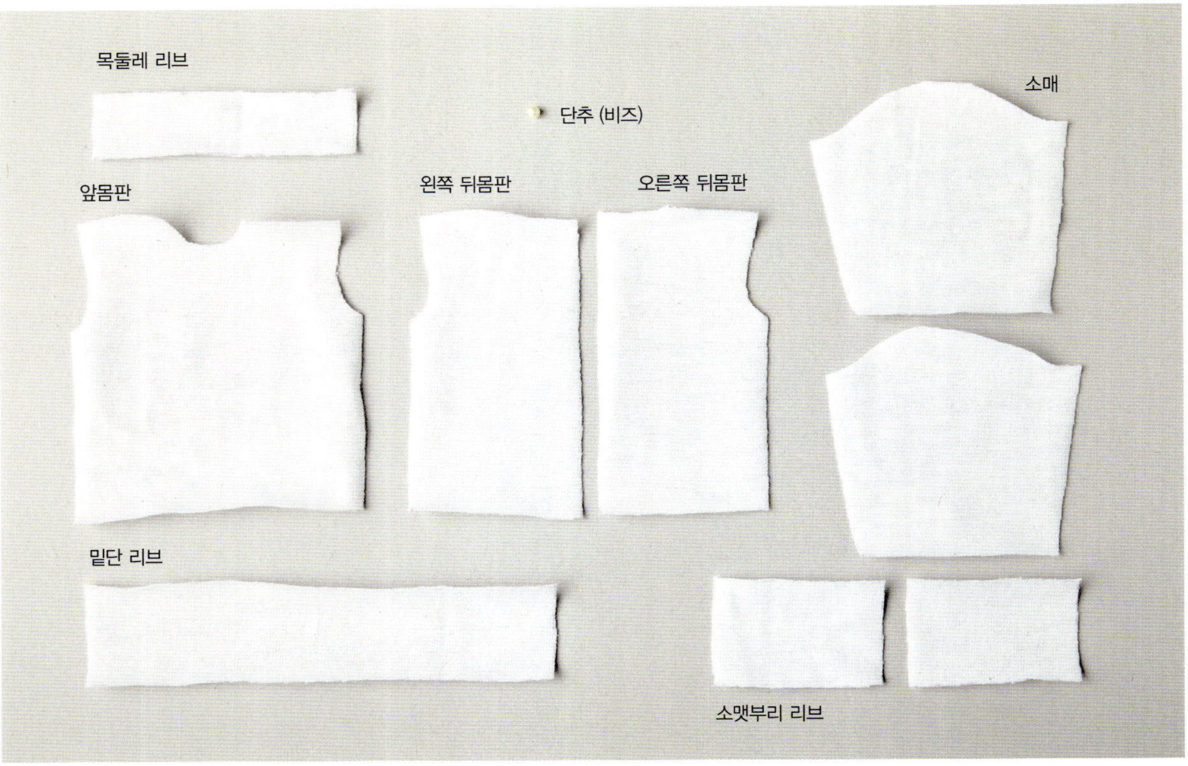

목둘레 리브 / 단추 (비즈) / 소매
앞몸판 / 왼쪽 뒤몸판 / 오른쪽 뒤몸판
밑단 리브 / 소맷부리 리브

준비물
22cm: 다이마루 니트 원단 14cm × 33cm, 3mm 비즈 1개 (또는 벨크로 테이프)
27cm: 다이마루 니트 원단 14cm × 41cm, 3mm 비즈 1개 (또는 벨크로 테이프)
11cm: 다이마루 니트 원단 6cm × 30cm, 벨크로 테이프

1 파츠를 재단합니다. 니트 원단이어서 가장자리가 말리지만 그대로 두어도 괜찮습니다. 늘어나기 쉬운 원단이라면 종이를 아래에 깔고 재봉하세요.

2 앞뒤 몸판을 겉끼리 마주 대어 어깨를 재봉하고, 시접을 나눕니다.

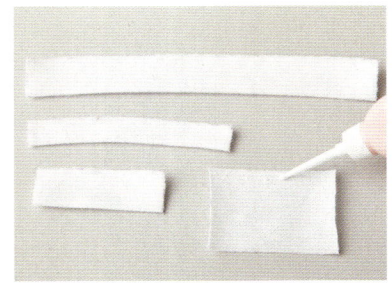

3 목둘레, 밑단, 소맷부리의 리브 각각을 겉면이 보이게 가로로 반 접어 접착제로 붙입니다.

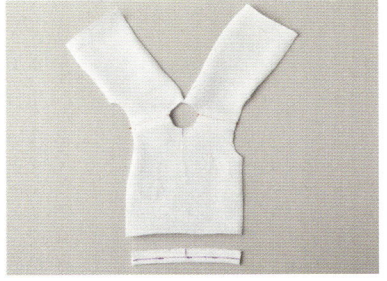

4 목둘레 리브의 중심과 앞몸판 중심에 표시합니다. 목둘레 리브는 접힌 선에서 3mm 위치에 재봉선도 표시해주세요.

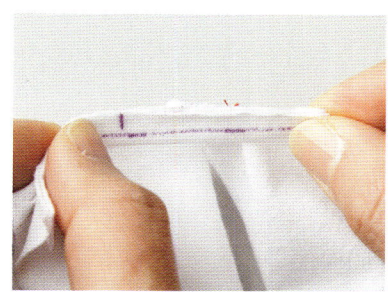

5 리브와 몸판 목둘레를 겉끼리 마주 대어 중심을 맞추고, 접착제로 임시 고정합니다. 이어서 리브를 늘여서 양쪽 끝을 맞춘 후에 접착제로 임시 고정합니다.

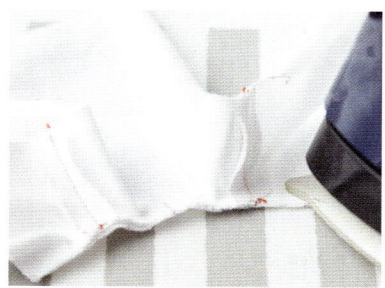

6 접착제로 임시 고정할 때, 다림질을 해주면 더 단단하게 고정됩니다.

7 표시한 재봉선 위를 재봉합니다. 리브 쪽이 위로 오도록 해서 확인하면서 재봉하세요.

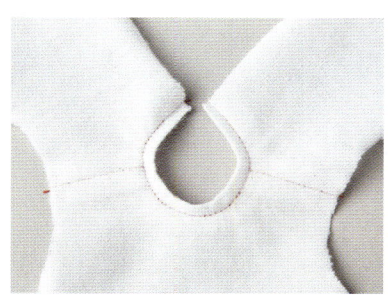

8 리브를 꺾어 세워서 다림질로 모양을 잡아줍니다. 상침재봉을 할지 말지는 취향에 따라, 사용하는 원단이나 아이템에 따라 결정하면 됩니다.

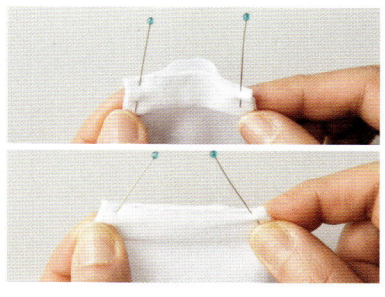

9 소맷부리에 리브를 답니다. 소맷부리와 리브를 겉끼리 마주 대어, 양쪽 끝을 맞춰서 시침핀으로 고정합니다. 길이가 다르므로 리브를 당겨서 소매 끝에 맞춥니다.

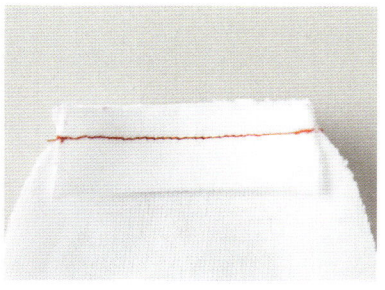

10 리브를 당긴 상태에서 재봉합니다.

11 리브를 꺾어 올려서 다림질로 모양을 잡아줍니다.

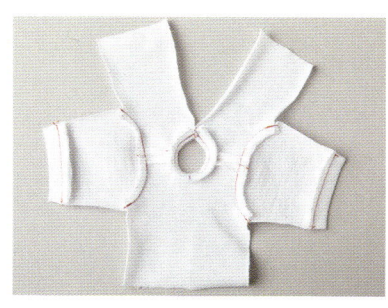

12 기본 블라우스(62쪽 참조)의 25번과 같이, 몸판에 소매를 시침질하여 임시 고정한 후 재봉합니다. 니트 원단의 경우에는 주름을 넣지 않습니다.

13 좌우 소매와 몸판을 각각 겉끼리 마주 대어, 소매아래와 옆선을 이어서 재봉합니다. 겨드랑이 시접 좌우에 가위집을 넣어줍니다.

기본 스웨트셔츠 만들기

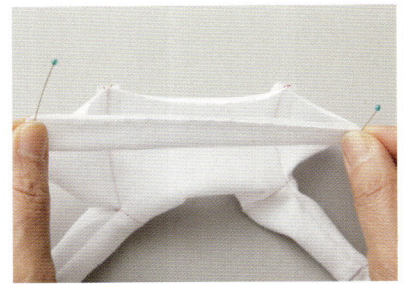
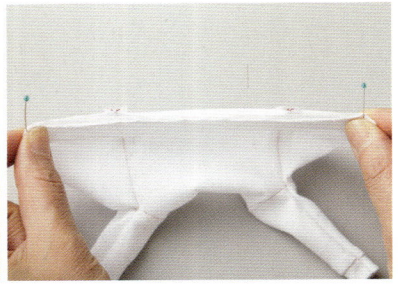

14 옆선 시접을 나누고, 이어서 밑단에 리브를 답니다. 우선 밑단과 리브를 겉끼리 마주 대어, 양쪽 끝을 맞춰 시침핀으로 고정합니다. 이때 리브를 당겨 밑단 너비에 맞춰야 합니다. 신축성 없는 원단이라면, 리브 길이를 조정하세요.

15 리브를 당긴 상태에서 재봉합니다.

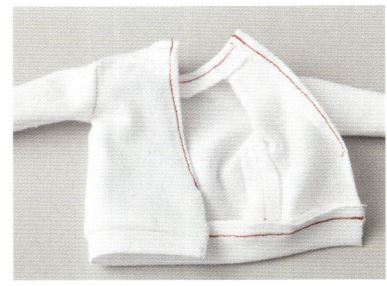

16 리브를 꺾어 세워서, 다림질로 모양을 정돈합니다.

17 트임 끝 위치에 맞춰, 뒤트임 시접을 비스듬하게 접은 후 접착제로 임시 고정합니다. 뒤트임 가장자리에 상침 재봉합니다.

18 뒤몸판을 겉끼리 마주 대어 트임 끝 위치부터 밑단까지 재봉합니다.

19 겉으로 뒤집어 뒤트임의 한쪽 끝에 실고리를 달고, 반대쪽에는 위치에 맞춰 단추 모양의 비즈를 달아줍니다.

20 스웨트셔츠 완성입니다.

후드티 만들기

후드 부분을 제외하면 기본 스웨트셔츠와 같습니다.
후드가 귀여워서 한 번쯤 만들어 보고 싶은 아이템입니다.

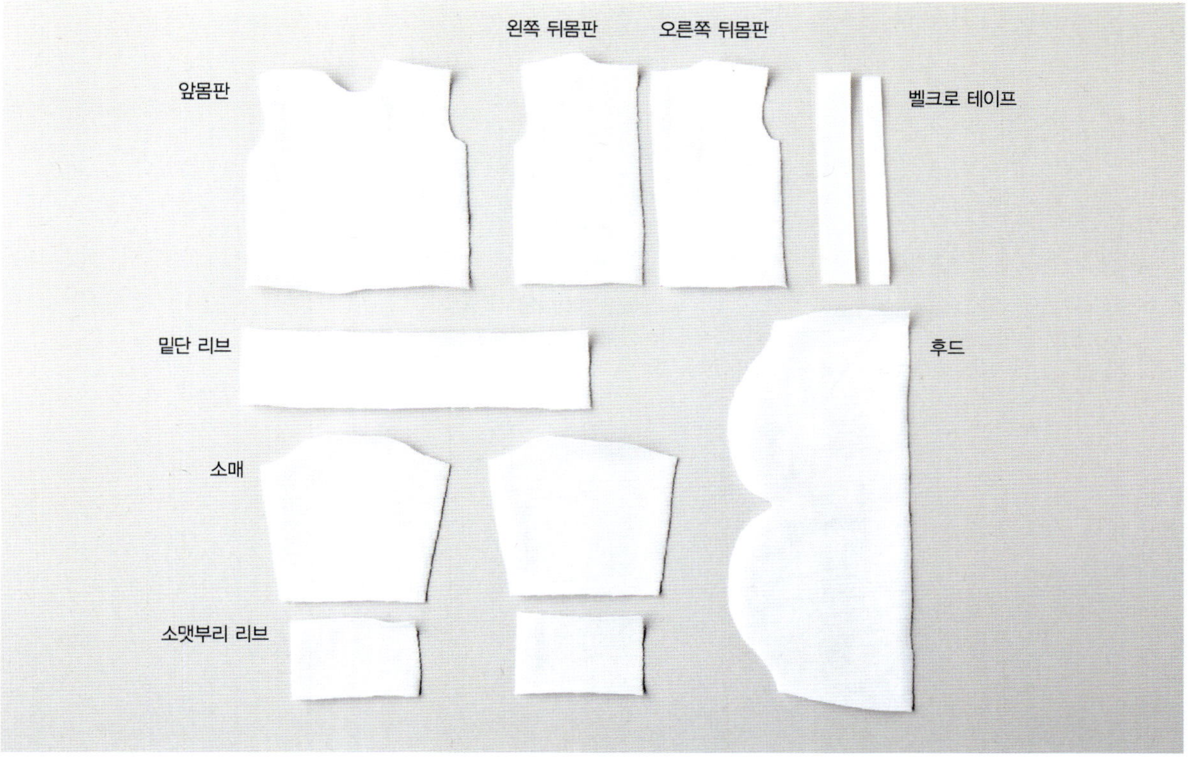

2 상의

준비물

22cm: 다이마루 니트 원단 16cm × 42cm, 벨크로 테이프
27cm: 다이마루 니트 원단 14cm × 47cm, 벨크로 테이프
11cm: 다이마루 니트 원단 10cm × 35cm, 벨크로 테이프

1 파츠를 재단합니다. 니트 원단은 가장자리가 말리지만 그대로 두어도 괜찮습니다. 늘어나기 쉬운 원단이라면 종이를 아래에 깔고 재봉합니다.

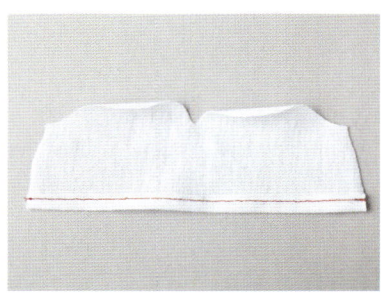

2 먼저 후드를 만듭니다. 후드 입구 부분을 접어 시접 7mm(11cm 크기는 3mm)가 되도록 재봉합니다.

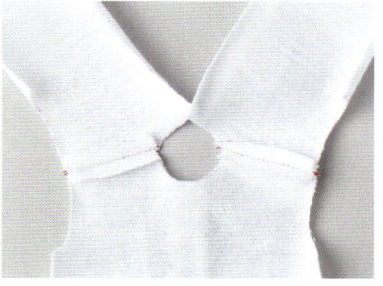

3 앞뒤 몸판을 겉끼리 마주 대어 어깨를 재봉하고, 시접을 나눕니다.

4 이제 후드를 임시 고정할 차례입니다. 앞몸판 목둘레에 중심을 표시합니다. 사진과 같이 후드 입구와 목둘레를 겉끼리 마주 닿게 맞춰주세요.

후드티 만들기

5 몸판 목둘레에 접착제를 발라서, 후드와 목둘레의 단을 맞춰 임시 고정합니다.

6 앞몸판이 위로 오게 해서, 중심이 맞는지 확인하면서 목둘레를 재봉합니다.

7 후드를 세웁니다.

8 기본 스웨트셔츠와 마찬가지로 소맷부리에 리브를 달고, 소매둘레에 소매를 재봉합니다. 소맷부리와 밑단용 리브는 미리 반으로 접어 접착제로 임시 고정해주세요.

9 좌우 소매와 몸판을 각각 겉끼리 마주 대고, 소매아래와 옆선을 이어서 재봉합니다. 겨드랑이 시접 양쪽에 가위집을 넣어줍니다.

10 기본 스웨트셔츠와 마찬가지로 밑단에 리브를 달아줍니다.

11 후드 뒷부분에 재봉 끝 위치를 표시합니다. 입히기 편하도록 트임을 주는 것입니다.

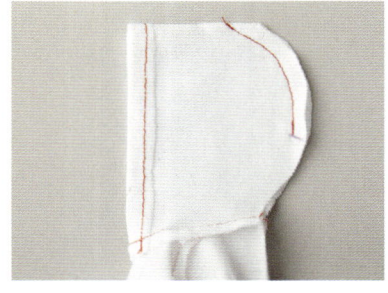

12 후드를 겉끼리 마주 대고, 위부터 재봉 끝 위치까지 재봉합니다.

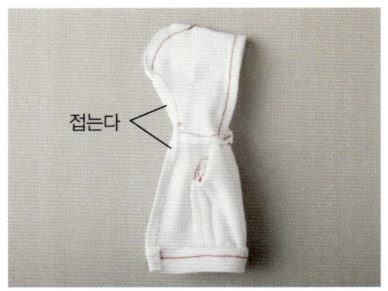

접는다

13 후드의 재봉 끝 위치부터 밑단까지 시접을 접어, 접착제로 임시 고정합니다.

14 그림과 같이, 뒤중심에서 맞대어지는 형태입니다.

15 벨크로 테이프를 재봉합니다(54쪽 참고). 벨크로 테이프의 루프(보들) 부분이 뒤트임에서 6~7mm 정도 튀어 나오게 겹친 다음, 재봉 끝 위치부터 밑단까지 재봉합니다. 이때 종이를 깔고 재봉하면 쉽습니다.

16 반대편은 벨크로 테이프의 후크(까끌) 부분을 정확히 맞대어, 재봉 끝 위치부터 밑단까지 재봉합니다. 단단히 고정하기 위해, 벨크로 테이프의 가장자리에(목둘레에서 밑단까지) 한 번 더 상침재봉합니다.

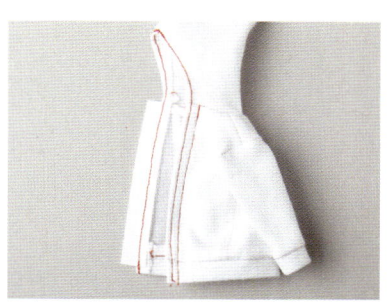

17 뒤트임에 벨크로 테이프를 부착한 모습입니다.

18 다림질로 모양을 정돈하면 완성. 후드에 트임이 있고, 뒤에서 몸판이 맞대어지는 뒤트임 후드 티셔츠입니다. 인형의 헤드를 분리해서 입힐 분들은, 후드 뒷부분에서 밑단까지 재봉해 합쳐도 문제없습니다.

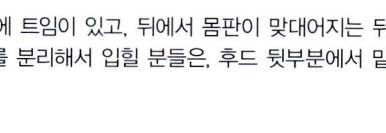

카디건 만들기

목둘레부터 앞트임까지 안단을 달고, 소매는 드롭 숄더로 만든 카디건입니다.

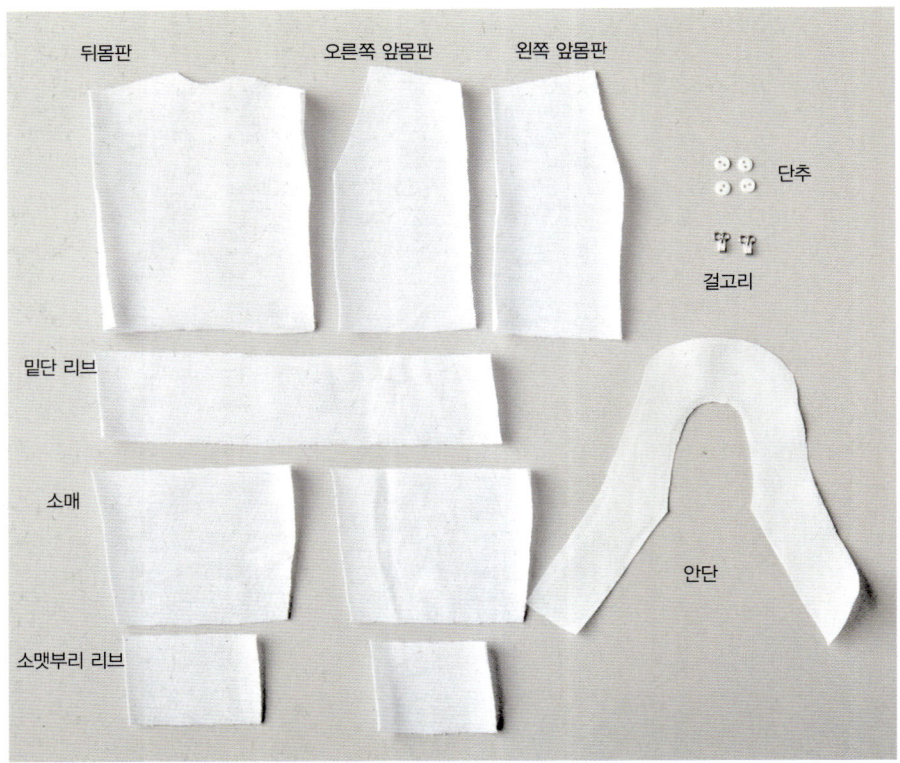

1 파츠를 재단합니다. 안단용 원단에는 올풀림 방지액을 발라 둡니다. 니트 원단은 가장자리가 말리지만 그대로 두어도 괜찮습니다. 늘어나기 쉬운 원단의 경우, 종이를 깔고 재봉합니다.

준비물

22cm: 다이마루 니트 14cm × 33cm, 안단용 면 11cm × 14cm, 단추 4개, 걸고리 2개
27cm: 다이마루 니트 14cm × 42cm, 안단용 면 13cm × 14cm, 단추 4개, 걸고리 2개
11cm: 다이마루 니트 7cm × 26cm, 안단용 면 7cm × 8cm, 단추 3개, 걸고리 1개

2 앞뒤 몸판을 겉끼리 마주 대어 어깨를 재봉하고 시접은 나눕니다.

3 몸판과 안단을 사진과 같이 겉끼리 마주 대어 재봉합니다.

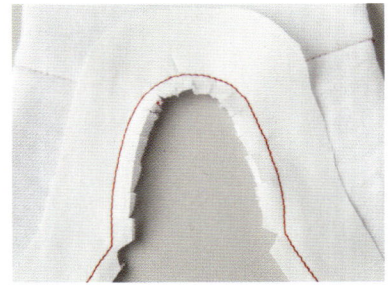

4 목둘레에 가위집을 넣어줍니다. 목둘레에서 앞단으로 이어지는 모서리의 시접은 삼각형으로 잘라냅니다. 이렇게 하면 뒤집었을 때 깔끔합니다.

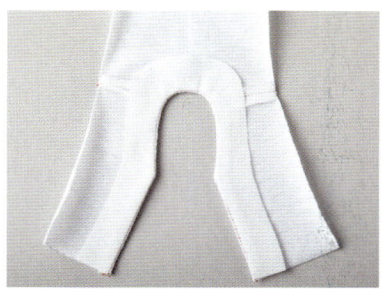

5 안단을 겉으로 뒤집습니다. 송곳을 사용해 모서리를 깔끔하게 정리하고, 다림질로 형태를 정돈합니다.

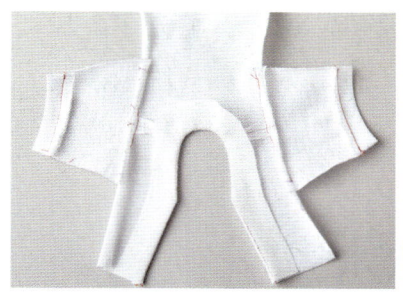

6 기본 스웨트셔츠와 마찬가지로, 소맷부리 리브는 미리 반으로 접어 접착제로 붙여둡니다. 소맷부리에 리브를 재봉해 붙입니다. 몸판 소매둘레와 소매를 겉끼리 마주 대어, 표시에서 표시까지 재봉합니다(73쪽의 드롭 숄더 블라우스 만들기 참고).

7 좌우의 소매와 몸판을 각각 겉끼리 마주 대어, 소맷부리에서 겨드랑이의 표시까지, 이어서 겨드랑이의 표시에서 밑단까지 나누어 재봉합니다.

8 겉으로 뒤집어, 다림질로 모양을 정돈합니다.

9 밑단용 리브를 겉끼리 마주 대어 양쪽 끝을 재봉한 후, 겉으로 뒤집어줍니다.

10 안단을 피해서, 밑단과 리브를 겉끼리 마주 댑니다. 리브를 당겨서 양쪽 끝을 맞추고 시침핀으로 고정합니다.

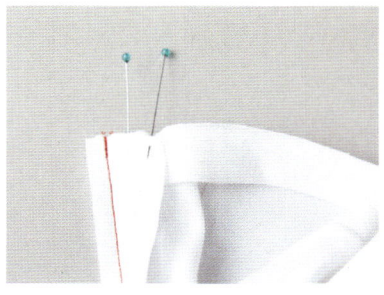

11 안단으로 리브를 덮고 시침핀으로 고정합니다. 몸판과 안단은 겉끼리 마주하고 있고, 그 사이에 밑단 리브가 끼워진 상태입니다.

12 시접 5mm가 되도록 밑단을 재봉합니다.

카디건 만들기

13 사진과 같이, 밑단 리브와 안단의 안쪽면이 보이는 상태가 됩니다.

14 밑단 리브와 안단을 겉으로 뒤집고, 다림질로 형태를 정돈합니다.

15 몸판 밑단~목둘레~밑단을 한 바퀴 빙 둘러서 상침재봉합니다. 상침재봉은 가장자리에서 5mm(11cm 크기는 3mm) 위치에 해주세요.

16 오른쪽 앞중심에 일정한 간격으로 단추를 달아 줍니다. 여기서는 1.3cm 간격이지만, 취향에 따라 변형해도 됩니다.

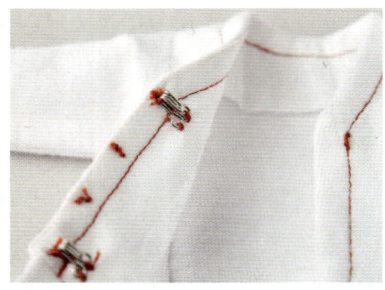

17 맨 위 단추와 맨 아래 단추의 안쪽면에 걸고리를 달아줍니다. 왼쪽 앞중심에는 상침재봉선과 걸고리 위치에 맞춰 실고리를 만들어줍니다.

18 다림질로 형태를 정돈하면 카디건 완성입니다.

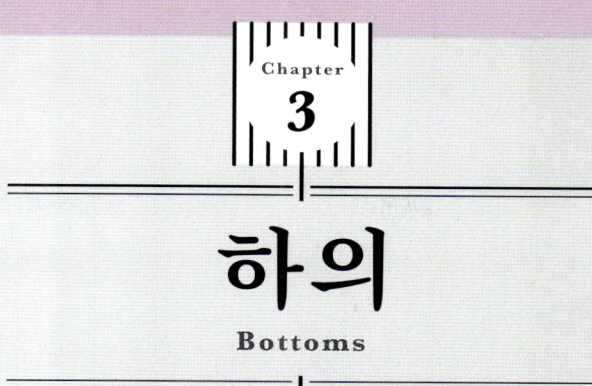

하의
Bottoms

스커트와 팬츠의 다양한 응용을 소개합니다.
스커트에 잔주름이나 턱 주름을 넣으면 완전히 다른 형태가 됩니다. 팬츠는 통을 넓거나
좁게 변형할 수 있고, 포켓이나 소재 등 디테일의 차이로 변화를 줄 수 있습니다.

스커트의 종류

스커트는 다양한 응용이 가능하지만, 11cm 크기는 타이트스커트와 턱 주름 스커트가 적당합니다. 그 외에는 원단이 아래로 퍼지는 느낌이 필요한 타입이어서 작은 인형에는 어울리지 않기 때문입니다.

기본 개더스커트

How to make > P.101

치마에 잔주름만 넣어 간단히 만들 수 있는 스커트입니다. 2단, 3단 등 원하는 만큼 단을 만들면 티어드 스커트가 됩니다. 허리는 기본적으로 벨트 형태로 하지만, 밴딩으로 해도 좋습니다. 밴딩 스커트일 경우, 뒤트임이 필요 없어 더 간단합니다.

※ 블라우스와 연결할 수 있습니다.

플레어스커트

반원부터 360도 원형 패턴까지 가능합니다.

How to make > P.104

아래로 갈수록 퍼지는 라인이 예쁜 스커트. 과하게 퍼지지 않도록 조정해 주세요.
※ 블라우스와 연결할 수 있습니다.

턱 주름 스커트

허리에 턱(tuck) 주름을 잡은 스커트.

How to make > P.105

스커트가 많이 퍼지지 않는 심플한 형태입니다.
※ 블라우스와 연결할 수 있습니다.
  (27cm 크기는 턱의 너비 조정이 필요)

밴딩 스커트

How to make > P.110

허리벨트 대신 고무줄을 넣을 수도 있습니다. 기본적으로 허리에 주름이 잡히기 때문에, 개더스커트 이외에는 적합하지 않습니다. 얇고 부드러운 원단에 추천합니다.

타이트스커트

밑단이 퍼지지 않는 슬림한 스커트.

How to make > P.106

포켓을 변형해 다양하게 즐길 수 있습니다.
※ 블라우스와 연결할 수 있습니다.

플리츠 스커트

허리부터 밑단까지 균일하게 플리츠 주름을 잡은 스커트.

How to make > P.108

뒤트임 처리가 다른 스커트와 다릅니다.
※ 블라우스와 연결할 수 없습니다.

기본 개더스커트 만들기

허리벨트와 스커트 2단으로 이루어진 개더스커트입니다.

허리벨트 벨크로 테이프

1단 스커트

2단 스커트

준비물

22cm: 면 원단 12cm × 50cm, 벨크로 테이프 (또는 걸고리 1개)
27cm: 면 원단 14cm × 50cm, 벨크로 테이프 (또는 걸고리 1개)
11cm: 없음

1 파츠를 재단하고 가장자리에 올풀림 방지액을 발라 둡니다. 2단 스커트는 1단 스커트 너비의 약 2배로 준비합니다.

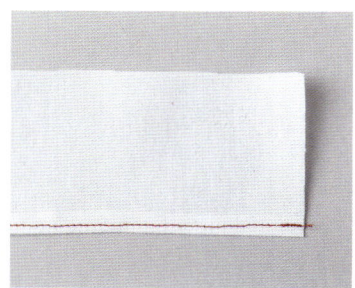

2 2단 스커트의 밑단 시접을 접어 상침재봉합니다.

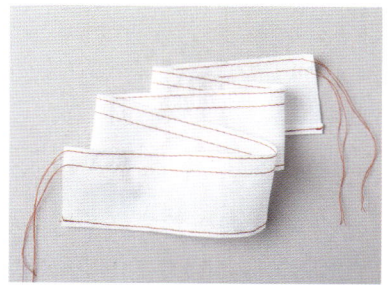

3 2단 스커트의 상단에 주름용 재봉을 2줄 해줍니다. 개더를 잡는 방법은 50쪽을 참고하세요.

4 1단 스커트의 너비에 맞춰 주름을 조정합니다. 주름을 꽉 당겨 놓은 다음에 너비를 조절하면 맞추기가 쉽습니다. 너비를 맞췄으면 실을 고정합니다.

기본 개더스커트 만들기

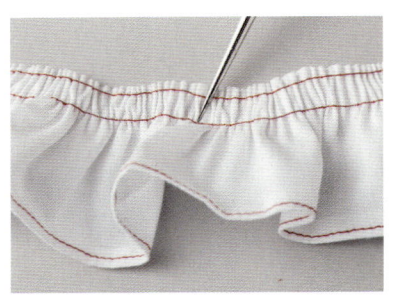

5 수예용 송곳으로 주름을 고르게 정리하고 다림질로 들뜨지 않게 눌러줍니다. 잔주름이 잡혔습니다.

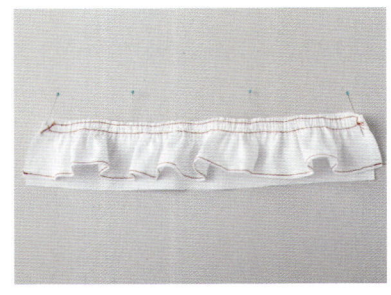

6 1단 치마의 하단과 2단 치마의 상단(주름 잡은 쪽)을 겉끼리 마주 대어, 시침핀으로 고정합니다.

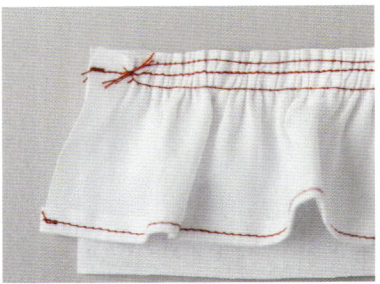

7 주름용으로 재봉한 실 2줄의 사이에 있는 완성선을 따라 재봉합니다.

8 주름용 재봉 중 아래쪽 실을 빼냅니다. 양쪽 끝의 매듭을 잘라내고, 원단 안쪽에서 송곳으로 실을 들어 올려 빼면 됩니다.

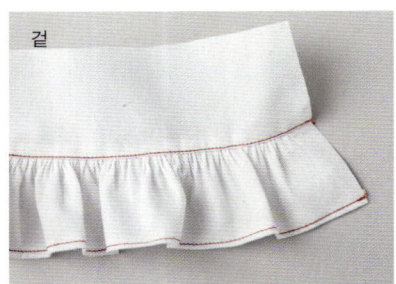

9 1단 스커트를 위로 세워서 시접은 위로 눕히고, 상침재봉합니다.

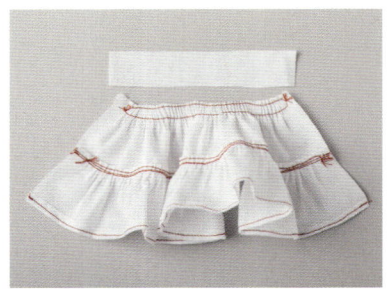

10 1단 스커트의 상단에도 주름용 재봉을 해서 허리벨트의 길이에 맞춥니다.

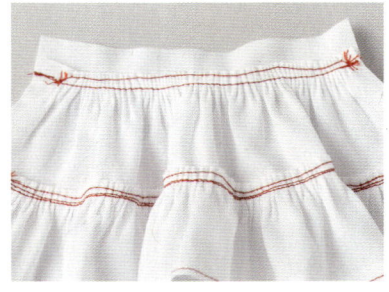

11 같은 방법으로 허리벨트를 재봉합니다. 주름용 재봉실 중 아래쪽 실을 빼내고 시접을 위로 눕힙니다.

12 113쪽(기본 스트레이트 팬츠 만들기)을 참고해서 허리벨트를 재봉합니다.

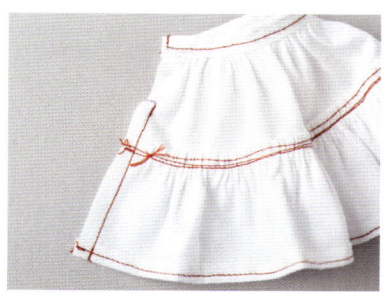

13 스커트 양쪽 끝에 트임 끝 위치를 표시합니다. 스커트를 겉끼리 마주 대어 트임 끝 위치부터 밑단까지 재봉합니다. 여기가 뒤중심이 됩니다.

14 허리부터 트임 끝까지 시접(접히지 않은 쪽)에 벨크로 테이프의 후크(까끌) 부분을 겹쳐서 재봉합니다. 이때 종이를 깔고 재봉하면 쉽습니다. 벨크로 테이프의 위치는 인형 허리에 맞춰주세요.

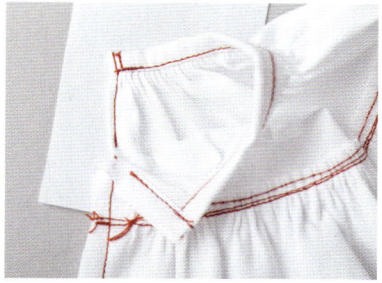

15 반대쪽 시접은 접혀 있으므로, 가장자리에 벨크로 테이프의 루프(보들) 부분을 맞춰서, 재봉합니다.

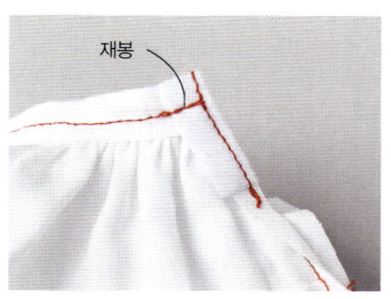

16 종이를 떼어내면 벨크로 테이프가 부착되어 있습니다. 허리벨트의 재봉선에 맞춰, 벨크로 테이프 위에 가로로 상침재봉합니다.

17 겉으로 뒤집어줍니다. 재봉은 이것으로 끝났고, 지금부터 형태를 잡을 차례입니다.

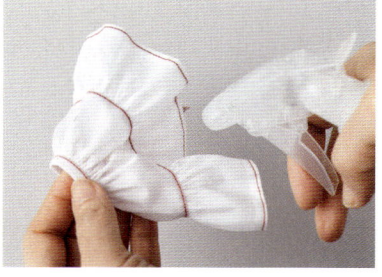

18 분무기를 이용해 스커트가 충분히 젖을 만큼 습기를 줍니다.

19 손으로 치마를 모아 잡아서 스커트가 심하게 퍼지지 않도록 합니다. 이 상태로 가만히 두어 완전히 마를 때까지 기다립니다.

20 마르면 주름다운 주름이 잡혀서 퍼짐이 해결됩니다. 이것으로 완성. 뒤트임은 걸고리로 마무리해도 문제없습니다.

플레어스커트 만들기

아래로 퍼지는 모양을 깔끔하게 만드는 것이 포인트입니다.

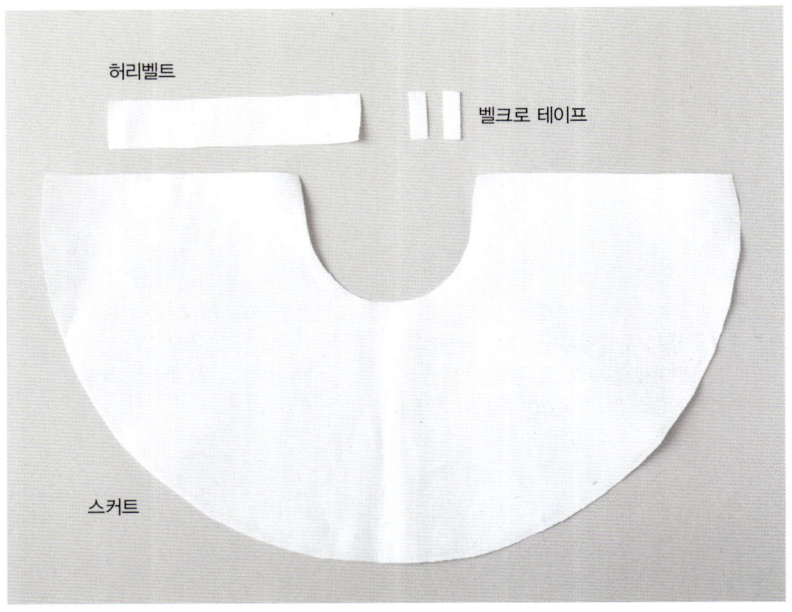

준비물

22cm :
면 원단 20cm × 30cm
벨크로 테이프 (또는 걸고리 1개)

27cm :
면 원단 24cm × 38cm
벨크로 테이프 (또는 걸고리 1개)

11cm : 없음

1 파츠를 재단한 후, 가장자리에 올풀림 방지액을 발라 둡니다.

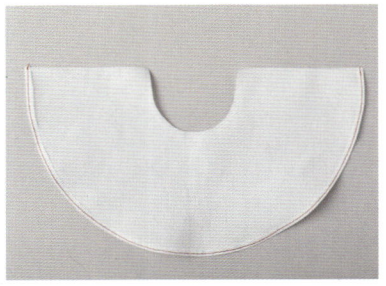

2 스커트 밑단 시접을 접어 상침재봉합니다.

3 허리에 주름용 재봉을 해서(주름 잡는 법은 50쪽 참고), 허리벨트의 길이와 맞춥니다.

4 113쪽(기본 스트레이트 팬츠 만들기)을 참고해 허리벨트를 재봉합니다.

5 기본 개더스커트와 같은 방법으로, 뒤중심을 재봉하고 벨크로 테이프를 달아줍니다.

6 토르소 등에 입힌 후 분무기를 이용해 전체가 충분히 젖을 정도로 습기를 줍니다. 주름을 정돈하고 퍼지지 않도록 그대로 말립니다.

7 완전히 마르면 완성입니다.

턱 주름 스커트 만들기

턱 주름이 각각 다른 방향으로 접히므로 패턴을 잘 확인하면서 만들어주세요.

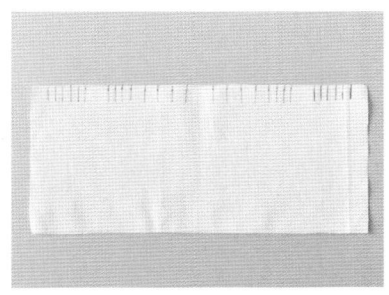

1 허리벨트, 벨크로 테이프, 스커트 파츠를 재단해서, 가장자리에 올풀림 방지액을 발라 둡니다. 스커트의 밑단 시접을 접어 상침재봉합니다. 스커트 허리에 주름 위치를 표시합니다.

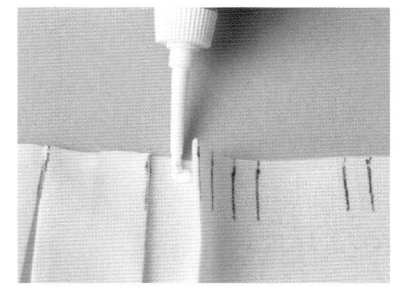

2 주름을 잡아 접착제로 임시 고정합니다. 주름이 많을수록 임시 고정을 하는 편이 편합니다. 턱 주름 잡는 방법은 51쪽을 참고하세요.

3 모든 주름을 접은 모습입니다.

3 하의

4 허리벨트의 길이와 맞는지 확인합니다.

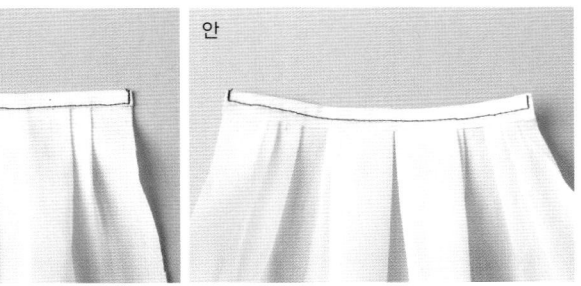

5 113쪽(기본 스트레이트 팬츠 만들기)을 참고해 허리벨트를 재봉합니다.

준비물

22cm :
면 원단 14cm × 25cm
벨크로 테이프 (또는 걸고리 1개)

27cm :
면 원단 18cm × 25cm
벨크로 테이프 (또는 걸고리 1개)

11cm : 없음

6 기본 개더스커트와 같은 방법으로 뒤트임을 처리합니다. 트임 끝 위치부터 밑단까지 재봉한 후, 벨크로 테이프를 답니다. 스커트 형태를 정리하면 완성. 뒤트임은 걸고리로 처리해도 문제 없습니다.

※턱 주름 스커트는 27cm 인형도 22cm용 허리벨트를 사용합니다. 27cm 블라우스와 조합하고 싶은 경우, 턱 주름의 폭을 약간 조정해 몸판 너비에 맞춰주세요.

타이트스커트 만들기

여기서는 스커트 만드는 방법만 설명합니다. 포켓은 52쪽을 참고해 취향에 맞춰 달아주세요.

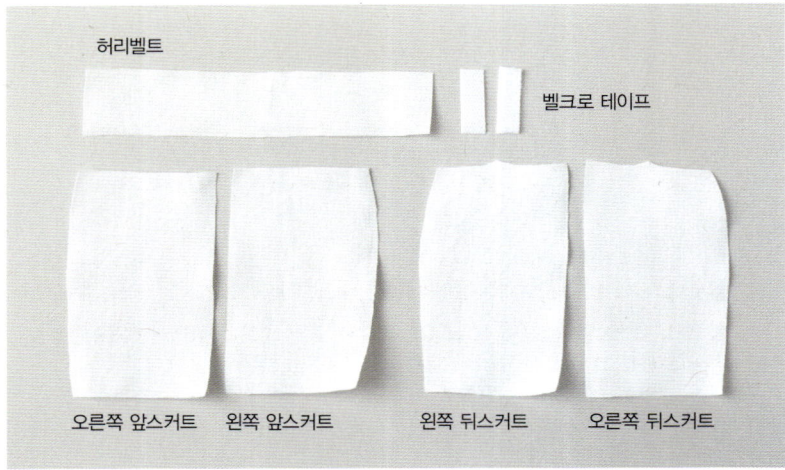

준비물

22cm :
면 원단 11cm × 20cm
벨크로 테이프 (또는 걸고리 1개)

27cm :
면 원단 12cm × 22cm
벨크로 테이프 (또는 걸고리 1개)

11cm :
면 원단 7cm × 14cm
벨크로 테이프 (또는 걸고리 1개)

1 파츠를 재단하고, 가장자리에 올풀림 방지액을 발라둡니다.

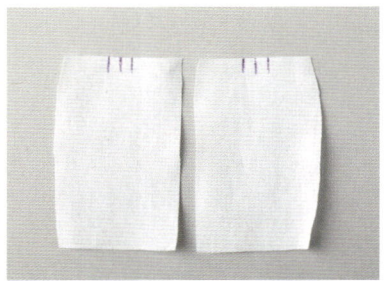

2 좌우 앞스커트에 주름 위치를 표시합니다. 위치 표시하는 방법과 턱 주름 잡는 방법은 51쪽을 참고하세요.

3 턱 주름을 잡아 접착제로 임시고정합니다.

4 좌우 뒤스커트에 다트 위치를 표시합니다. 위치 표시하는 방법과 다트 넣는 방법은 51쪽을 참고하세요.

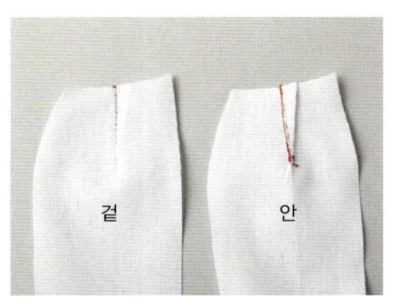

5 다트를 재봉하고. 시접은 뒤중심을 향해 눕힙니다.

6 좌우 앞스커트를 겉끼리 마주 대어 앞중심을 재봉합니다.

7 좌우 앞스커트를 펼칩니다. 시접을 한쪽으로 눕히고(여기서는 왼쪽) 상침재봉으로 고정합니다.

8 왼쪽 앞스커트와 왼쪽 뒤스커트를 겉끼리 마주 대어 옆선을 재봉합니다. 오른쪽도 같은 방법으로 재봉합니다.

9 스커트를 펼쳐서 옆선 시접을 다림질로 나눕니다.

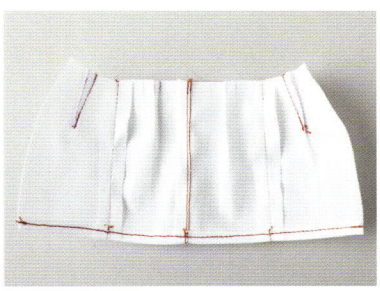

10 밑단 시접을 접어 상침재봉합니다.

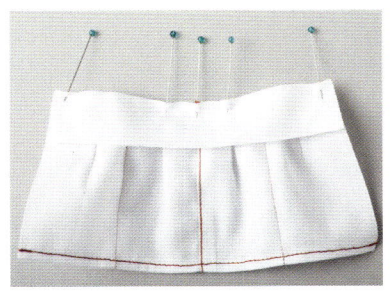

11 스커트 허리와 허리벨트를 겉끼리 마주 대어, 시침핀으로 고정합니다.

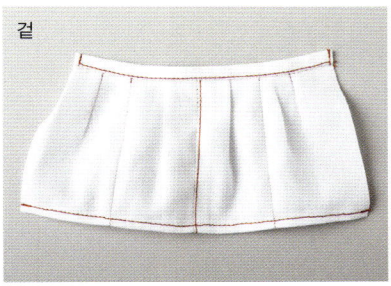

12 113쪽(기본 스트레이트 팬츠 만들기)을 참고해 허리벨트를 재봉합니다. 스커트 옆면에 포켓을 달고 싶다면, 이 단계에서 해주세요(52쪽 참고).

13 스커트 뒤중심에 트임 끝 위치를 표시하고, 겉끼리 마주 대어 트임 끝부터 밑단까지 뒤중심을 재봉합니다.

14 기본 개더스커트와 같은 방법으로 벨크로 테이프를 재봉해 답니다.

15 겉으로 뒤집어 다림질로 스커트의 형태를 정돈하면 완성. 뒤트임은 걸고리로 마무리해도 좋습니다.

3 하의

플리츠 스커트 만들기

깔끔하게 접힌 플리츠 주름이 매력적인 스커트입니다.

준비물

22cm :
면 원단 13cm × 26cm, 벨크로 테이프

27cm :
면 원단 15cm × 28cm, 벨크로 테이프

11cm :
면 원단 9cm × 23cm, 벨크로 테이프

1 각 파츠를 재단하고, 가장자리에 올풀림 방지액을 발라 둡니다.

2 스커트 밑단 시접을 접어 상침재봉합니다.

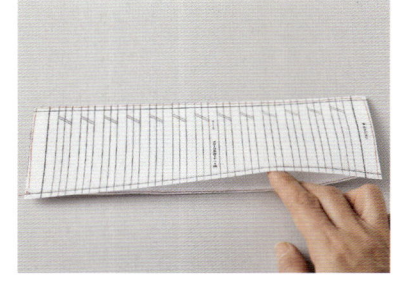

3 플리츠 패턴을 준비합니다. 패턴과 스커트 원단을 겉끼리 마주 대어, 밑단 쪽만 남기고 빙 둘러 시침질해 임시 고정합니다. 재봉틀로 할 때는 바늘땀을 넓게 설정합니다(4~5mm). 손바느질도 괜찮습니다.

4 패턴의 접는 선에 맞춰 원단과 패턴(종이)을 함께 접어줍니다.

5 모두 접었으면 다림질로 형태를 고정합니다. 다림질은 원단 쪽에서 해주세요.

6 원단 쪽에 주름가공 스프레이를 뿌려서 형태를 고정합니다. 세탁용 풀도 비슷한 효과를 내지만, 스프레이 쪽이 사용하기 쉽습니다.

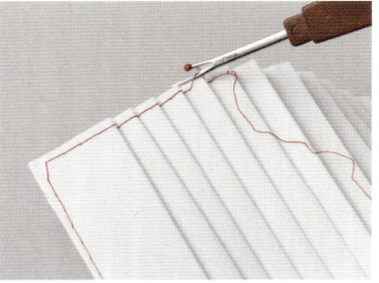

7 주름이 고정되면 실뜯개로 임시 고정한 실을 빼냅니다. 다시 한번 다림질로 형태를 고정합니다.

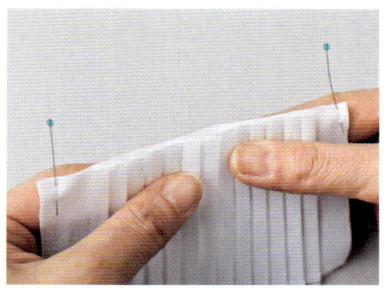

8 스커트의 허리와 허리벨트를 겉끼리 마주 대어 양쪽 끝을 시침핀으로 고정합니다. 패턴상 스커트의 허리가 허리벨트보다 살짝 길게 되어 있으므로, 자연스럽게 맞춰 주세요.

9 시접분을 5mm(11cm 크기는 3mm) 주고 허리를 재봉합니다. 스커트의 허리 부분을 섬세하게 조정해 허리벨트에 맞춰 재봉합니다.

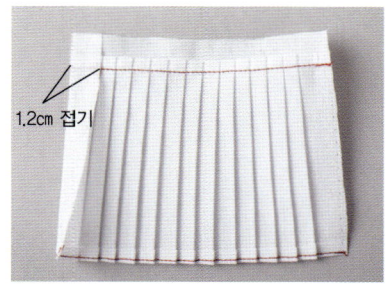

10 허리벨트를 위로 세운 다음, 왼쪽 가장자리(왼쪽 뒤중심)를 안쪽면을 향해 1.2cm(11cm 크기는 1cm) 접어줍니다.

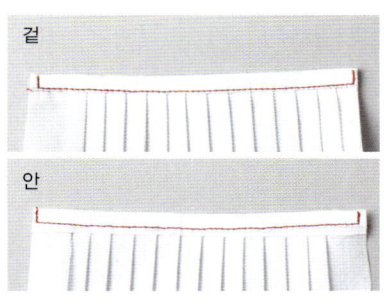

11 113쪽(기본 스트레이트 팬츠 만들기)을 참고해 허리벨트를 재봉합니다.

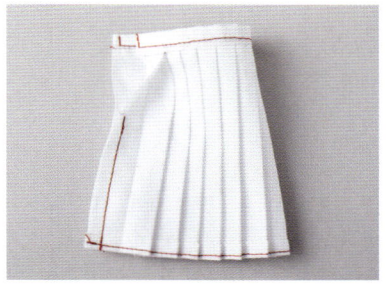

12 뒤중심에 트임 끝 표시를 하고, 겉끼리 마주 대어 트임 끝부터 밑단까지 뒤중심을 재봉합니다.

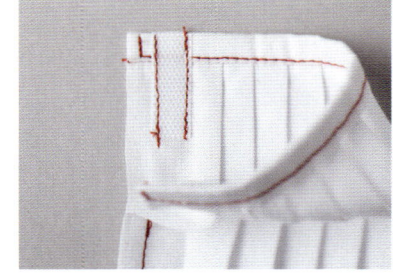

13 시접분 1.2cm(11cm 크기는 1cm)에 벨크로 테이프의 후크(까끌) 부분을 맞춰 재봉합니다.

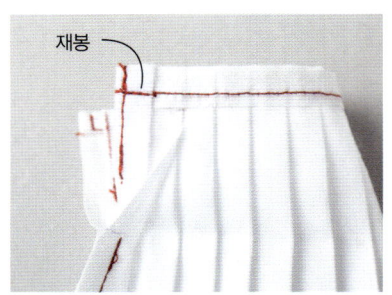

14 반대쪽 시접은 접혀 있으므로 끝에 벨크로 테이프의 루프(보들) 부분을 맞춰 재봉합니다. 허리벨트의 재봉선에 맞춰 가로 방향으로 상침재봉합니다.

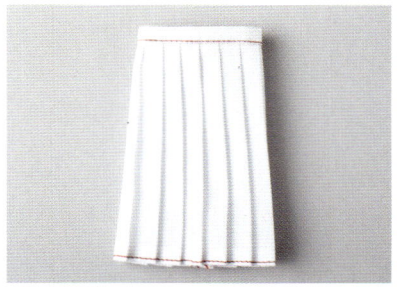

15 겉으로 뒤집어 다림질로 형태를 정돈하면 완성입니다.

밴딩 스커트로 변형하기

개더스커트의 허리에 고무줄을 넣어 밴딩 스커트로 만들 수 있습니다.
트임 처리가 필요 없어 매우 간단합니다.

1 허리 부분을 1cm 접어 위에서 5mm 위치에 재봉합니다. 밑단 시접도 접어 재봉해둡니다.

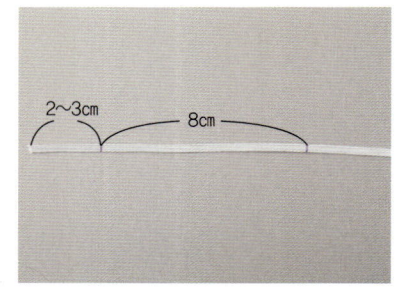

2 허리에 통과시킬 고무테이프에 표시합니다. 사진처럼 여유분(여기서는 2~3cm)과 인형의 허리둘레(여기서는 8cm)를 표시하면 됩니다.

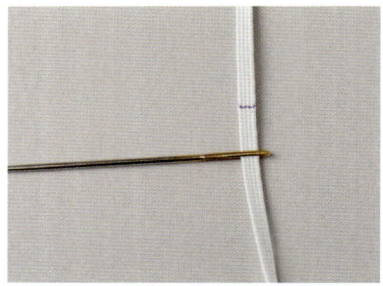

3 털실용 돗바늘에 고무테이프를 통과시킵니다.

4 재봉해 놓은 허리에 돗바늘에 꿴 고무테이프를 통과시킵니다.

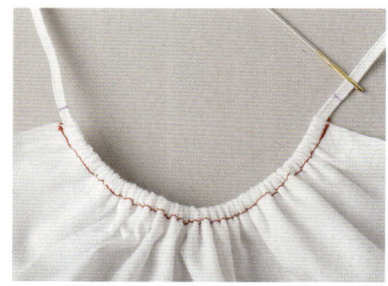

5 고무테이프를 끝까지 통과시켜서, 양쪽 표시 사이에 스커트가 오도록 합니다.

6 표시에 맞춰 재봉틀로 박음질해서 고정합니다. 남은 고무테이프는 잘라냅니다. 여기가 뒤중심이 됩니다.

7 스커트를 겉끼리 마주 대어, 허리부터 밑단까지 뒤중심을 재봉합니다.

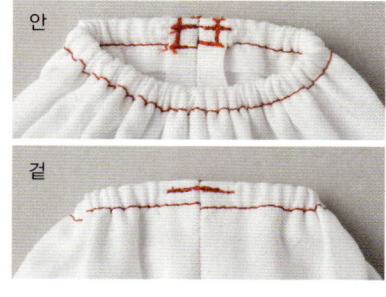

8 뒤중심 시접은 나누고, 허리 시접 부분을 가로 방향으로 재봉해 고정합니다.

9 이것으로 완성. 스커트가 과하게 퍼진다면, 분무기로 물을 뿌려서 모양을 정돈합니다(103쪽 참고).

22㎝ / 모델: 포키 부 봉봉
©KINOKOJUICE / AZONE INTERNATIONAL

3 하의

팬츠의 종류

팬츠의 형태는 스트레이트, 슬림, 와이드, 쇼트 등으로 나뉩니다. 턱 주름을 넣은 와이드 팬츠는 옆선과 포켓이 없어 보다 간단히 만들 수 있습니다. 포켓 등의 디테일로 다양한 변형이 가능합니다.

기본 스트레이트 팬츠

How to make > P.113

스트레이트 팬츠를 기본으로, 아랫단으로 갈수록 좁아지거나 길이가 짧아지거나, 허리에 주름을 잡거나 하는 변형이 가능합니다. 허리 처리는 모두 동일합니다. 포켓의 유무, 상침재봉하는 위치, 원단 소재에 따라 색다른 분위기를 낼 수 있습니다.
※블라우스와 연결할 수 없습니다.

스키니 팬츠

밑단으로 갈수록 좁아지는 형태입니다.
길이를 짧게 하면 사브리나 팬츠가 됩니다.
※블라우스와 연결할 수 없습니다.

턱 주름 와이드 팬츠

How to make > P.118

허리에 턱 주름을 잡아 넉넉한 핏감과 볼륨감을 표현합니다.
※블라우스와 연결할 수 있습니다.

쇼트 팬츠

팬츠용 원단이 아닌, 블라우스나 스커트용 원단을 사용하면 좀 더 캐주얼한 분위기를 연출할 수 있습니다.
※ 사진은 허리 부분에 주름을 넣는 것으로 변형했습니다.
※ 블라우스와 연결할 수 있습니다.

기본 스트레이트 팬츠 만들기

일반 팬츠와 데님 팬츠는 만드는 방법에 약간 차이가 있습니다.
즉 데님 팬츠는 상침재봉을 넣는 방식이 다르고 L자형 포켓이 추가됩니다.

3 하의

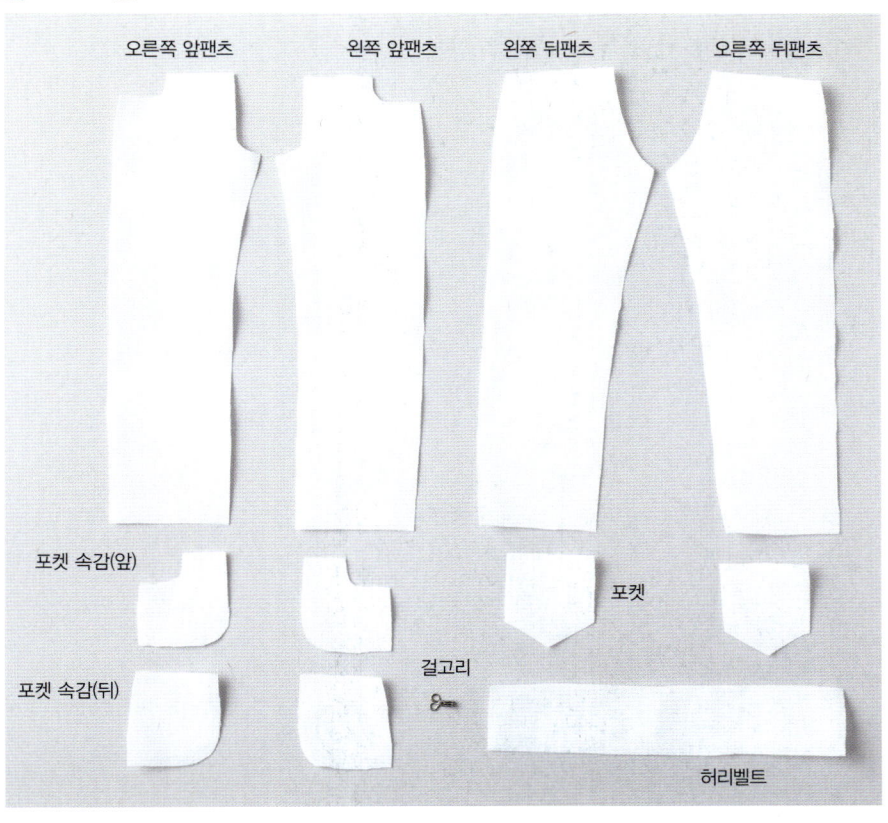

1 파츠를 재단해 가장자리에 올 풀림 방지액을 발라 둡니다.

준비물

22cm: 면 원단 18cm × 24cm, 포켓 속감용 얇은 면 4cm × 7cm, 걸고리 1개 (또는 벨크로 테이프)
27cm: 면 원단 21cm × 25cm, 포켓 속감용 얇은 면 4cm × 7cm, 걸고리 1개 (또는 벨크로 테이프)
11cm: 면 원단 8cm × 21cm, 포켓 속감용 얇은 면 2cm × 5cm, 벨크로 테이프

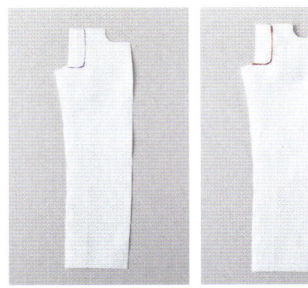

2 왼쪽 앞팬츠에 지퍼 형태를 그리고, 선을 따라 상침재봉합니다. 실제로 지퍼를 달지는 않지만, 재봉선을 이용해 지퍼가 달린 듯한 분위기를 낼 수 있습니다.

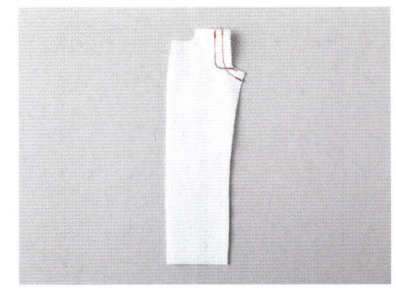

3 좌우 앞팬츠를 겉끼리 마주 대어 앞 중심을 재봉합니다.

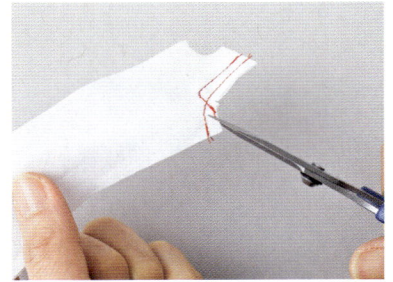

4 시접의 곡선 부분에 두 군데 정도 가위집을 넣어줍니다.

기본 스트레이트 팬츠 만들기

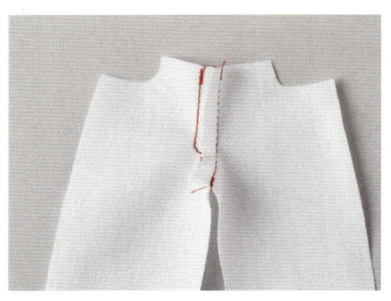

5 팬츠 앞판을 펼쳐서, 지퍼 형태 쪽으로 시접을 눕힙니다.

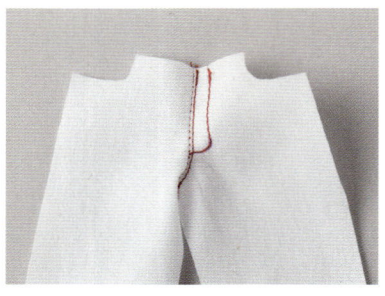

6 앞중심에 1mm 폭으로 상침재봉합니다. 지퍼 형태나 앞중심의 상침재봉은 생략해도 아무 문제없습니다. 팬츠 분위기에 맞춰서 해주세요.

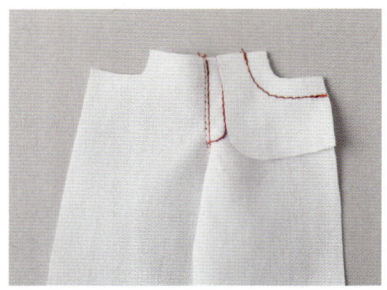

7 앞팬츠의 포켓 입구와 포켓 속감(앞)을 겉끼리 마주 대어 재봉합니다.

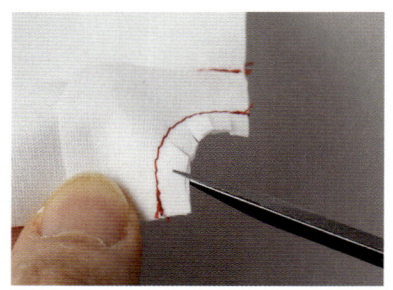

8 시접에 다섯 군데 정도 가위집을 넣어줍니다.

9 포켓 속감(앞)을 안으로 접어 넣어 모양을 잡고, 포켓 입구에 상침재봉합니다.

10 주머니 속감(앞)과 맞대어지는 속감(뒤)을 맞춰서 접착제로 임시 고정합니다.

11 팬츠 본체를 피해서, 임시 고정한 포켓 속감(앞)과 속감(뒤)의 3면을 재봉합니다.

12 이제 L자형 포켓이 만들어졌습니다.

13 다른 쪽 포켓도 같은 방법으로 만들어주세요.

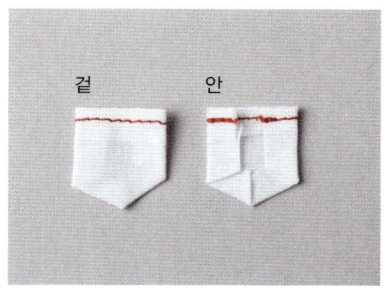

14 패치포켓 만들기(52쪽)를 참고해 뒤포켓을 만듭니다.

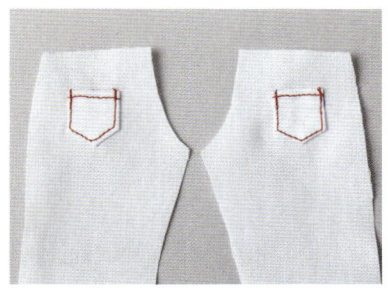

15 좌우 뒤팬츠에 포켓을 부착할 위치를 표시합니다. 뒤포켓을 접착제로 임시 고정한 후, 가장자리를 재봉합니다.

16 앞팬츠와 뒤팬츠를 겉끼리 마주 대어 옆선을 재봉하고, 팬츠를 펼쳐줍니다.

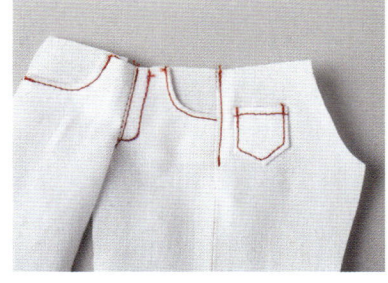

17 데님 팬츠의 경우, 옆선 시접을 뒤팬츠 쪽으로 눕히고, 시접이 고정되도록 L자형 포켓의 속감 하단까지 상침 재봉합니다.

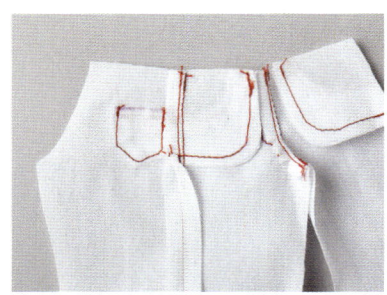

18 상침재봉한 시접을 제외하고, 옆선 시접을 나눕니다.

19 데님 팬츠가 아니라면, 옆선 시접 전체를 뒤팬츠 쪽으로 눕히고 시접이 고정되도록 밑단까지 상침재봉합니다.

기본 스트레이트 팬츠 만들기

20 다른 쪽 뒤팬츠도 같은 방법으로 재봉합니다. 팬츠 옆선 쪽에 포켓을 달려면 이 단계에서 재봉해야 합니다 (52쪽 참고).

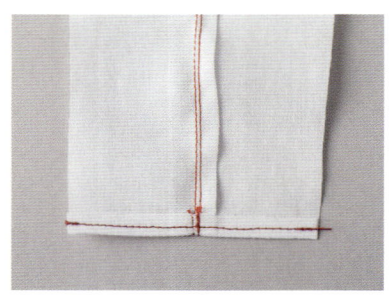

21 밑단 시접을 접어 상침재봉합니다. 롤업 디자인을 원한다면, 이 단계에서 밑단을 겉면으로 접어 올려 양쪽 끝을 접착제로 임시 고정합니다.

22 팬츠 허리와 허리벨트를 겉끼리 마주 대어 재봉합니다.

23 재봉한 허리벨트를 위로 세웁니다.

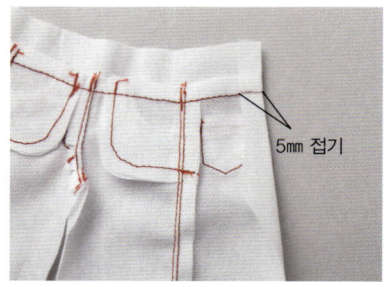

24 오른쪽만 팬츠 허리와 허리벨트 시접을 5mm 접어 접착제로 임시 고정합니다.

25 허리 부분 시접에 접착제를 바르고 허리벨트를 접어 임시 고정합니다. 허리벨트의 폭이 고르게 되어 있는지 확인하세요.

26 허리벨트를 접은 모습입니다. 모서리도 깔끔하게 접어주세요.

27 허리벨트에 상침재봉합니다. 데님 팬츠의 경우, 허리벨트 가장자리를 빙 둘러 상침재봉하면 더욱 리얼한 느낌이 납니다. 윗면을 빼고 옆과 아래에만 상침재봉해도 괜찮습니다.

28 팬츠의 뒤중심에 트임 끝 표시를 하고, 겉끼리 마주 대어 시침핀으로 고정합니다.

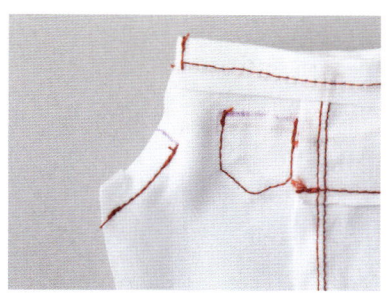

29 트임분을 제외하고 재봉하고, 시접한 군데에 가위집을 넣어줍니다. 트임을 벨크로 테이프로 하려면, 이 단계에서 처리해야 합니다(55쪽 참고).

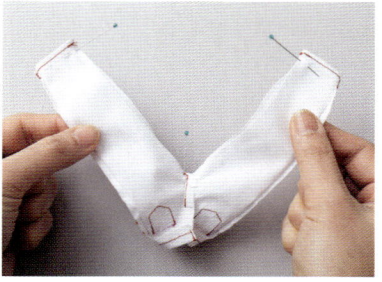

30 팬츠의 밑아래 부분을 겉끼리 마주 대어 시침핀으로 고정하고 좌우 이어서 재봉합니다. 뒤중심 시접을 뒤트임 방향으로 눕힌 후 재봉하세요.

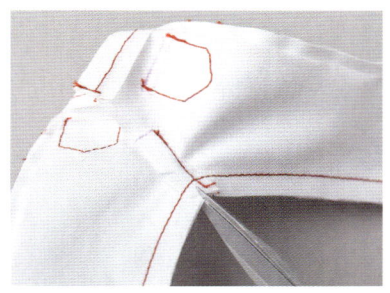

31 밑아래 시접 좌우에 가위집을 넣어줍니다.

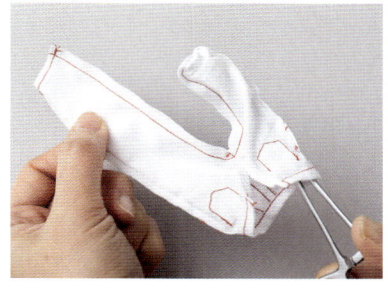

32 허리에 겸자를 넣어 밑단을 집어 겉으로 뒤집어줍니다. 다른 쪽도 같은 방법으로 해주세요.

33 다림질로 팬츠의 형태를 정돈합니다.

34 뒤트임 오른쪽에 걸고리를 달고, 왼쪽에는 실고리를 만듭니다. 실고리의 위치는 인형의 허리 사이즈에 맞춰 조정해주세요.

35 스트레이트 팬츠가 완성되었습니다. 뒤트임을 벨크로 테이프로 처리해도 됩니다.

턱 주름 와이드 팬츠 만들기

앞에는 턱 주름, 뒤에는 다트가 있고 팬츠 앞면에 칼주름이 잡힌 와이드 팬츠입니다.
포켓이 없는 심플한 형태로, 뒤트임 블라우스와 조합해 점프수트 형태로 만들 수 있습니다.

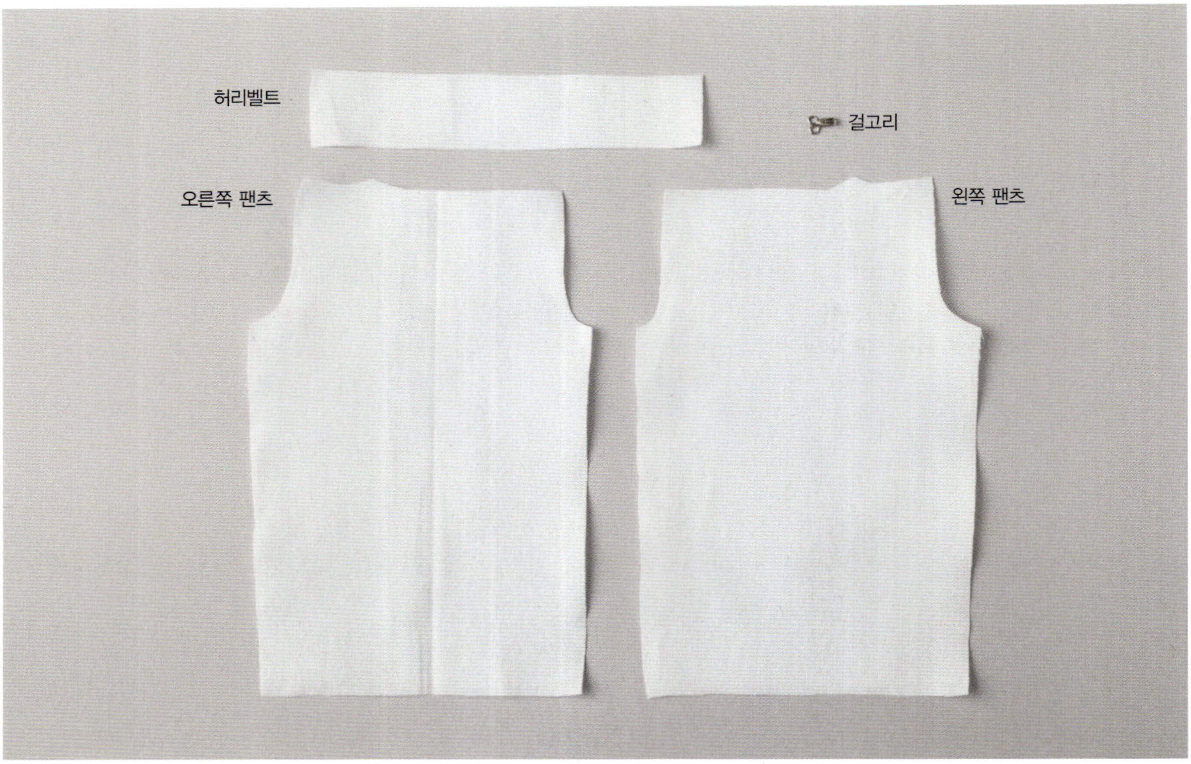

준비물

22cm: 면 원단 17cm × 20cm, 걸고리 1개 (또는 벨크로 테이프)
27cm: 면 원단 21cm × 20cm, 걸고리 1개 (또는 벨크로 테이프)
11cm: 면 원단 10cm × 14cm, 벨크로 테이프

1 파츠를 재단하고, 가장자리에 올풀림 방지액을 발라 둡니다.

2 팬츠 원단의 허리에 패턴을 올리고, 턱 주름을 표시합니다.

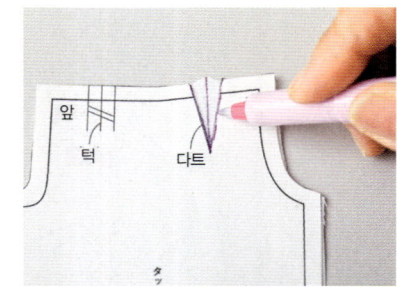

3 같은 방법으로 다트를 표시합니다. 패턴의 다트 부분을 잘라낸 후, 팬츠에 올려 표시하면 됩니다.

4 턱 주름의 표시대로 접어줍니다. 가운데 선이 안으로 들어가고, 좌우 선이 맞닿도록 접으면 됩니다. 사선의 높은 쪽이 위로 가도록 해주세요.

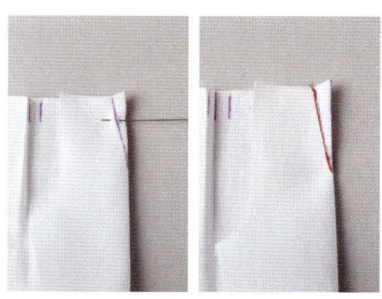

5 다트는 가운데 선을 기준으로 좌우가 겉끼리 맞닿도록 접어 재봉합니다.

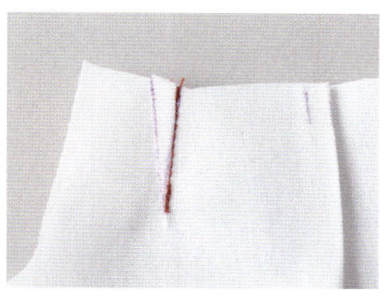

6 다트 시접은 뒤중심 쪽으로 눕힙니다.

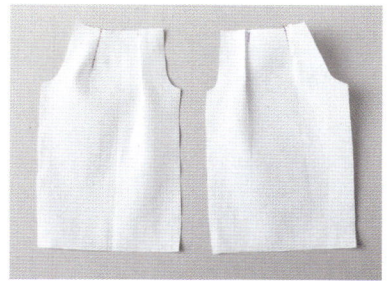

7 좌우 팬츠 모두 턱 주름과 다트가 재봉된 모습입니다.

8 좌우 팬츠를 겉끼리 마주 대어 앞중심을 재봉합니다.

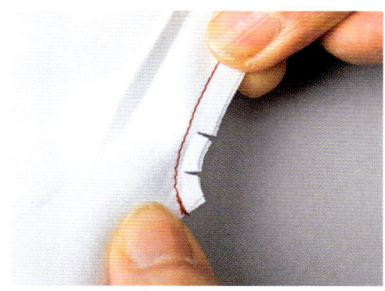

9 시접의 곡선 부분에 두 곳 정도 가위집을 넣어줍니다.

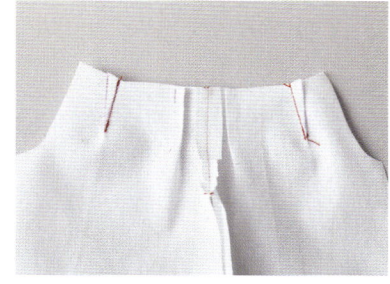

10 시접을 나눕니다.

11 밑단 시접을 접어 상침재봉합니다.

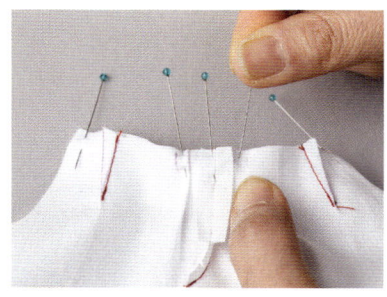

12 좌우 팬츠와 허리벨트를 겉끼리 마주 대어 시침핀으로 고정합니다. 턱 주름이 벌어지지 않도록 시침핀으로 고정해주세요.

13 팬츠의 허리와 허리벨트를 겉끼리 마주 대어 재봉합니다. 팬츠 허리와 허리벨트의 길이가 맞지 않으면, 턱 주름으로 조정해주세요.

턱 주름 와이드 팬츠 만들기

14 기본 스트레이트 팬츠(113쪽)를 참고해 허리벨트를 재봉합니다.

15 팬츠 뒤중심에 트임 끝 표시를 하고, 겉끼리 마주 대어 트임분을 제외하고 재봉합니다. 시접 한 군데 가위집을 넣어 줍니다. 뒤트임을 벨크로 테이프로 처리할 경우, 이 단계에서 재봉하세요(55쪽 참고).

16 밑아래를 겉끼리 마주 대어, 좌우 모두 재봉합니다. 뒤중심 시접을 뒤트임 방향으로 눕힌 상태에서 재봉하면 됩니다. 밑아래 시접 좌우에 가위집을 넣어줍니다.

17 뒤트임 오른쪽에 걸고리를 달고, 왼쪽에는 실고리를 답니다. 실고리의 위치는 인형의 허리둘레에 맞춰 조정하세요.

18 밑아래 시접은 다림질로 나눕니다.

19 겉으로 뒤집어, 옆선과 밑아래 재봉선이 나란하도록 접어줍니다. 이 상태에서 다림질을 해서 팬츠의 센터 주름을 만듭니다. 앞은 턱 주름과, 뒤는 다트와 연결되도록 다림질하세요.

20 이것으로 완성. 뒤트임은 벨크로 테이프로 처리해도 괜찮습니다.

원피스
One piece

원피스는 매력도가 높은 아이템입니다.
언뜻 보면 어려울 것 같지만, 상의와 하의를 조합한다는 생각으로 만들면 쉽습니다.
게재된 작품 예시 이외에도 다양한 조합을 시도해보세요.

원피스의 종류

상의와 하의를 조합한 기본 원피스와 A라인 원피스의 패턴이 따로 게재되어 있습니다.
이 2가지 외에도 앞바대가 있는 타입을 소개합니다.

기본 원피스

How to make > P.123

뒤트임 블라우스와 개더스커트, 또는 뒤트임 블라우스와 턱 주름 와이드 팬츠를 조합해 보았습니다. 칼라와 소매는 취향에 따라 변경할 수 있습니다. 어떤 조합이든 상의와 하의를 재봉하는 방법과 뒤트임을 마무리하는 방식은 같습니다.

블라우스+팬츠 형태의 점프수트

A 라인 원피스

뒤트임 블라우스를 아래로 갈수록 퍼지도록 길이를 늘린 형태입니다.

How to make > P.126

뒤트임 블라우스와 마찬가지로, 칼라와 소매를 조합할 수 있습니다.

앞바대 원피스

상의 대신 앞바대를 하의와 조합한 형태입니다.
앞바대 두 종류(A형, B형) 모두 스커트와 팬츠에 조합할 수 있습니다.

에이프런

How to make > P.133

점퍼스커트와 비슷한 형태이지만, 뒤가 트여 있어서 마무리하는 방법이 다릅니다.

살로페트
앞바대 A형과 팬츠 조합.
How to make > P.127

점퍼스커트
앞바대 B형과 스커트 조합.
How to make > P.130

기본 원피스 만들기

상의와 하의를 연결하는 형태입니다

둥근 플랫칼라, 퍼프 긴소매, 뒤트임 블라우스, 2단 개더스커트를 조합한 원피스입니다.

칼라 앞몸판 벨크로 테이프

왼쪽 앞몸판 오른쪽 앞몸판 소매

1단 스커트

2단 스커트 커프스

준비물

22cm: 면 원단 22cm × 52cm, 벨크로 테이프
27cm: 면 원단 25cm × 52cm, 벨크로 테이프
11cm: 면 원단 8cm × 41cm, 벨크로 테이프

1 파츠를 재단하고 가장자리에 올풀림 방지액을 발라둡니다. 칼라는 사각형으로 대충 자른 원단 1장에만 완성선을 그립니다. 2단 치마는 1단 치마의 2배 너비로 해주세요.

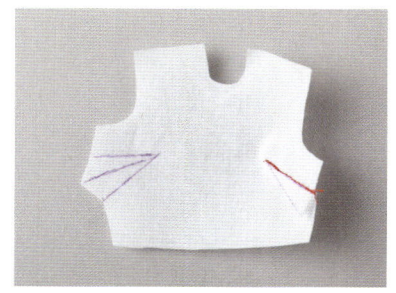

2 앞몸판에 다트를 표시해서 재봉합니다(51쪽 참고).

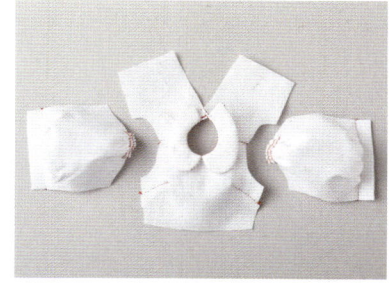

3 칼라를 만들어 몸판에 답니다(81쪽 참고). 소매를 만듭니다(70쪽 참고).

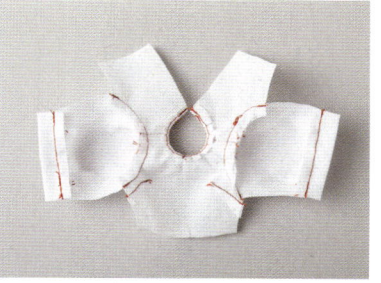

4 몸판 소매둘레에 소매를 달고, 시접을 소매 쪽으로 눕힙니다(70쪽 참고).

기본 원피스 만들기

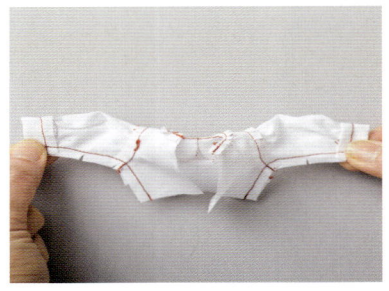

5 좌우 소매와 몸판을 각각 겉끼리 마주 대어, 소매아래와 옆선을 이어서 재봉합니다. 겨드랑이 좌우와 소매아래 시접에 한 군데씩 가위집을 넣어 줍니다.

6 2단 개더스커트를 만듭니다(101쪽 참고). 주름을 잡아서 1단과 2단 스커트를 재봉해 연결합니다. 허리 부분의 주름은 몸판 너비에 맞춥니다.

7 위아래 파츠가 완성된 상태입니다. 이제 위아래를 재봉으로 연결합니다. 둘 다 뒤쪽이 트인 상태 그대로 둡니다.

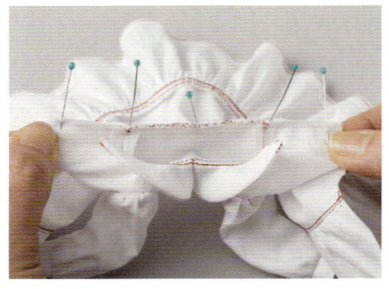

8 몸판 허리와 스커트 허리를 겉끼리 마주 대어, 시침핀으로 고정합니다. 블라우스 옆선 시접은 나눕니다.

9 허리를 재봉하고 시접은 블라우스 쪽으로 눕힙니다.

10 허리 아래에 보이는 주름 재봉용 실을 제거하고, 시접에 상침재봉을 해서 고정합니다.

11 뒤중심에 트임 끝 위치를 표시합니다. 뒤중심의 시접 5mm를 표시까지 접고, 표시 아래부터는 자연스럽게 사선이 되도록 접어줍니다.

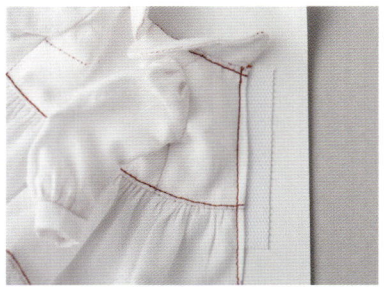

12 벨크로 테이프의 후크(까끌) 부분이 뒤중심에서 6~7mm 정도 돌출되도록 겹친 후 재봉합니다. 벨크로 테이프를 덧단으로 다는 방법은 54쪽을 참고하세요.

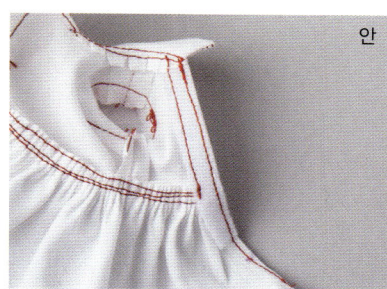
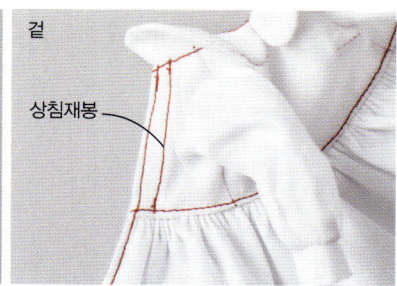

13 반대쪽 뒤트임 시접도 같은 방법으로 접어주고, 벨크로 테이프의 루프(보들) 부분과 정확히 겹쳐서 재봉합니다.

14 벨크로 테이프의 루프(보들) 부분을 단단히 고정하기 위해, 테이프 가장자리에(몸판 쪽에만) 상침재봉을 한 번 더 해줍니다.

안 겉
상침재봉

15 뒤중심을 겉끼리 마주 대어 트임 끝 표시에서 밑단까지 재봉합니다. 시접 은 나눕니다.

16 분무기로 스커트에 물을 뿌려 주름을 정리하고 형태를 고정합니다. 칼라 부분도 들 뜨기 쉬우니 물을 뿌려 차분하게 만들어줍니다. 이것으로 완성.

4 원피스

A라인 원피스 만들기

뒤트임 블라우스를 밑단으로 갈수록 퍼지는 A라인 형태로 연장한 원피스입니다.

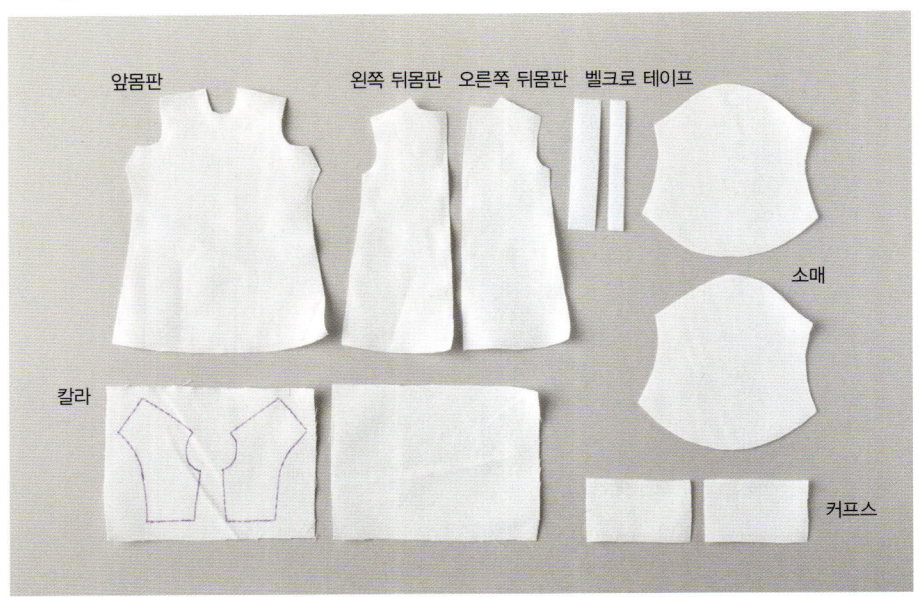

1 파츠를 재단하고 가장자리에 올풀림 방지액을 발라 둡니다. 칼라는 사각형으로 대충 자른 원단에 완성선을 그려 둡니다. 칼라 원단 1장에만 그리면 됩니다.

준비물

22cm :
면 원단 14cm × 42cm
벨크로 테이프

27cm :
면 원단 15cm × 51cm
벨크로 테이프

11cm :
면 원단 8cm × 27cm
벨크로 테이프

2 기본 원피스와 같은 방법으로 칼라와 소매를 만들어서 몸판에 연결합니다. 밑단은 시접을 접어 상침재봉합니다.

3 124쪽의 시접 처리 방법을 참고해, 뒤중심에 벨크로 테이프를 달아 줍니다.

4 뒤중심을 겉끼리 마주 대어 트임 끝 위치부터 밑단까지 재봉합니다. 시접은 나눕니다.

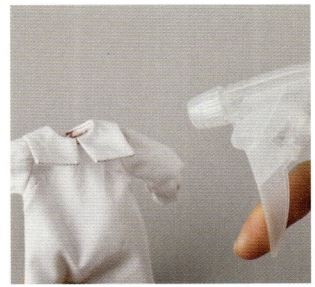

5 스퀘어 칼라는 들뜨기 쉬우므로, 분무기로 물을 뿌려 차분하게 만들어줍니다.

6 이것으로 완성. 취향에 맞춰 리본 등의 장식을 해주세요.

살로페트 만들기

앞바대 A형과 하의를 조합한 멜빵바지 형태로, 다소 두꺼운 허리벨트가 특징입니다.

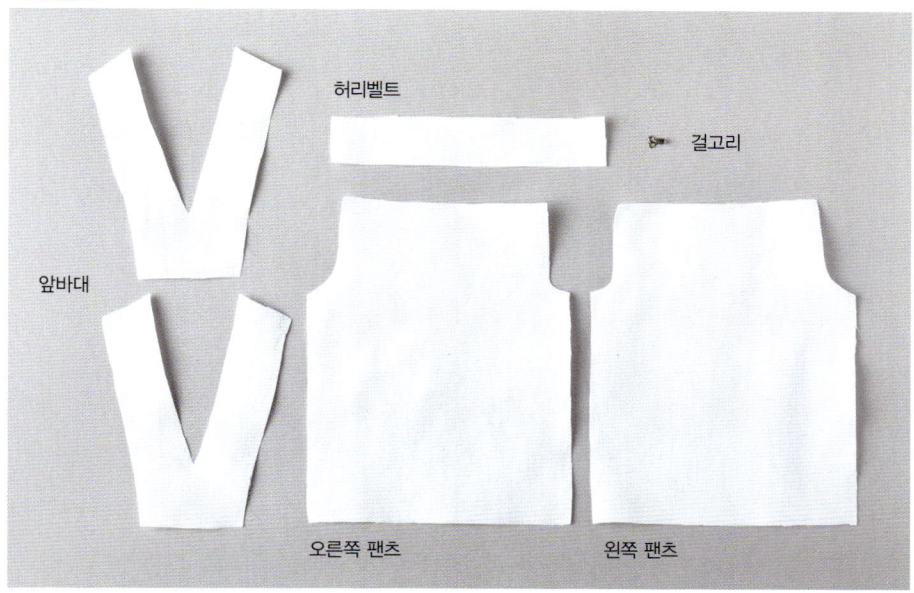

1 파츠를 재단해 가장자리에 올풀림 방지액을 발라 둡니다.

준비물

22cm :
면 원단 15cm × 40cm
걸고리 1개 (또는 벨크로 테이프)

27cm :
면 원단 18cm × 45cm
걸고리 1개 (또는 벨크로 테이프)

11cm :
면 원단 9cm × 26cm
벨크로 테이프

2 앞바대에 중심을 표시합니다. 이렇게 하면 V자 파츠의 중심 위치를 알기 쉽습니다.

3 앞바대 파츠 2장을 겉끼리 마주 대어, 목둘레와 옆선을 재봉합니다.

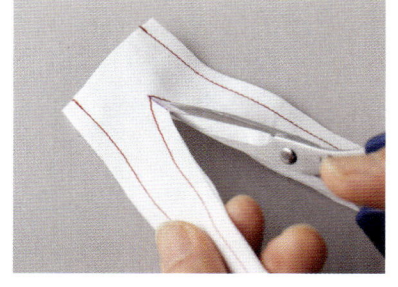

4 목둘레 시접 가운데에 가위집을 넣어 줍니다.

5 겸자를 이용해 V자의 좌우를 하나씩 겉으로 뒤집어줍니다.

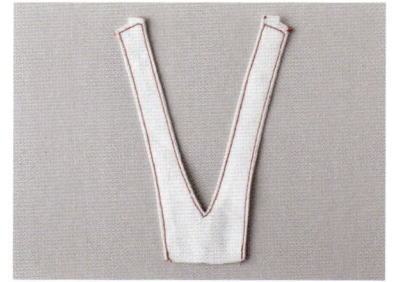

6 다림질로 형태를 정돈합니다. 밑단만 남기고 전체를 빙 둘러서 상침재봉합니다.

살로페트 만들기

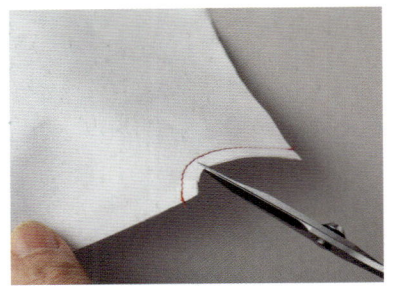

7 팬츠 2장을 겉끼리 마주 대어 앞중심을 재봉합니다. 시접 2군데에 가위집을 넣어줍니다.

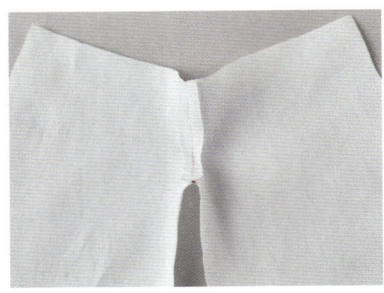

8 시접을 나눕니다.

9 허리벨트의 중심을 표시합니다. 팬츠 허리에 주름을 잡고(50쪽 참고), 허리벨트와 팬츠의 중심을 맞춰 주름을 조정해서 길이를 맞춥니다. 좌우로 주름이 균등하게 잡히도록 해주세요.

10 허리벨트와 팬츠 허리를 겉끼리 마주 대어 재봉합니다. 주름용 재봉한 실의 아래쪽은 빼냅니다.

11 허리벨트를 위로 세워서, 허리벨트와 앞바대를 겉끼리 마주 댑니다. 중심을 맞춰 재봉합니다.

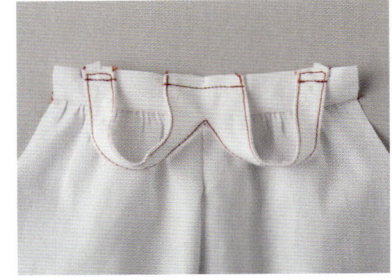

12 허리벨트 뒤쪽에 앞바대를 붙일 위치를 표시하고, 앞바대의 뒤쪽 끝을 재봉합니다. 이때 어깨끈이 꼬이지 않도록 방향에 유의하세요.

13 앞바대를 위로 세우고, 시접을 접어 다림질로 고정합니다. 안쪽에서 보면 허리벨트의 위아래 시접이 맞닿아 있습니다.

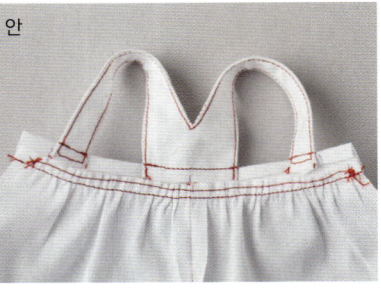

14 허리벨트 오른쪽 단의 시접을 5mm 접고, 접착제로 임시 고정합니다.

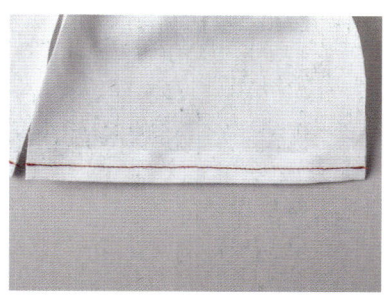

15 허리벨트의 가장자리를 빙 둘러서 상침재봉합니다.

16 밑단 시접을 7mm(11cm 크기는 5mm) 접어 상침재봉합니다. 여기서는 밑단에서 5mm(11cm 크기는 3mm) 위치에 넓은 바늘땀으로 상침재봉했습니다.

17 113쪽(기본 스트레이트 팬츠)을 참고해, 팬츠의 뒤중심에 트임 끝 위치를 표시합니다. 뒤중심을 겉끼리 마주 대어 재봉합니다. 밑아래도 겉끼리 마주 대어 재봉합니다.

18 겉으로 뒤집어 다림질로 형태를 정돈합니다. 뒤트임에 걸고리와 실고리를 달아주면 완성입니다(56쪽 참고). 뒤트임을 벨크로 테이프로 처리하고 싶다면, 17번 단계에서 해주세요(55쪽 참조).

점퍼스커트 만들기

앞바대 B형과 가는 어깨끈으로 이루어진 캐미솔풍 원피스입니다.

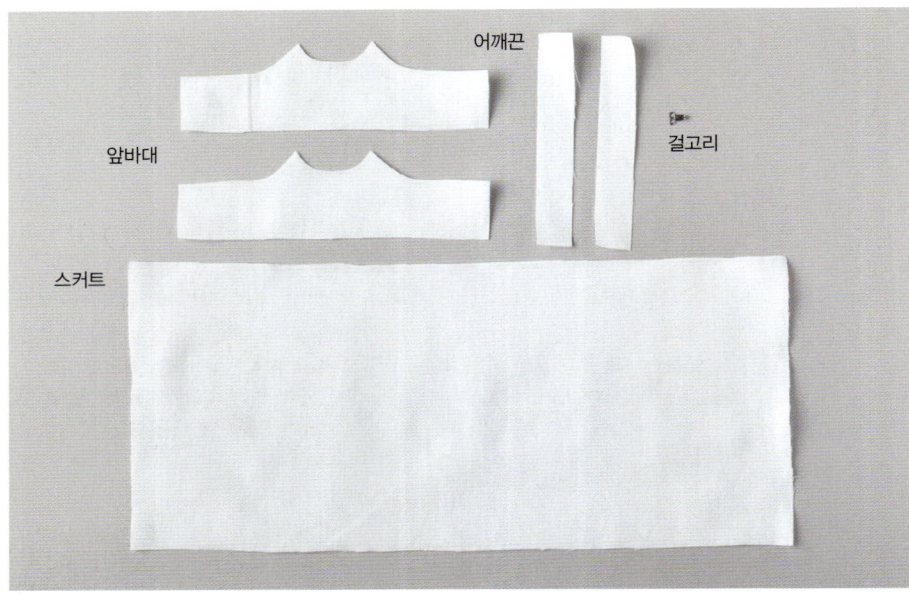

1 파츠를 재단해 가장자리에 올풀림 방지액을 발라둡니다.

준비물

22cm :
면 원단 17cm × 32cm
걸고리 1개 (또는 벨크로 테이프)

27cm :
면 원단 20cm × 40cm
걸고리 1개 (또는 벨크로 테이프)

11cm :
면 원단 8cm × 25cm
벨크로 테이프

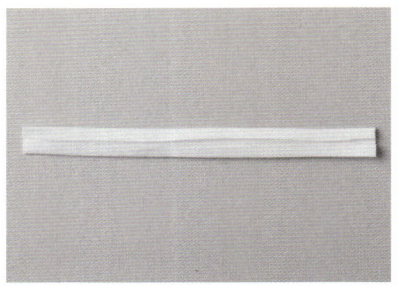

2 어깨끈의 양쪽 가장자리를 중심에 맞춰 접고, 접착제를 발라 다시 반으로 접어줍니다. 이렇게 하면 4겹이 됩니다.

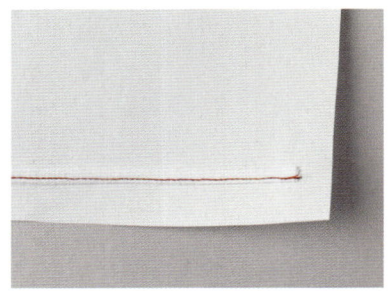

3 아래에 종이를 깔고 사진과 같이 상침재봉합니다.

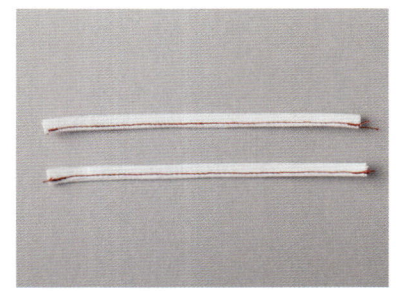

4 이런 방법으로 총 2개의 어깨끈을 만들어주세요.

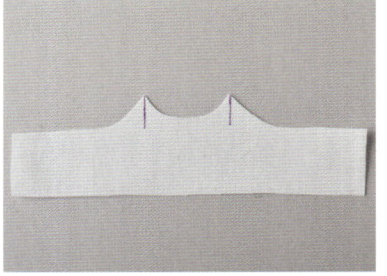

5 앞바대의 뾰족한 부분에 중심을 표시합니다. 이렇게 표시해두면, 재봉할 때 모서리 부분이 어디인지 찾기 쉽습니다.

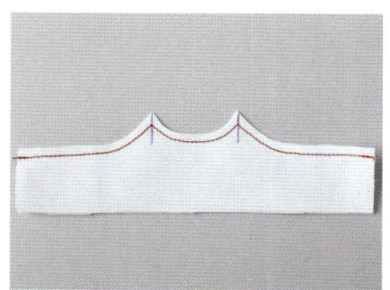

6 앞바대 2장을 겉끼리 마주 대어, 윗단만 시접 3mm로 재봉합니다.

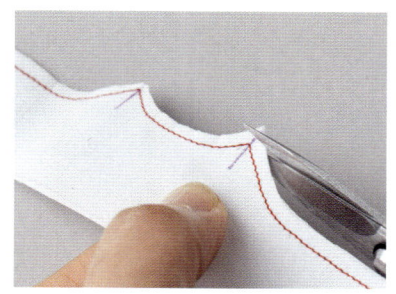

7 뾰족한 부분에 올풀림 방지액을 바르고 시접을 잘라냅니다. 곡선 부분에는 가위집을 넣어줍니다.

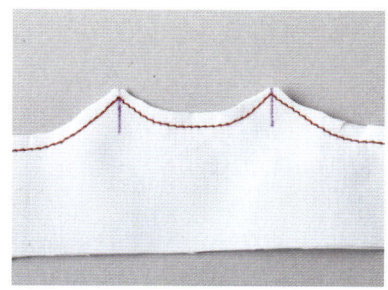

8 뾰족한 부분은 삼각형으로 잘라내고, 그 주변 시접을 좁게 잘라내었습니다. 이렇게 하면 겉으로 뒤집었을 때 모서리가 깔끔하게 나옵니다.

9 앞바대 너비에 맞춰 스커트에 주름을 잡아줍니다. 주름 잡는 방법은 50쪽을 참고하세요.

10 앞바대 2장 중 1장은 빼고 나머지 1장의 밑단과 스커트 허리를 겉끼리 마주 대어 재봉합니다. 스커트 허리의 주름용 재봉실의 아래쪽을 빼냅니다.

11 앞바대를 위로 세우고, 앞바대의 오른쪽 상단 시접을 다림질로 접어줍니다.

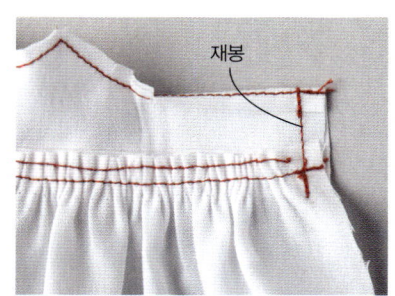

12 오른쪽 상단의 시접을 접은 채로, 앞바대의 오른쪽 옆선을 스커트 재봉선까지 재봉합니다. 이때 10번 과정에서 빼놓았던 앞바대까지 합쳐서 2장을 함께 재봉합니다.

13 오른쪽 옆선 시접을 안쪽으로 눕히고, 다림질로 형태를 고정합니다.

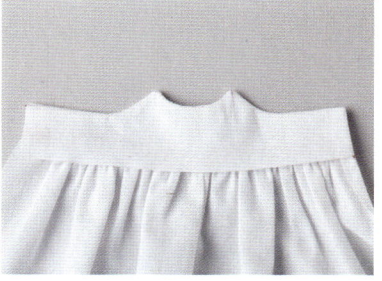

14 앞바대를 겉면이 나오게 뒤집어줍니다. 송곳 등으로 모서리를 깔끔하게 내고, 다림질로 형태를 정돈합니다.

4 원피스

점퍼스커트 만들기

15 앞바대의 뾰족한 부분 안쪽에 어깨끈을 약 1cm(11cm 크기는 5mm) 겹쳐서 접착제로 임시 고정합니다. 어깨끈은 재봉선이 바깥으로 가게 해주세요.

16 어깨끈의 반대쪽 끝도 접착제를 발라 임시 고정합니다. 어깨끈의 길이는 인형에 맞춰 조정하세요.

17 겉면에서 앞바대의 가장자리를 빙 둘러 상침재봉합니다. 이때 어깨끈과 10번 과정에서 빼놓았던 앞바대 1장의 밑단이 고정됩니다.

18 스커트 뒤중심에 트임 끝 위치를 표시하고, 표시에서 밑단까지 겉끼리 마주 대어 재봉합니다. 뒤트임을 벨크로 테이프로 처리하려면, 이 단계에서 재봉합니다(55쪽 참고).

19 앞바대의 끝에 걸고리를 달고, 걸고리 위치에 맞춰 반대쪽에 실고리를 달아줍니다(56쪽 참고). 부착 위치는 인형에 맞게 조정하세요.

20 다림질로 형태를 정돈하면 완성입니다. 스커트가 너무 퍼진다면, 분무기로 물을 뿌려서 형태를 정돈합니다(103쪽 참고).

에이프런 만들기

언뜻 보면 앞바대 A형을 이용한 점퍼스커트와 비슷하지만, 뒤가 트여 있어서 마무리 방법이 다릅니다.

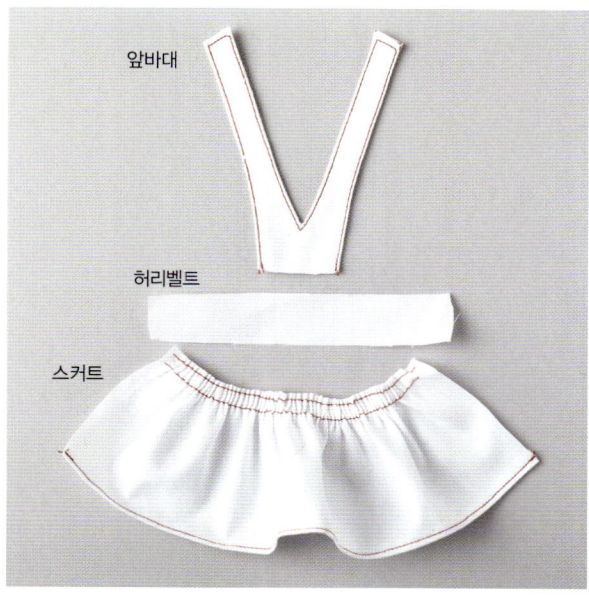

준비물

22cm: 면 원단 11cm × 41cm, 걸고리 1세트
27cm: 면 원단 13cm × 54cm, 걸고리 1세트
11cm: 면 원단 9cm × 32cm, 3mm 비즈 1개

1
파츠를 재단하고 가장자리에 올풀림 방지액을 발라둡니다. 127쪽(살로페트 만들기)을 참고해 앞바대를 만듭니다. 50쪽을 참고해 스커트에 주름을 잡고 허리벨트 길이와 맞춥니다. 스커트 밑단 시접을 접어 상침재봉합니다.

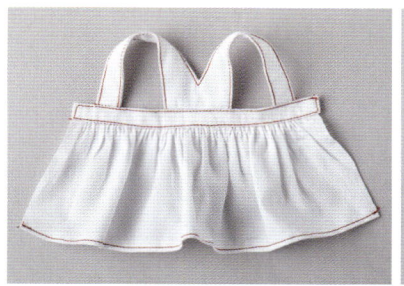 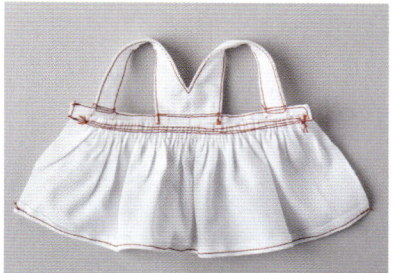 

2 127쪽의 13번까지와 동일하게 재봉합니다. 즉, 스커트와 허리벨트를 연결하고 이어서 허리벨트에 앞바대를 연결합니다. 사진은 허리벨트에 상침재봉까지 한 상태입니다.

3 스커트의 양쪽 뒤중심 시접을 접고, 허리벨트에서 밑단까지 상침재봉합니다.

 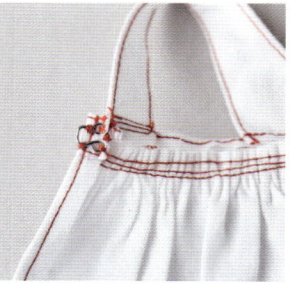  

4 허리벨트 양쪽 끝에 걸고리 세트가 맞물리도록 달아줍니다. 11cm 크기에는 걸고리가 너무 크므로 비즈와 실고리로 처리합니다.

5 다림질로 형태를 정돈하면 완성. 치마가 너무 퍼지는 경우, 물을 뿌려 형태를 정돈합니다(103쪽 참고).

27㎝ / 모델: 유노아 크루스 라이트 후로라이트
©Gentaro Araki / Renkinjyutsu-Koubou,Inc.

Chapter 5
아우터
Outer

과정이 복잡하고 다소 난이도가 있으므로, 먼저 상의를 연습한 후 도전해 보시길 권합니다.
여기서 아우터만의 특징인 지퍼 달기를 설명합니다.
다른 아이템과 잘 어울리는 야상 코트(밀리터리풍), 더플코트,
테일러드 재킷의 3종을 만나보세요.

아우터의 종류

기본적으로 몸판과 소매 달기는 블라우스와 같습니다. 후드, 칼라 등 각 아이템의 특징이 되는 파츠가 중요합니다.
원단도 약간 두꺼우므로 천천히 재봉하는 것이 좋습니다.

코트

코트의 기본 형태는 동일하므로, 각 파츠로 특징을 표현합니다.

더플코트
후드, 목 부분의 스트랩, 토글 단추 등 특이하고 귀여운 디테일이 많습니다.
How to make > P.137

야상코트
후드, 앞면 지퍼, 밑단 끈이 필수 항목인 밀리터리풍 코트입니다.
How to make > P.143

테일러드 재킷

난이도 있는 칼라 공정을 최대한 간단하게 하는 방법을 연구해서, 전체적으로 접착제를 사용하는 공정이 많아졌습니다.

How to make > P.149

칼라를 얼마나 입체적으로 만드느냐가 포인트입니다.

더플코트 만들기

다른 아이템에 비해 파츠가 많습니다. 과정이 까다롭다기보다는 파츠 제작에 시간이 많이 소요됩니다.

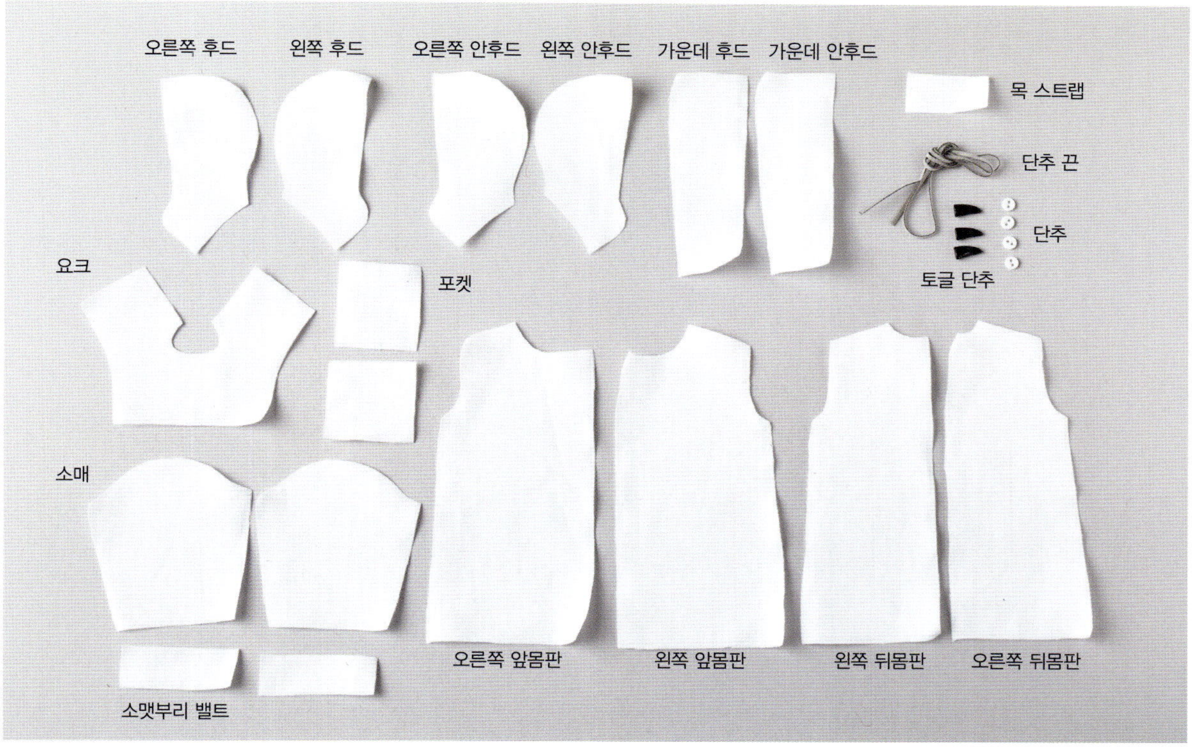

오른쪽 후드 왼쪽 후드 오른쪽 안후드 왼쪽 안후드 가운데 후드 가운데 안후드

목 스트랩

단추 끈

단추

토글 단추

요크

포켓

소매

오른쪽 앞몸판 왼쪽 앞몸판 왼쪽 뒤몸판 오른쪽 뒤몸판

소맷부리 밸트

준비물

22cm : 얇은 모직 원단 17cm × 43cm, 후드 안감용 면 원단 9cm × 15cm,
합성피혁 끈 30cm, 토글 단추 3개, 4mm 단추 4개

27cm : 얇은 모직 원단 20cm × 57cm, 후드 안감용 면 원단 9cm × 12cm,
합성피혁 끈 40cm, 토글 단추 4개, 5mm 단추 4개

11cm : 얇은 모직 원단 9cm × 33cm, 후드 안감용 면 원단 7cm × 9cm,
합성피혁 끈 25cm, 토글 단추 3개

1 파츠를 재단해 가장자리에 올풀림 방지액을 발라 둡니다.

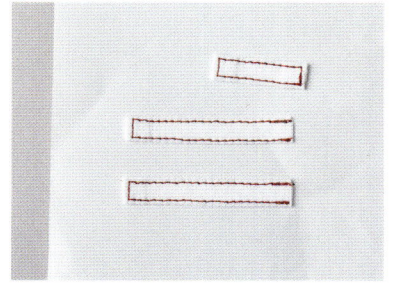

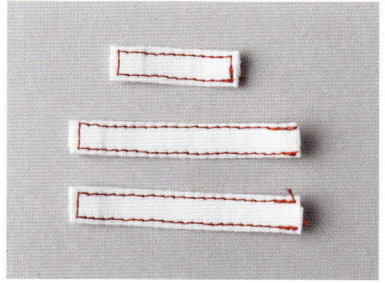

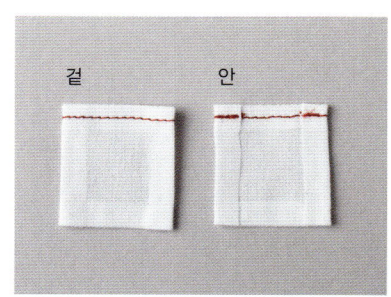

겉   안

2 목 스트랩의 좌우 단을 5mm씩 접어 접착제로 고정하고, 위아래 단도 5mm씩 접어(3단 접기 해서) 접착제로 고정합니다. 아래에 종이를 깔고 가장자리를 상침재봉한 후, 종이를 떼어냅니다. 소맷부리 밸트도 같은 방법으로 상침재봉하되, 한쪽 변은 재봉하지 않고 남겨둡니다. 11cm 크기에는 소맷부리 밸트가 없습니다.

3 기본 포켓을 만듭니다(52쪽 참고).

더플코트 만들기

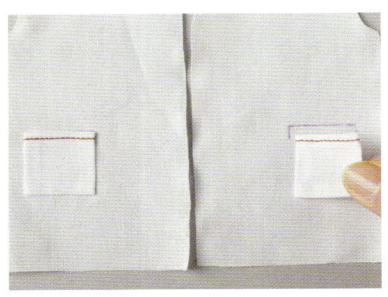

4 앞몸판에 포켓 위치를 표시하고, 표시 위에 포켓 파츠를 겹칩니다.

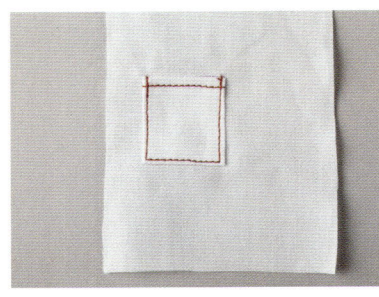

5 포켓의 양옆과 아래를 재봉합니다.

6 오른쪽 후드와 가운데 후드를 겉끼리 마주 대어, 시접 3mm를 주고 재봉합니다. 가운데 후드는 폭이 넓은 쪽이 아래입니다.

7 겉으로 뒤집어 가운데 후드 쪽으로 시접을 눕히고 상침재봉합니다. 입체여서 재봉이 까다로우므로, 펼친다는 느낌으로 재봉해주세요.

8 같은 방법으로 왼쪽 후드와 가운데 후드를 겉끼리 마주 대어 재봉하고, 시접은 가운데 후드 쪽으로 눕힙니다. 상침재봉하면 겉후드 완성입니다.

9 같은 방법으로 안후드(후드 안감)를 재봉합니다. 겉후드 시접은 한쪽으로 눕혀 상침재봉했지만, 안후드 시접은 나누기만 하면 됩니다.

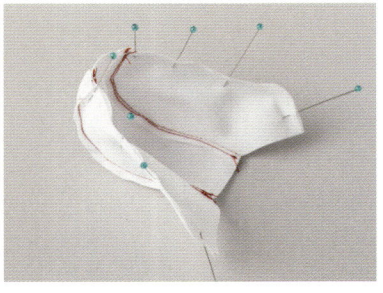

10 겉후드와 안후드를 겉끼리 마주 대어, 입구 부분을 시침핀으로 고정합니다.

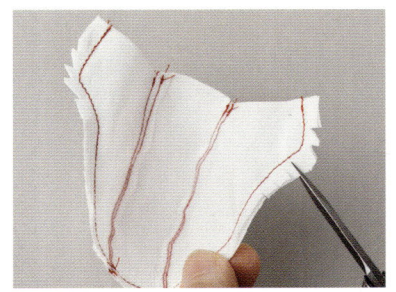

11 밑단을 제외하고, 시접 5mm(11cm 크기는 3mm)를 주고 재봉합니다. 곡선 부분 시접은 삼각형으로 잘라냅니다.

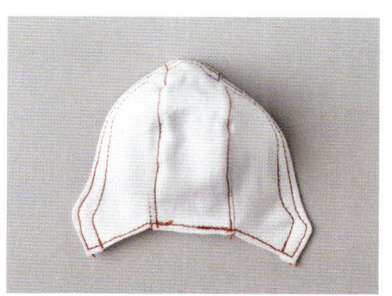

12 후드를 겉으로 뒤집어 곡선 형태를 깔끔하게 정리합니다. 패턴의 재봉선을 참고해 가장자리에 상침재봉합니다.

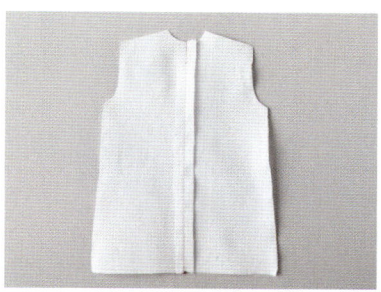

13 뒤몸판을 겉끼리 마주 대어 뒤중심을 재봉하고, 시접을 나눕니다.

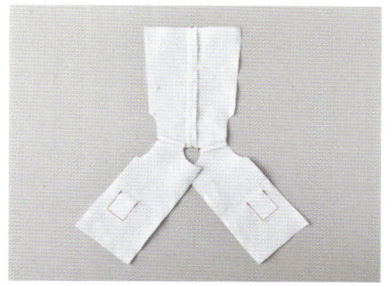

14 앞뒤 몸판을 겉끼리 마주 대어 어깨를 재봉하고, 시접을 나눕니다.

15 소맷부리 시접을 접고, 접착제로 임시 고정한 후 재봉합니다.

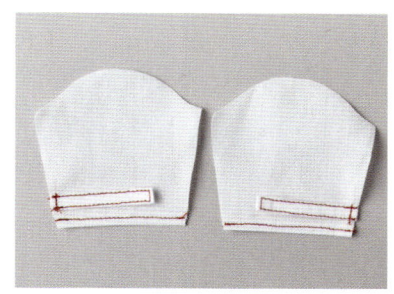

16 소매 겉쪽에 소맷부리 벨트를 겹쳐서 재봉합니다. 소매 밑단에서 7mm, 입었을 때 앞으로 오는 쪽의 단에 겹쳐줍니다.

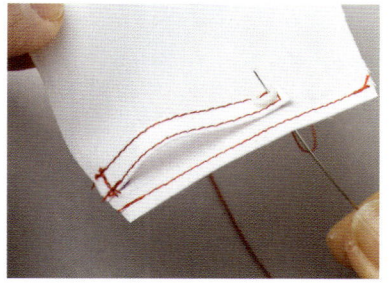

17 소맷부리 벨트를 살짝 느슨하게 해서 끝을 단추로 고정합니다. 너무 팽팽하게 고정하면, 소매아래를 재봉할 때 당겨질 우려가 있기 때문입니다.

18 좌우 소매 모두에 소맷부리 벨트를 고정합니다.

19 몸판에 소매를 달아줍니다. 62쪽의 기본 블라우스를 참고해 조금씩 주름을 넣어가며 재봉합니다. 시접은 소매 쪽으로 눕힙니다.

더플코트 만들기

20 요크를 만듭니다. 목둘레선을 제외하고 모든 시접을 접어 접착제로 고정합니다. 소매둘레 쪽 시접은 각 3곳에 가위집을 넣은 뒤 접어주세요.

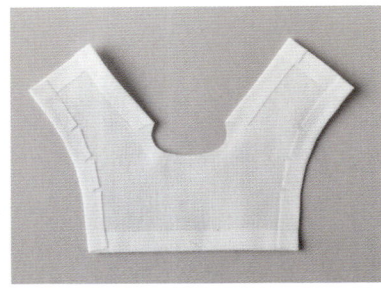

21 곡선 부분에 넣은 가위집이 펼쳐지면서 깔끔하게 접힙니다.

22 뒤중심과 요크의 중심을 맞춰 접착제로 고정합니다. 목둘레선을 맞추면서, 몸판 앞단과 요크 앞쪽의 세로선이 평행이 되도록 해주세요.

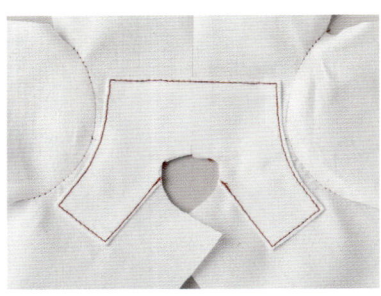

23 목둘레선을 제외하고 요크 가장자리를 빙 둘러서 상침재봉합니다.

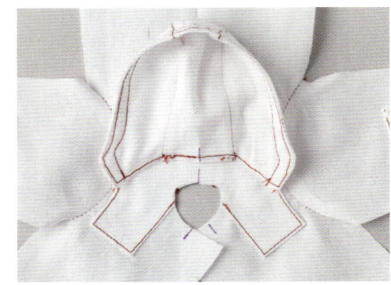

24 몸판에 안단과 중심을 표시하고, 후드에도 중심을 표시합니다. 이제 칼라 부착 요령으로 후드를 달아줄 것입니다.

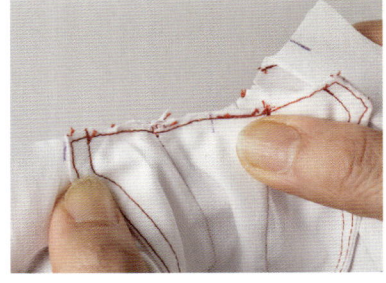

25 몸판 목둘레에 가위집을 넣어줍니다. 이어서 몸판 중심과 후드 중심, 안단 표시와 후드의 끝을 각각 맞춥니다. 접착제로 임시 고정합니다.

26 후드 위에 접착제를 바르고, 양쪽 안단을 겉끼리 마주 닿도록 꺾어 접어서 임시 고정합니다.

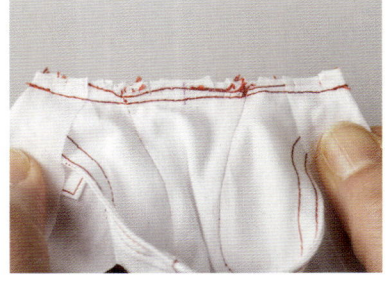

27 목둘레를 재봉한 후, 가위집을 넣어줍니다.

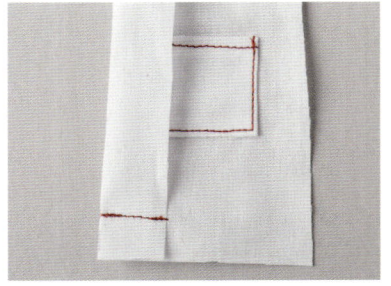

28 안단 아래쪽도 겉끼리 마주 닿도록 꺾어 접어서, 시접이 1cm(11cm 크기는 7mm) 되도록 재봉합니다.

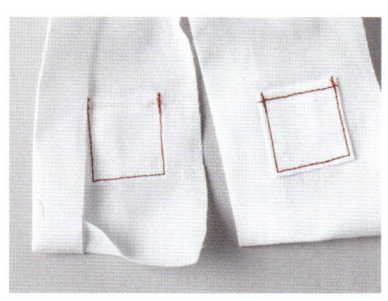

29 안단의 아래쪽을 겉으로 뒤집어, 모서리를 깔끔하게 내고 정돈합니다.

30 밑단~앞단~목둘레~앞단~밑단을 빙 둘러서 상침재봉합니다.

31 앞단에서 1cm(11cm 크기는 5mm) 간격을 표시하고, 표시를 따라 상침재봉합니다.

32 준비한 끈의 끝부분을 사선으로 잘라 뾰족하게 만든 후, 토글 단추에 끼웁니다.

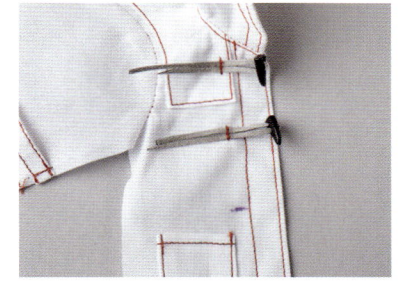

33 단추 부착 위치를 표시하고, 토글 단추를 끼운 끈 2개를 나란히 재봉합니다. 단추가 앞단 가장자리에 위치해야 합니다.

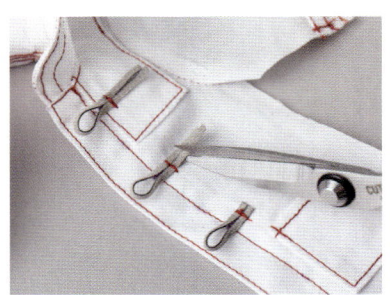

34 반대쪽은 끈을 고리 모양으로 만들어 재봉합니다. 여분의 끈은 잘라냅니다.

35 단추를 단 모습입니다. 단추를 끼워보면서 위치가 맞는지 확인합니다.

36 안쪽으로 뒤집어줍니다. 좌우 각각 소매와 몸판을 맞추어, 소매아래부터 옆선을 이어서 재봉합니다. 겨드랑이 시접 좌우에 가위집을 넣어줍니다.

더플코트 만들기

37 옆선 시접을 나눕니다. 밑단은 접어 올려서 5mm 위치에 상침재봉합니다. 양쪽 안단의 상침재봉 선 사이를 재봉하면 됩니다.

38 후드 부분에 목 스트랩과 단추를 함께 재봉합니다. 요크의 연장선상에 단추를 달아주면 됩니다. 반대쪽에는 위치를 맞추어 단추만 답니다.

39 다림질로 형태를 정돈하면 완성입니다.

Point

11cm 크기 패턴에서는 요크, 목 스트랩, 소맷부리 벨트와 같은 디테일들을 생략했습니다. 목 스트랩과 소맷부리 벨트는 너무 작아서 재봉하기 어렵고, 요크를 달면 원단이 너무 두꺼워지기 때문입니다.

야상코트 만들기

지퍼를 다는 작업이 조금 어려울 수 있습니다. 지퍼 길이를 조절하려면 펜치와 라이터가 필요합니다.

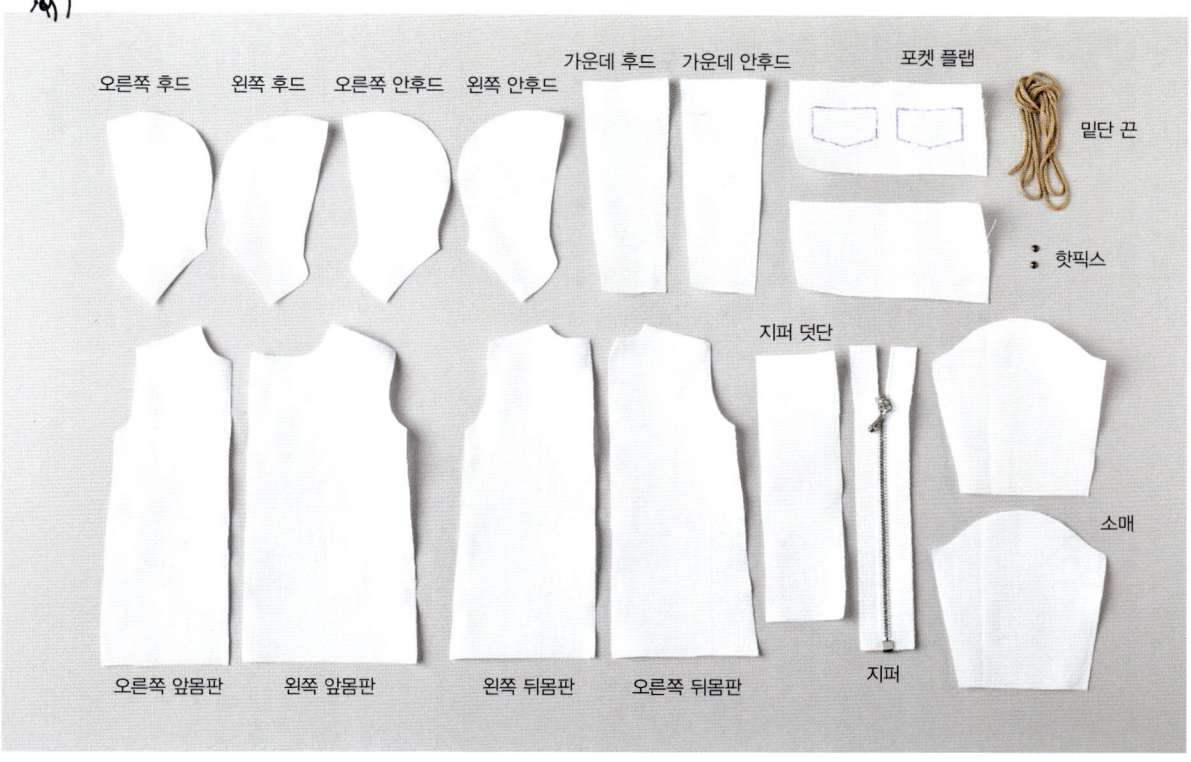

준비물

22cm : 면 원단 22cm × 47cm, 10cm 이상의 미니 오픈 지퍼 1개,
2.5mm 핫픽스 2개, 리리앙 실

27cm : 면 원단 22cm × 53cm, 10cm 이상의 미니 오픈 지퍼 1개,
2.5mm 핫픽스 2개, 리리앙 실

11cm : 면 원단 9cm × 40cm, 5cm 이상의 미니 오픈 지퍼 1개,
2.5mm 핫픽스 2개, 리리앙 실

1 파츠를 재단해서 가장자리에 올 풀림 방지액을 발라둡니다. 포켓의 플랩은 사각형으로 대충 자른 원단에 완성선을 그려 둡니다. 완성선은 1장에만 그리면 됩니다.

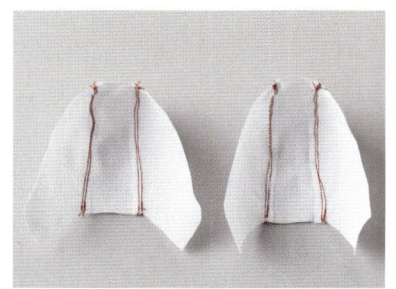

2 더플코트 만드는 법(138쪽)을 참고해 후드를 재봉합니다. 좌우 후드를 가운데 후드와 겉끼리 마주 대어 시접을 3mm 주고 재봉하고, 시접은 가운데 후드 쪽으로 눕히고 상침재봉합니다. 가운데 후드는 폭이 넓은 쪽이 아래입니다. 안후드도 겉후드와 같은 방법으로 시접을 눕혀서 상침재봉합니다.

3 더플코트와 마찬가지로 겉후드와 안후드를 겉끼리 마주 대어 재봉하고, 겉으로 뒤집어 상침재봉합니다.

야상코트 만들기

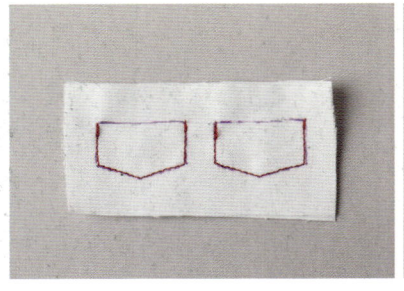
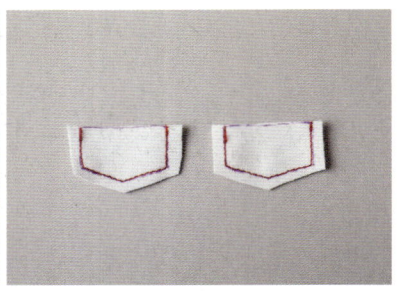

4 포켓 플랩을 만듭니다. 2장의 원단을 겉끼리 마주 닿게 포개어, 윗부분만 남기고 3면을 재봉합니다. 시접이 3mm 되게 재단하고, 모서리와 윗부분에 올풀림 방지액을 발라둡니다.

5 모서리를 삼각형으로 잘라내서, 겉으로 뒤집었을 때 원단이 뭉치지 않도록 합니다.

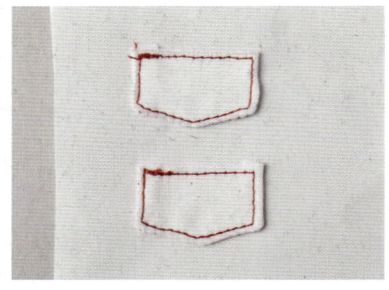
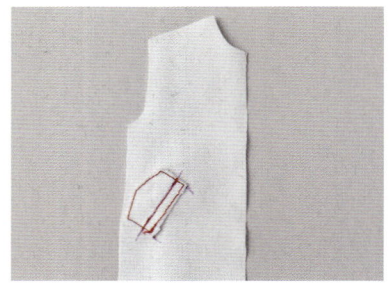
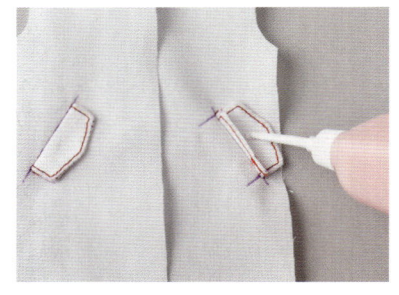

6 겉으로 뒤집어 모서리를 깔끔하게 내고 다림질로 형태를 정돈합니다. 종이를 아래에 깔고 가장자리를 빙 둘러서 상침재봉합니다.

7 앞몸판에 포켓 플랩을 달아줄 위치를 표시하고, 몸판과 플랩을 겉끼리 마주 대어 재봉합니다.

8 플랩을 꺾어 접어 다림질하고, 접착제를 발라 몸판에 고정합니다.

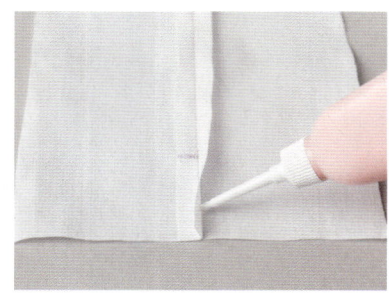

9 뒤몸판에 트임 끝 위치를 표시합니다. 뒤몸판 2장을 겉끼리 마주 대어 목둘레에서 트임 끝 위치까지 뒤중심을 재봉합니다.

10 뒤중심의 시접을 나눕니다. 뒤트임분도 접어서 접착제로 시접을 고정합니다.

11 지퍼 덧단(지퍼를 덮는 부분, 지퍼 플라이)를 만듭니다. 지퍼 덧단의 아래를 5mm(11cm 크기는 3mm) 접어서 접착제로 붙입니다.

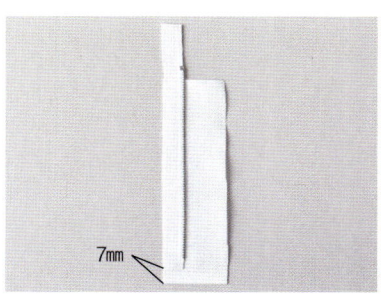 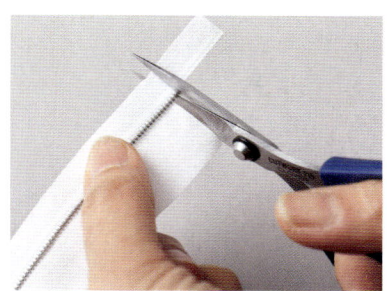 

12 지퍼 덧단의 아래에서 7mm(11cm 크기는 5mm) 위치에 지퍼의 끝을 맞춰서 겹칩니다.

13 위로 튀어나온 지퍼 여분을 잘라냅니다.

14 잘라낸 부분의 원단이 풀리지 않도록 라이터로 살짝 그슬려줍니다.

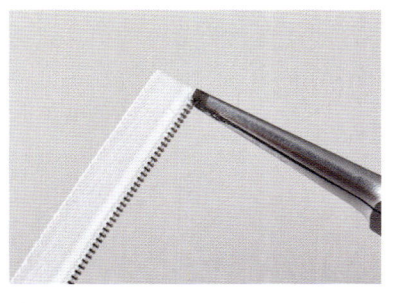 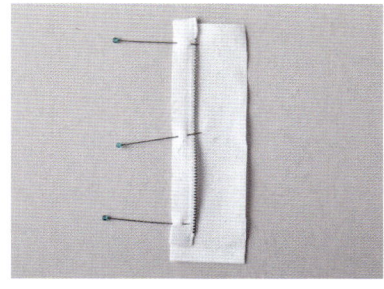 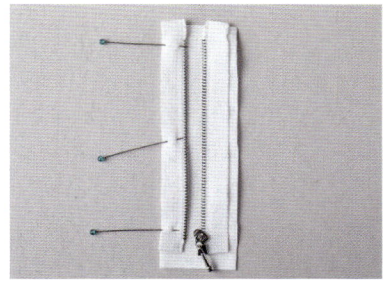

15 여분의 지퍼 이빨은 펜치를 이용해 빼냅니다. 시접이 5mm이므로 위에서 7mm(11cm 크기는 5mm) 정도까지 빼주고 라이터로 그슬려줍니다. 반대쪽 지퍼도 같은 방법으로 처리합니다.

16 지퍼 덧단의 겉면에 지퍼 가장자리를 맞춰서 겹치고, 시침핀으로 고정합니다.

17 반대쪽 지퍼와 맞물렸을 때 길이나 이빨 위치가 잘 맞는지 확인합니다.

 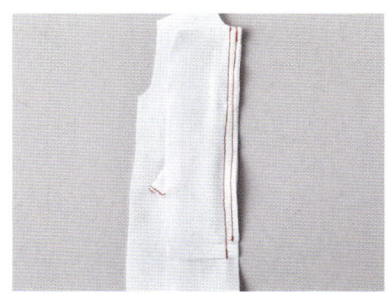 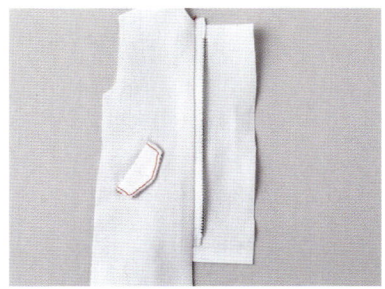

18 가능한 한 가장자리를 재봉합니다.

19 오른쪽 앞단과 지퍼 덧단(지퍼가 달린 쪽)을 겉끼리 맞추어서, 시접 5mm(11cm 크기는 3mm)로 재봉합니다.

20 지퍼 덧단의 겉면이 보이게 펼쳐서, 다림질로 정돈합니다.

야상코트 만들기

21 앞뒤 몸판을 겉끼리 마주 대어 어깨를 재봉합니다.

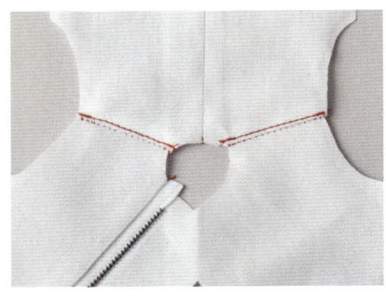

22 어깨 시접은 뒤몸판 쪽으로 눕히고, 상침재봉으로 고정합니다.

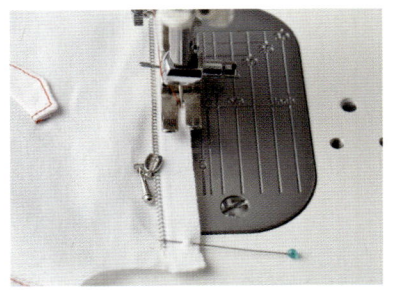

23 이제 왼쪽 지퍼를 달 차례입니다. 왼쪽 앞단과 지퍼를 겉끼리 마주 대어, 아래쪽에서부터 재봉합니다.

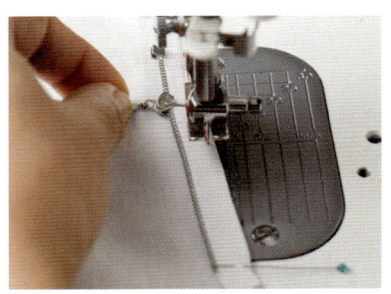

24 지퍼 슬라이더(손잡이 부분)와 가까워지면, 노루발(누름쇠)을 올려서 방해되지 않는 위치로 옮긴 후 재봉을 계속합니다.

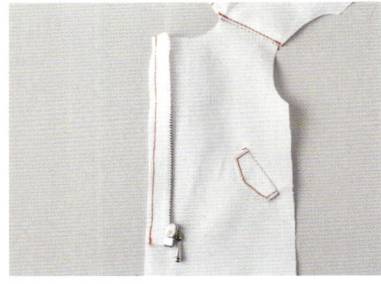

25 지퍼를 단 모습입니다.

26 몸판(덧단)에 1.5cm(11cm 크기는 1cm) 너비로 안단을 표시하고, 후드에는 중심을 표시합니다. 이제 더플코트와 같은 방법으로(140쪽 참고) 몸판 목둘레에 후드를 달아주면 됩니다.

27 몸판과 후드를 표시대로 맞춥니다. 후드에 접착제를 바르고 안단을 겉끼리 마주 닿도록 꺾어 접어서 임시고정합니다. 이어서 목둘레를 재봉하고 시접에 가위집을 넣어줍니다.

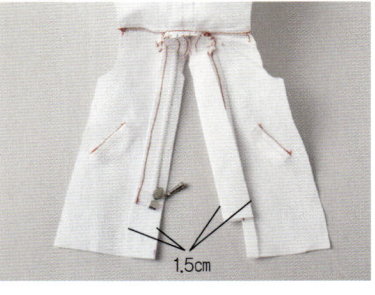

28 안단에 다림질해서 너비가 1.5cm(11cm 크기는 1cm) 되도록 깔끔하게 접어줍니다.

29 지퍼 덧단의 아래~지퍼 덧단~목둘레~앞단을 빙 둘러 상침재봉합니다. 지퍼의 슬라이더가 방해되지 않도록 위치를 옮기면서 재봉하세요. 지퍼에 가까운 부분은 재봉틀을 손으로 조작하는 것이 안전합니다.

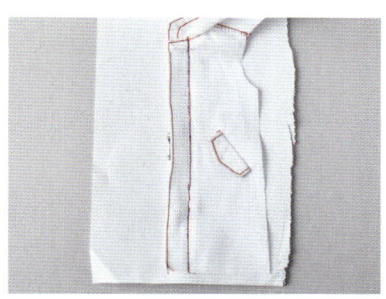

30 왼쪽 앞몸판의 앞단에서 1cm(11cm 크기는 5mm) 위치를 표시하고, 아래에 종이를 깔고 상침재봉합니다. 여기서도 지퍼의 슬라이더를 피해 가며 재봉하세요.

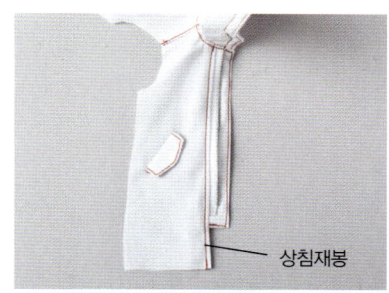

31 오른쪽 앞몸판에도 상침재봉합니다.

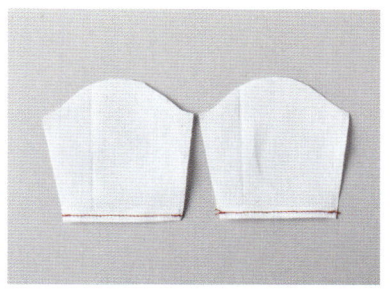

32 소맷부리 시접을 접어서 재봉합니다.

33 몸판에 소매를 답니다. 기본 블라우스(62쪽)를 참고해 살짝 주름을 넣으면서 재봉합니다. 시접은 몸판 쪽으로 눕힙니다.

34 몸판 쪽으로 눕힌 시접에 상침재봉해서 고정합니다.

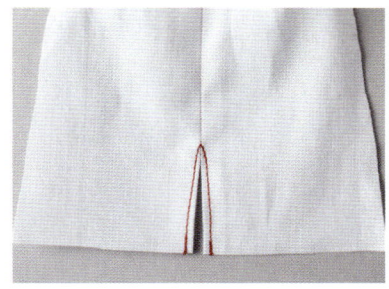

35 뒤의 밑단 트임에 상침재봉합니다. 가장자리에서 약 1mm 위치입니다.

36 좌우 소매와 몸판을 각각 겉끼리 마주 대어, 소매아래와 옆선을 이어서 재봉합니다. 겨드랑이 시접 좌우에 가위집을 넣고 겉으로 뒤집어줍니다.

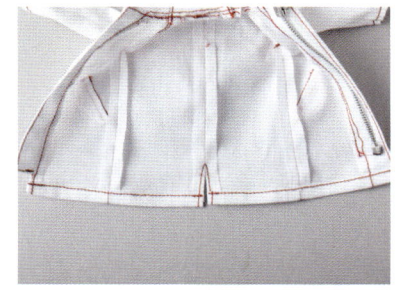

37 밑단을 3mm 접고 다시 5mm 접어줍니다(3단 접기). 안쪽에서 접힌 단을 보면서 재봉합니다. 단, 11cm 크기는 3단 접기를 하지 않고, 7mm 너비로 접어서 4mm 위치에 재봉합니다.

38 뜨개용 돗바늘에 끈을 통과시켜서, 좌우 밑단에 각각 끼워주세요. 끈의 끝부분에 접착제를 발라두면 바늘에 통과시키기가 한결 쉽습니다.

야상코트 만들기

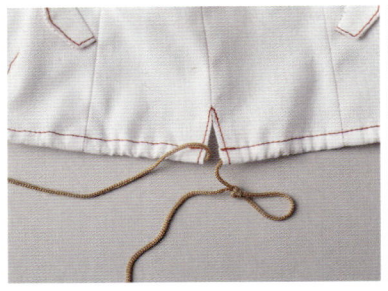  

39 끈을 마무리하는 방법입니다. 뒤트임 쪽 끈은 고리 모양이 되도록 한 번 묶고, 앞단으로 나온 끝은 한 번 묶은 후 끝을 조금 남기고 자릅니다.

40 다림질로, 포켓 플랩에 핫픽스를 붙입니다.

41 다림질로 형태를 정돈하면 완성입니다.

Point

11cm 인형의 경우, 지퍼 길이뿐 아니라 지퍼 덧단(플라이)의 폭도 좁게 잘라야 합니다.
올이 풀리지 않도록 자른 부분은 모두 라이터로 그슬려주세요. 크기가 작으므로 지퍼 슬라이더는 제거하고 이빨 부분만 재봉하는 것이 요령입니다.

테일러드 재킷 만들기

칼라와 어깨 부분이 입체적으로 완성되는 아우터로,
칼라가 위와 아래(라펠)로 나뉘어져 있는 것이 특징입니다.

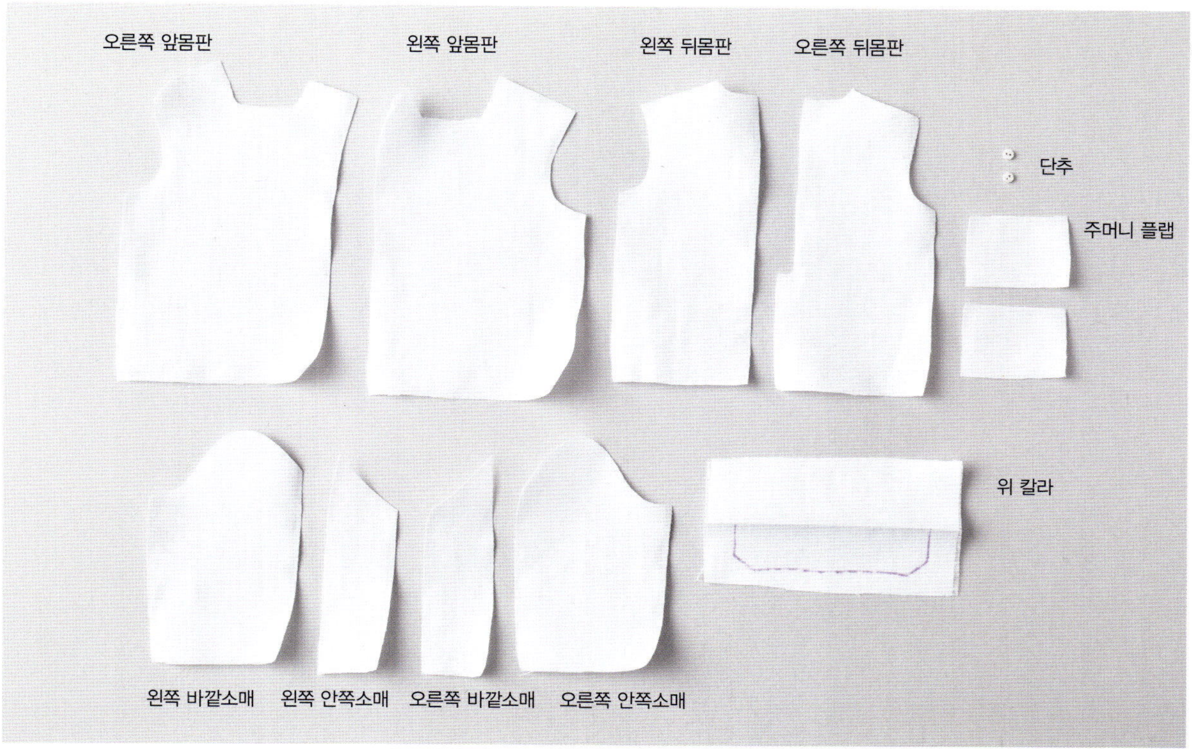

준비물

22cm: 면 원단 12cm × 40cm, 3~4mm 단추 2개
27cm: 면 원단 13cm × 46cm, 3~4mm 단추 2개
11cm: 면 원단 7cm × 34cm, 3mm 단추 2개

1 파츠를 재단하고, 가장자리에 올풀림 방지액을 발라둡니다. 위 칼라는 사각형으로 대충 자른 원단에 완성선을 절반만 표시합니다.

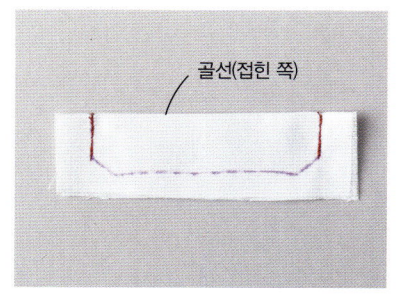

2 위 칼라를 겉끼리 마주 대어 반 접고, 양쪽 옆을 재봉합니다. 재봉한 부분은 시접을 3mm 남기고, 아래쪽은 재단선에 맞춰 잘라냅니다. 아래쪽에는 올풀림 방지액을 발라줍니다.

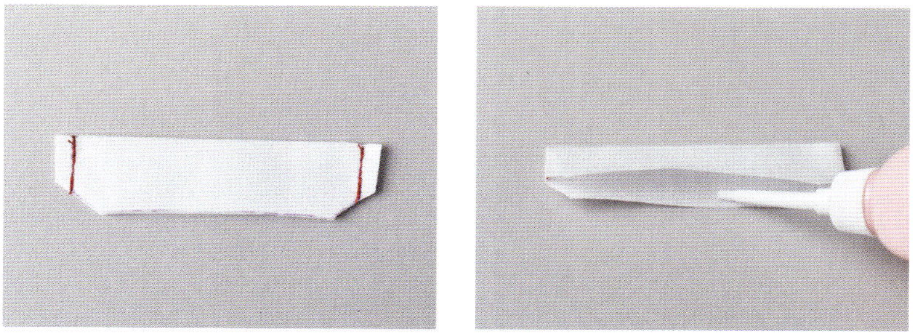

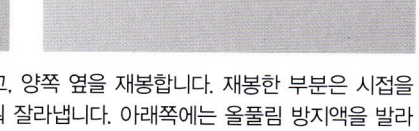

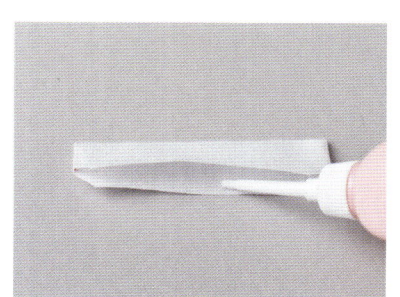

3 겉으로 뒤집어 다림질로 모양을 정돈하고, 아래쪽에 접착제를 발라 붙입니다.

테일러드 재킷 만들기

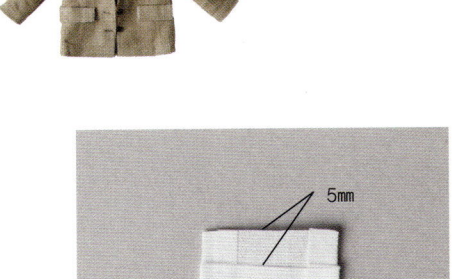

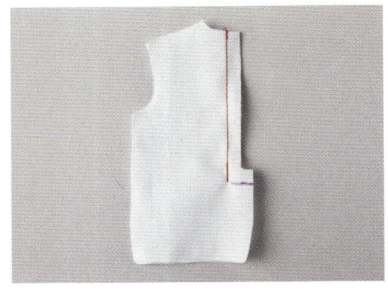

4 포켓 플랩을 만듭니다. 양쪽 옆을 5mm씩(11cm 크기는 3mm씩) 접어줍니다. 위쪽 5mm(11cm 크기는 3mm)를 남기고 아래쪽을 접어 올려 접착제로 붙입니다.

5 뒤몸판에 재봉 끝 위치를 표시합니다. 뒤몸판 2장을 겉끼리 마주 대어, 재봉 끝 위치까지 뒤중심을 재봉합니다.

6 뒤트임 부분을 겉끼리 마주 닿도록 5mm(11cm 크기는 3mm) 너비로 접고, 밑단 시접이 5mm가 되도록 재봉합니다. 반대쪽도 같은 방법으로 해주세요.

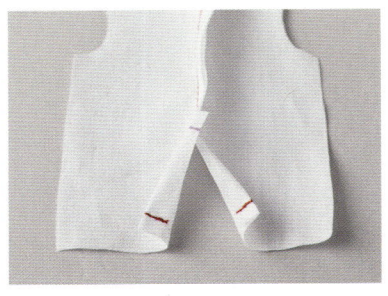

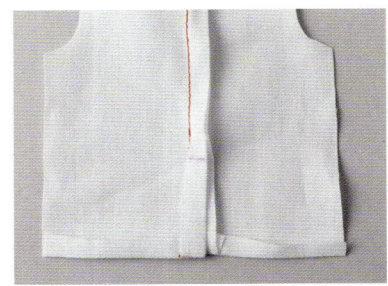

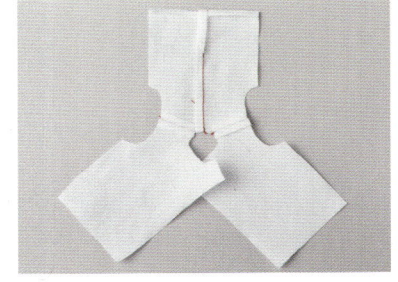

7 뒤몸판을 펼치면 이런 상태가 됩니다.

8 밑단을 겉면이 나오게 뒤집어 정리하고, 뒤트임 시접은 나눕니다.

9 앞뒤 몸판을 겉끼리 마주 대어 어깨를 재봉하고, 시접은 나눕니다.

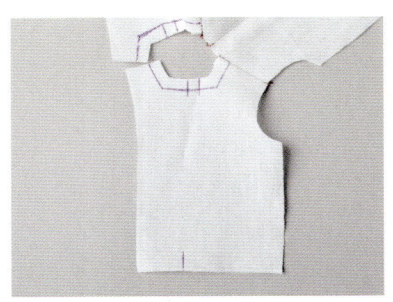

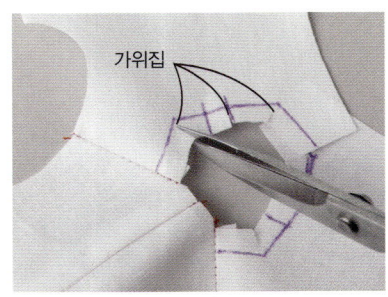

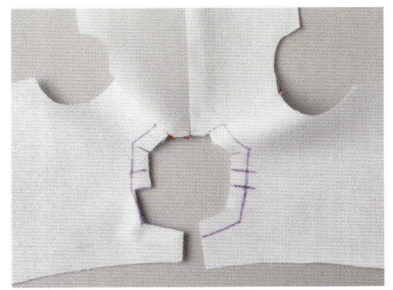

10 앞몸판에 안단 위치. 안단에서 5mm 뒤쪽의 칼라 부착 위치를 표시합니다. 이어서 목둘레에 5mm(11cm 크기는 3mm)의 재봉선을 그려줍니다.

11 목둘레의 모서리와 안단 표시에 가위집을 넣어줍니다.

12 목둘레 시접 중 가위집을 넣은 안단 부분만 안쪽으로 접고, 접착제로 붙입니다. 양쪽을 똑같이 해주세요.

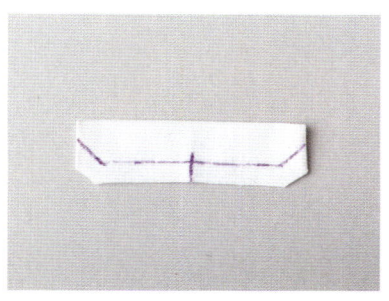

13 위 칼라에 중심을 표시하고 재봉선을 그립니다.

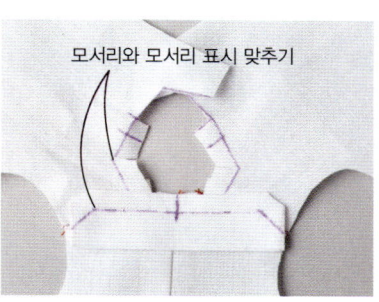

모서리와 모서리 표시 맞추기

14 위 칼라의 중심과 뒤몸판 중심을 겉끼리 마주 대어, 먼저 중심 부분만 접착제로 붙입니다.

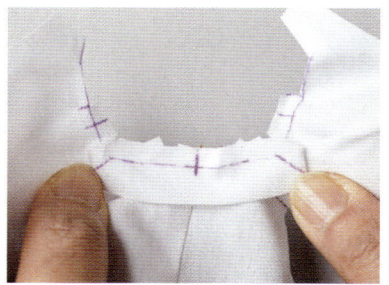

15 이어서 위 칼라의 모서리와 목둘레의 모서리를 맞춰서 접착제로 붙입니다.

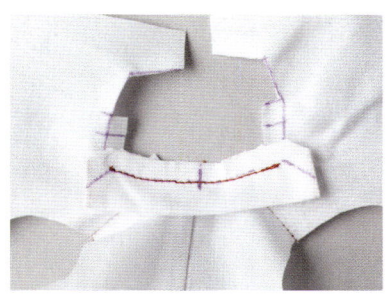

16 이 상태에서 모서리에서 모서리까지 목둘레를 재봉합니다.

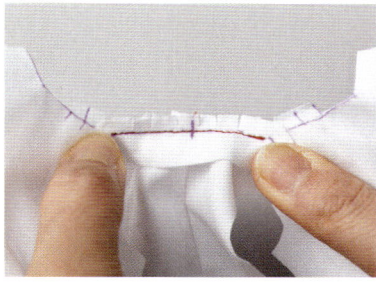

17 좌우 3군데씩 시접에 가위집을 넣어 줍니다.

18 재봉한 부분의 칼라를 위로 세워줍니다.

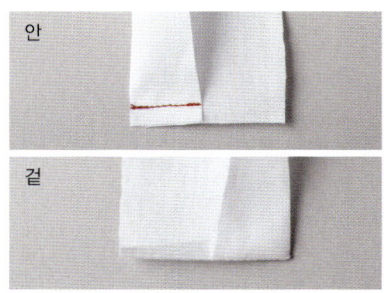

안
겉

19 안단 표시에 맞춰 밑단을 겉끼리 마주 닿게 꺾어 접어 재봉합니다. 겉으로 뒤집어 형태를 정돈합니다.

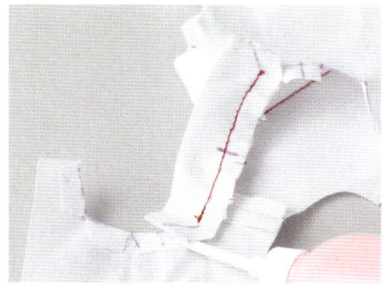

20 몸판의 남은 목둘레 시접을 접어서 접착제로 붙입니다. 칼라 부착 위치 표시와 위 칼라의 끝을 맞춰 접착제로 붙입니다.

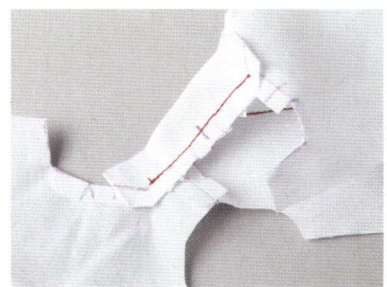

21 칼라 부착 위치와 칼라의 표시가 정확하게 맞습니다. 반대쪽 칼라도 같은 방법으로 달아주세요.

테일러드 재킷 만들기

 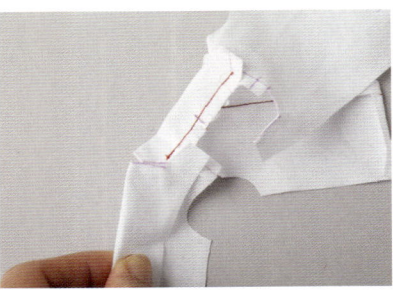 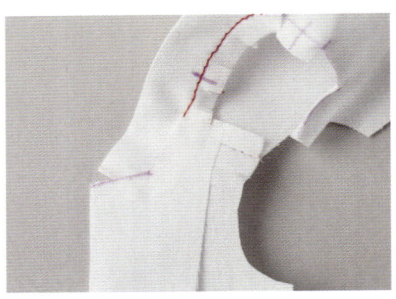

22 안단을 표시에 따라 겉면이 나오게 접어서, 위 칼라의 표시와 맞춥니다. 접착제를 발라서 단단히 붙여줍니다. 이때 접착제가 삐져나오지 않도록 주의하세요. 이 부분은 재봉하지 않고 접착제로만 고정합니다. 좌우가 어긋나지 않았는지 보면서 조정할 수 있으므로, 깔끔한 마무리가 가능합니다. 접착제 마감이 신경 쓰인다면, 목둘레에 상침재봉해도 괜찮습니다.

23 양쪽 안단을 모두 마무리하면 이런 모습이 됩니다.

24 목둘레의 뒤쪽에만 상침재봉해서 시접을 고정합니다.

25 칼라를 접기 시작하는 위치를 앞단에 표시합니다.

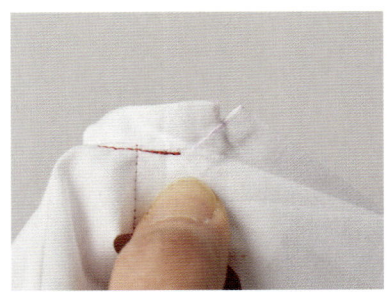 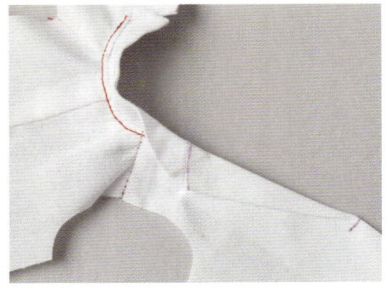 

26 목둘레 쪽의 접는 위치는 안단 라인에서 살짝 안쪽입니다.

27 앞단의 표시에서 목둘레의 접는 위치까지 비스듬하게 접고, 다림질로 단단히 고정합니다.

28 좌우 칼라의 위치나 폭이 균형 있게 마무리되었는지 확인합니다.

29 뒤쪽은 칼라를 반으로 접어주면 입체감이 표현됩니다. 이것으로 칼라가 완성되었습니다.

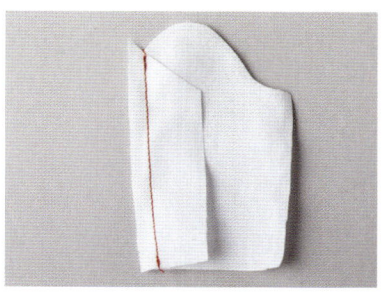

30 이제 소매를 만들 차례입니다. 바깥소매와 안쪽소매를 겉끼리 마주 대어 재봉합니다.

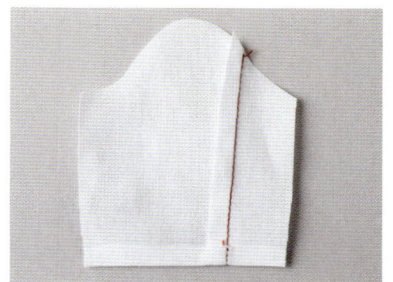

31 소매를 펼친 뒤, 시접을 바깥소매 방향으로 눕힙니다. 소맷부리 시접을 접어 접착제로 단단히 붙입니다. 소맷부리도 접착제로 마무리하지만, 원한다면 상침재봉을 해도 괜찮습니다.

32 소매의 중심을 표시해서, 몸판 소매둘레와 소매산을 겉끼리 포갭니다. 소매산이 높아 시접은 4mm(11cm 크기는 3mm)입니다. 중심에 맞춰서 조금씩 주름을 넣어 맞춰가며 시침질합니다.

33 좌우 소매를 몸판에 시침질해 단 모습입니다.

34 기본 블라우스와 같은 방법으로 소매둘레를 재봉합니다. 소매산이 높아서 블라우스보다 재봉이 어려울 수 있습니다. 시접은 소매 쪽으로 눕힙니다.

35 좌우 소매와 몸판을 겉끼리 마주 대어, 소매아래와 옆선을 이어서 재봉합니다. 겨드랑이 시접 좌우에 가위집을 넣어줍니다. 밑단의 접어놓은 부분을 펼쳐서 끝까지 재봉합니다.

36 겉으로 뒤집어. 옆선 시접을 나눕니다.

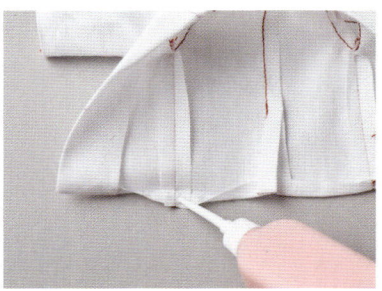

37 밑단을 접어 접착제로 붙입니다. 트임 부분의 시접도 함께 붙여줍니다. 밑단 역시 접착제로만 마무리할 수 있지만, 상침재봉을 해도 괜찮습니다.

5 아우터

테일러드 재킷 만들기

38 다림질로 형태를 정돈합니다. 재킷의 기본 형태가 나왔습니다.

39 포켓 플랩의 부착 위치를 몸판에 표시합니다. 플랩과 몸판을 겉끼리 마주 대어 재봉합니다.

40 플랩 안쪽에 접착제를 바른 뒤, 겉면이 나오게 꺾어 붙입니다.

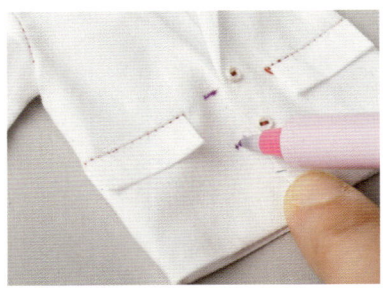

41 원하는 위치에 단추를 달고, 위치를 확인하며 단춧구멍을 표시합니다.

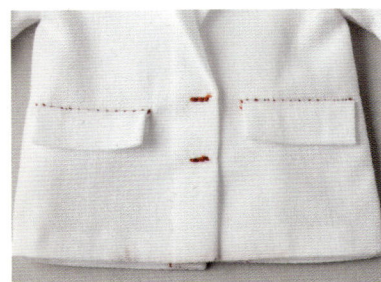

42 재봉틀의 바늘땀을 작게 맞춘 후, 되박음 재봉을 합니다. 단춧구멍이 완성되었습니다.

43 소매산 부분을 눌러 가며 다림질해서 깔끔하고 입체적인 모양이 나오도록 합니다.

44 테일러드 재킷이 완성되었습니다. 접착제로 마무리한 곳이 많아서, 겉면에서 재봉선이 보이지 않습니다. 재봉선이 없는 재킷은 포멀한 분위기가, 상침재봉을 한 재킷은 캐주얼한 분위기가 납니다.

소품
Accessories

가방이나 모자 등의 소품을 매치하면 인형옷이 더욱 리얼해 보입니다.
의상에 맞춰서 다양한 아이템을 직접 만들어 보세요.

소품 리스트

모자 2종, 가방 2종과 양말을 소개합니다. 모두 의상에 코디하기 좋고 응용도 쉬운 아이템입니다.
다만, 인형의 머리 크기는 제각각이므로 모자 크기는 꼭 인형에 맞춰주세요.

모자
종류에 따라 패턴도 만드는 과정도 달라집니다. 모자 크기는 L, M, S로 표기합니다.

베레모
쉽게 만드는 귀여운 아이템 중 하나.
장식은 취향에 맞춰 추가하세요.
How to make > P.157

캡모자
파츠 6장을 연결해 만드는 간단한 형태로
캐주얼한 옷에 매치하기 좋은 이이템.
How to make > P.159

가방
11cm 크기는 시판되는 리본 테이프를 어깨끈으로 사용합니다.

보디백
독특한 소재와 지퍼를 이용해서
캐주얼한 분위기 업그레이드.
How to make > P.162

숄더백
어디나 코디가 손쉬운
간단한 형태.
버클이나 링을 사용해
제대로 만듭니다.
How to make > P.165

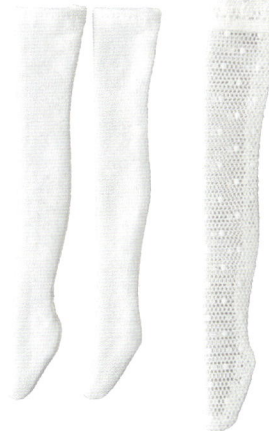

양말

원단이나 인형에 따라 미묘하게 크기가 달라지니 주의하세요.
크기는 L, M, S로 표기합니다.

How to make > P.168

신축성 있는 원단을 사용합니다.
망사로 만들면 레이스 양말 느낌이 납니다.

베레모 만들기

신축성 있는 울 원단을 추천합니다. 기모 원단 등을 사용해도 귀엽게 완성됩니다.

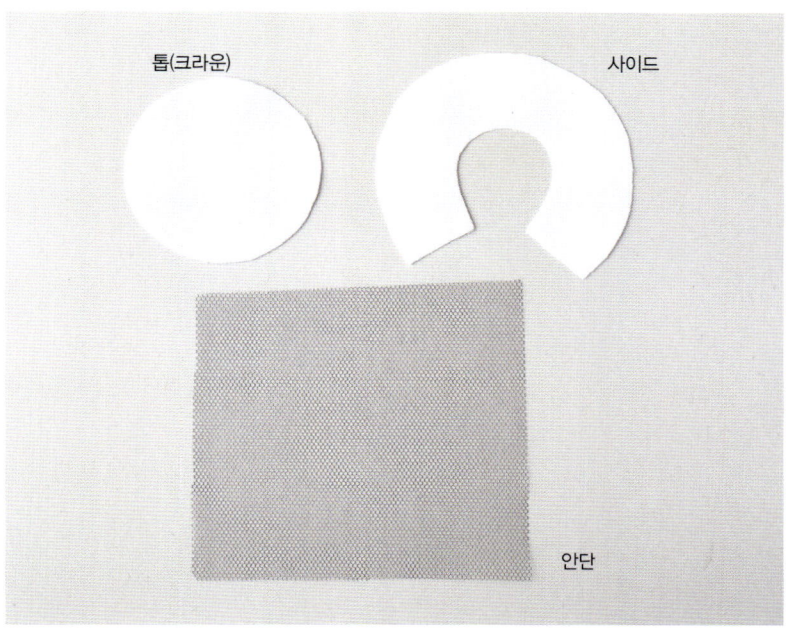

준비물

L 크기 : 압축 니트 원단 등 18cm × 35cm
　　　　안단용 망사원단 18cm × 18cm

M 크기 : 압축 니트 원단 등 8cm × 16cm
　　　　안단용 망사원단 9cm × 9cm

S 크기 : 압축 니트 원단 등 7cm × 14cm
　　　　안단용 망사원단 8cm × 8cm

※모자 크기에 대해서는 185쪽을 참고하세요.

1 파츠를 재단합니다. 안단용 망사는 사이드보다 약간 크게 재단합니다.

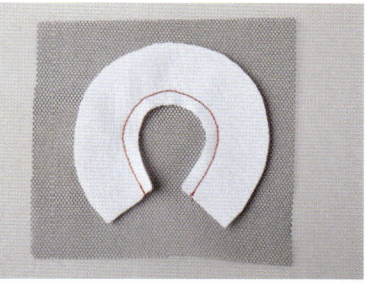

2 사이드와 안단을 겉끼리 마주 대어 안쪽의 곡선을 재봉합니다. 여기가 머리를 넣는 입구가 됩니다. 직선으로 재단된 부분이 뒤중심입니다.

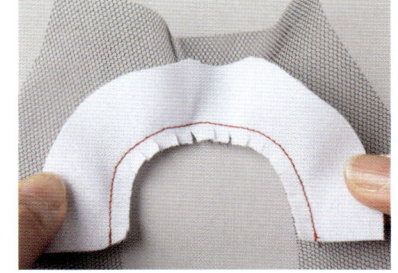

3 뒤중심 쪽으로 가위를 넣어 안쪽의 안단 여분을 잘라냅니다. 이어서 시접에 가위집을 넣어줍니다.

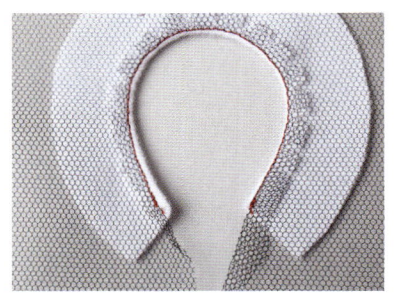

4 겉으로 뒤집어서, 재봉선이 안단 쪽으로 오도록 안단을 조금 당겨가며 다림질합니다.

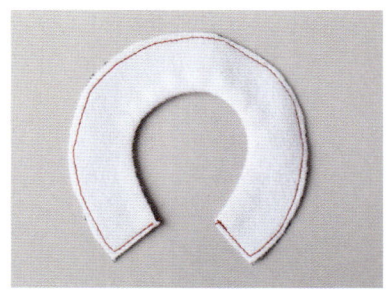

5 바깥쪽 가장자리에 상침재봉하고, 여분의 안단을 잘라냅니다. 상침재봉은 최대한 가장자리에 해주세요.

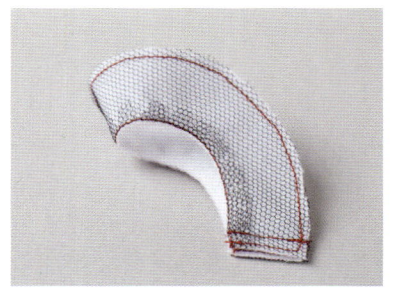

6 뒤중심을 겉끼리 마주 대어, 시접 5mm를 주고 재봉합니다.

# 베레모 만들기

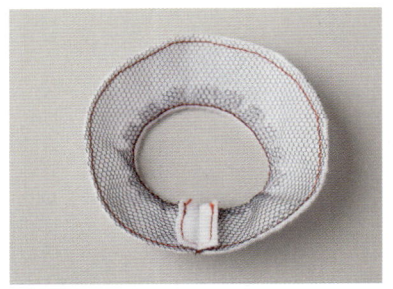

7 시접을 나눕니다. 사진과 같이 사발 모양이 됩니다.

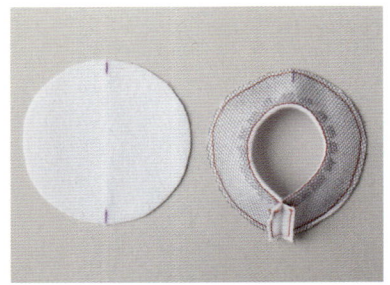

8 원단의 표시에 맞춰 톱(크라운)의 중심을 표시합니다. 사이드의 중심에도 표시합니다.

9 톱과 사이드의 표시를 겉끼리 마주 대어 시침핀으로 고정합니다.

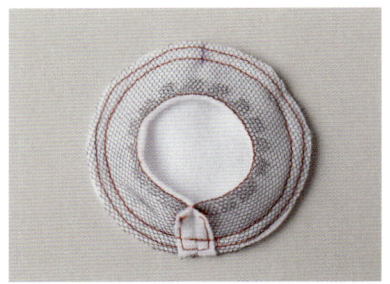

10 시접 5mm를 주고 가장자리를 빙 둘러서 재봉합니다. 사이드의 뒤중심 시접은 나눠진 상태로 둡니다.

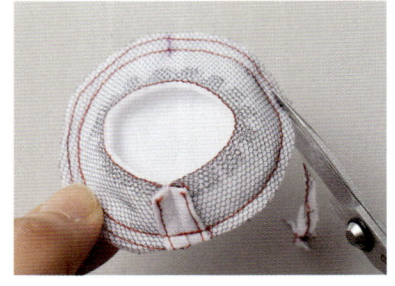

11 가장자리 시접을 약 3mm 남기고 잘라냅니다. 앞의 5번에서 재봉한 선을 그대로 자르면 됩니다.

12 다림질로 시접을 나눕니다. 평면이 아니므로, 모자를 손에 들고 다림질하는 것이 좋습니다. 모자 안에 솜을 채워 넣고 다림질해도 됩니다. 화상에 주의하세요.

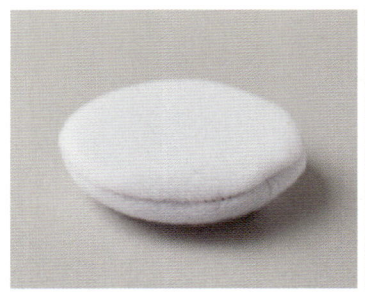
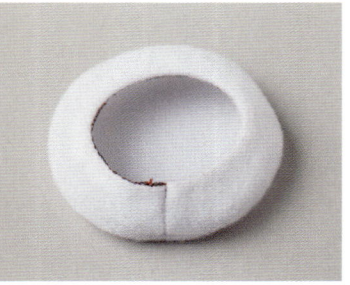

13 겉으로 뒤집어 형태를 정돈하면 완성입니다.

폼폼 만들기

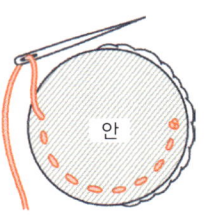

털 원단을 동그랗게 재단해 가장자리에 홈질하고, 실을 당겨서 고정합니다. 이 상태 그대로 베레모에 달아주세요.

캡모자 만들기

크라운(모자 윗부분)에는 얇은 접착심지를, 브림(챙)에는 약간 두꺼운 접착심지를 붙여서 신축성 있게 만듭니다.

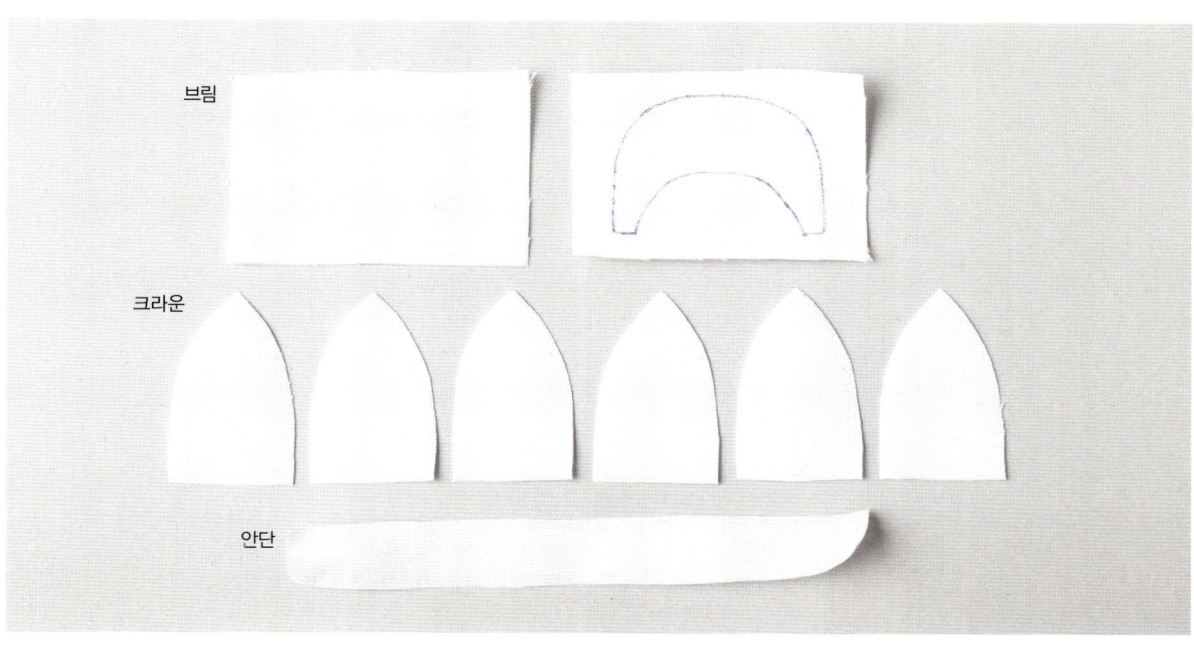

준비물

L 크기 : 면 원단 13㎝ × 56㎝, 얇은 접착심지 10㎝ × 36㎝
　　　　두꺼운 접착심지 8㎝ × 10㎝

M 크기 : 면 원단 7㎝ × 30㎝, 얇은 접착심지 5㎝ × 18㎝
　　　　두꺼운 접착심지 4㎝ × 5㎝

S 크기 : 면 원단 6㎝ × 26㎝, 얇은 접착심지 4㎝ × 18㎝
　　　　두꺼운 접착심지 4㎝ × 4㎝

※ 모자 크기는 185쪽을 참고하세요.

1 파츠를 재단해서 가장자리에 올풀림 방지액을 발라둡니다. 브림(챙)은 사각형으로 대충 자른 원단에 완성선을 표시합니다. 표시는 1장에만 하면 됩니다. 크라운(모자 윗부분)에는 얇은 접착심지를, 브림 1장에는 두꺼운 접착심지를 붙여둡니다.

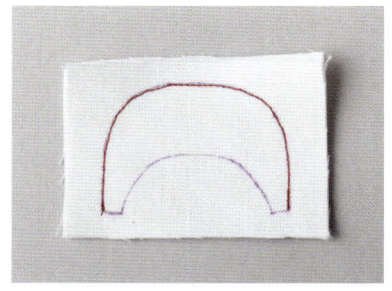

2 브림 2장을 겉끼리 마주 대어, 브림의 바깥쪽 선만 표시에 맞춰 재봉합니다.

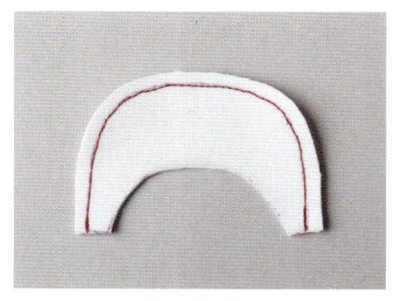

3 재봉한 부분은 시접 약 3㎜를 주고, 나머지는 재단선에 맞춰 잘라냅니다. 잘라낸 부분에 올풀림 방지액을 발라 말립니다.

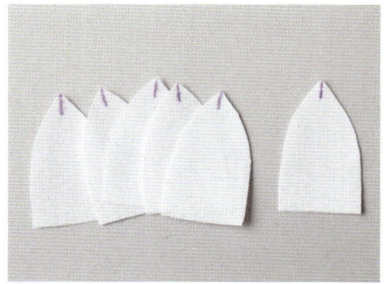

4 크라운 6장의 위쪽에 각각 중심을 표시합니다.

캡모자 만들기

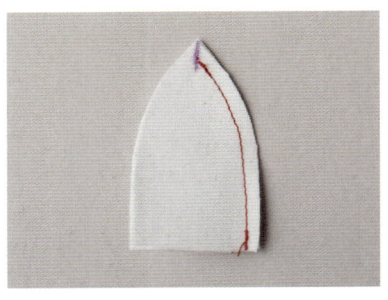

5 크라운 2장을 겉끼리 마주 대어, 위쪽 중심 표시에서 아래까지 재봉합니다.

6 같은 방법으로 6장을 차례로 이어서 재봉합니다.

7 다림질로 시접을 나눕니다.

8 재봉선 좌우에 상침재봉을 해서 시접을 고정합니다. 사진처럼 뒤중심만 열려 있는 상태가 됩니다.

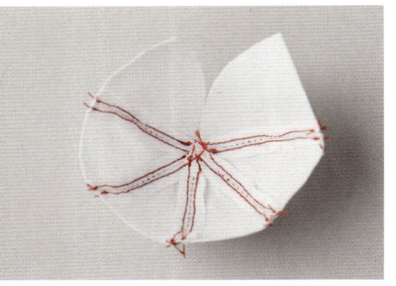

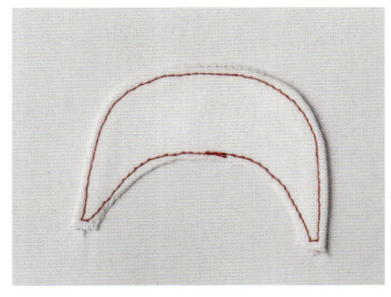

9 브림에 발라둔 올풀림 방지액이 마르면, 시접의 곡선 부분을 삼각형으로 잘라냅니다.

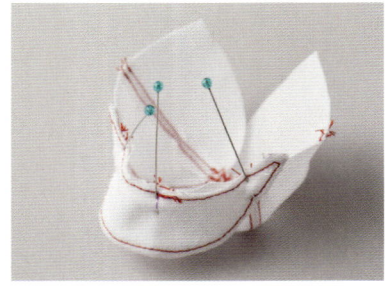

10 브림을 겉으로 뒤집어 형태를 정돈합니다. 종이를 아래에 깔고 가장자리를 빙 둘러 상침재봉합니다.

11 브림에 중심을 표시합니다. 크라운 재봉선의 중심과 브림의 중심 표시를 겉끼리 마주 대어 시침핀으로 고정합니다. 이때 브림의 가장자리를 자연스럽게 맞추면 되는데, 좌우 균형을 맞추는 것이 중요합니다.

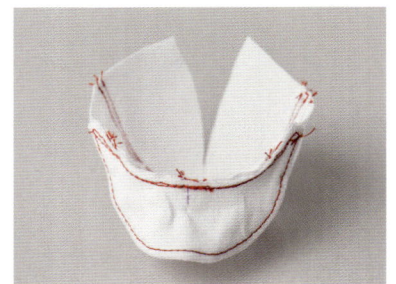

12 브림의 상침재봉선에서 약 2mm 떨어진 위치에 재봉합니다.

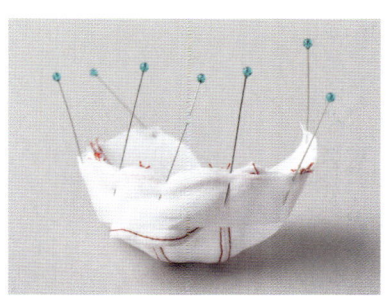

13 크라운의 아래쪽과 안단을 겉끼리 마주 대어 시침핀으로 고정합니다. 이때 크라운과 안단 사이에 브림이 끼워진 상태가 됩니다.

14 시접 5mm를 주고 재봉합니다.

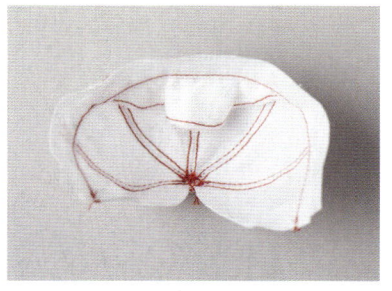

15 안단을 펼쳐서 상침재봉합니다. 상침재봉은 안단 쪽에 합니다.

16 열려 있는 뒤중심을 겉끼리 마주 대어 재봉합니다.

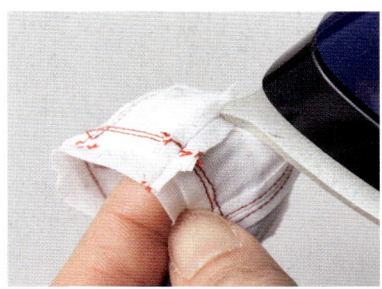

17 다림질로 시접을 나눕니다. 평면이 아니므로, 모자를 손에 들고 다림질하는 것이 좋습니다. 모자 안에 솜 등을 채워 넣고 해도 됩니다. 화상에 주의하세요.

18 안단을 안쪽으로 접어 넣고, 브림이 붙어 있지 않은 뒤쪽만 상침재봉으로 고정합니다. 접어 넣을 때는 재봉선이 안쪽으로 들어가도록 위치를 조정해주세요.

19 캡 모자가 완성되었습니다.

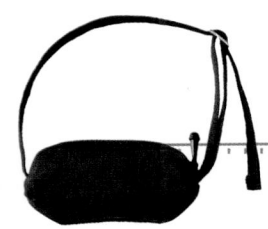

보디백 만들기

클로즈 타입의 코일지퍼를 사용하는데, 오픈 타입 지퍼에 비해 길이 조절이 쉽습니다.

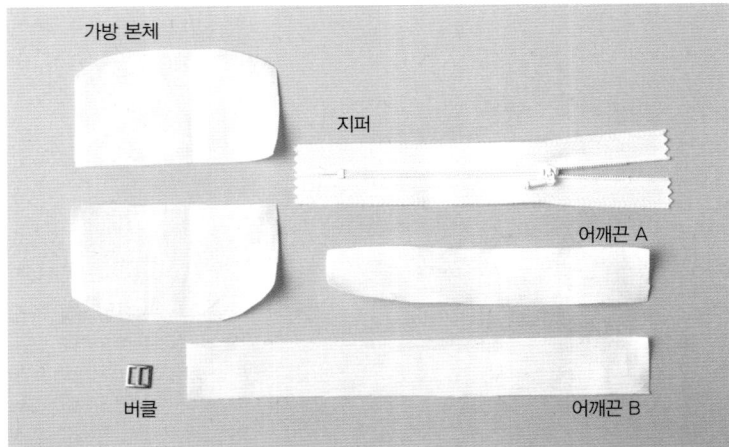

준비물

22cm・27cm 공통 :
면 혹은 나일론 원단 17cm × 14cm
길이 8cm 이상의 미니 코일지퍼
내경 6mm의 버클 1개

11cm :
면 혹은 나일론 원단 4cm × 10cm
길이 6cm 이상의 미니 코일지퍼
내경 3~4mm의 버클 1개
3~4mm 폭의 그로그란 테이프 15cm

※ 지퍼의 올풀림 방지를 위해 라이터가 필요합니다.

1 파츠를 재단해서, 가장자리에 올풀림 방지액을 발라 둡니다.

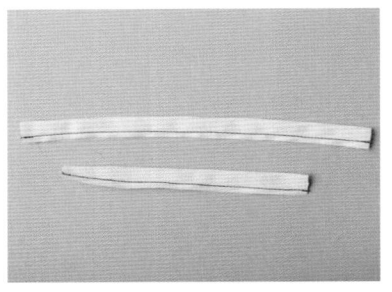

2 어깨끈 A를 겉끼리 마주 대어, 시접 3mm를 주고 대롱 모양이 되도록 재봉합니다. 어깨끈 B도 같은 방법으로 재봉합니다.

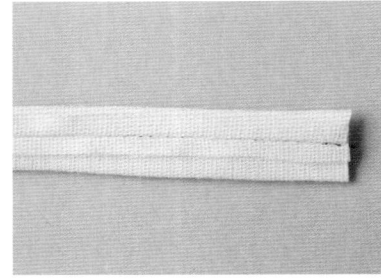

3 다림질로 시접을 나눕니다.

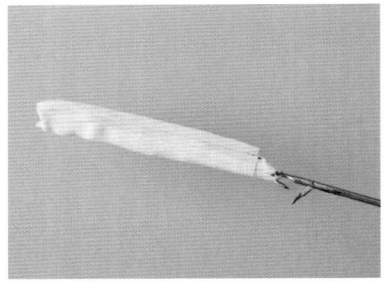

4 대롱 모양의 안쪽으로 루프 뒤집개를 넣어서, 루프 뒤집개의 고리에 원단의 끝을 걸어서 안쪽으로 통과시킵니다.

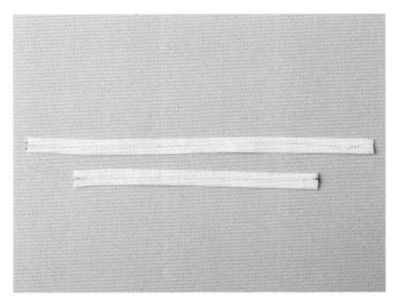

5 어깨끈을 겉으로 뒤집은 모습입니다. 어깨끈의 시접이 가운데 오도록 다시 접어서, 다림질로 형태를 고정합니다.

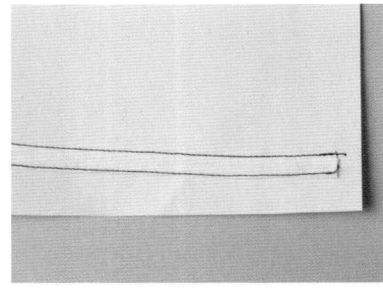

6 아래에 종이를 깔고 어깨끈의 가장자리(긴 변)를 따라 상침재봉합니다. 짧은 변 중 하나는 재봉하지 않고 남겨둡니다.

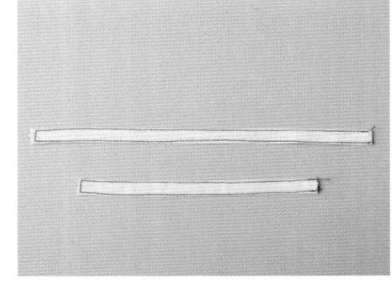

7 어깨끈 A와 B가 완성되었습니다.

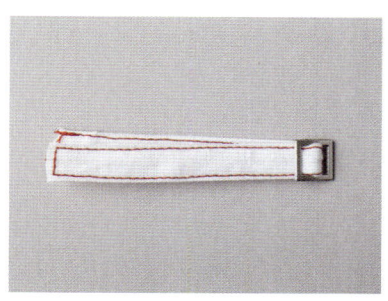

8 버클에 어깨끈 A를 통과시켜서, 겉끼리 마주 보도록 반으로 접어줍니다.

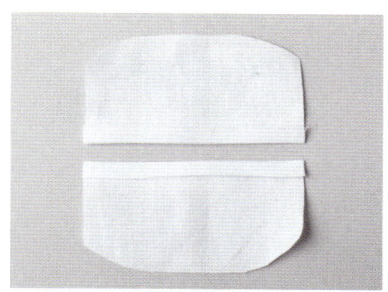

9 가방 본체의 입구(직선 부분) 시접을 5mm 접어줍니다. 여기에 지퍼를 부착할 예정입니다.

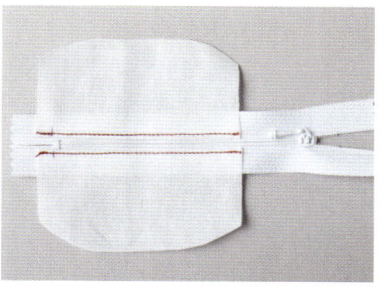

10 사진과 같이 지퍼 위에 본체를 올립니다. 본체에 지퍼 부착 위치를 표시해서, 지퍼 스토퍼(하지) 위치와 맞춰 재봉합니다. 표시는 원단 끝에서 6mm (11cm 크기는 4mm)이며, 위아래 본체 사이(지퍼가 보이는 부분)는 4mm 정도입니다.

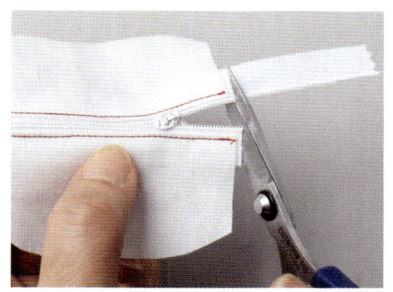

11 여분의 지퍼를 잘라냅니다.

12 잘라낸 끝부분을 라이터로 살짝 그슬려서 올풀림을 방지합니다.

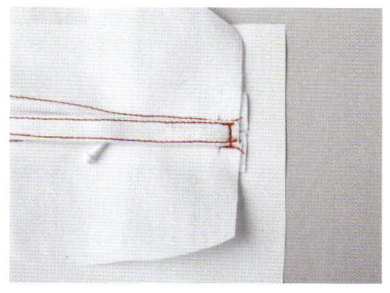

13 지퍼 스토퍼(하지)의 중심에 어깨끈 B를 겉면이 위로 오게 겹칩니다. 아래에 종이를 깔고 어깨끈의 끝을 재봉해 붙입니다.

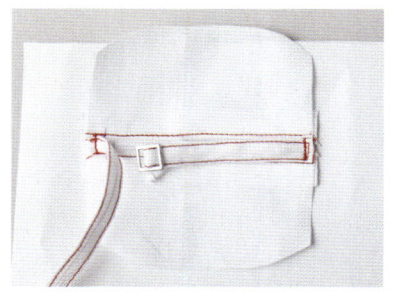

14 반대쪽에는 버클을 통과시켜 반으로 접은 어깨끈 A를 재봉해 붙입니다.

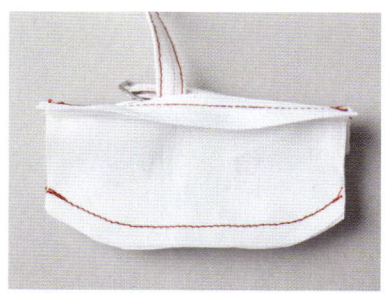

15 본체를 겉끼리 마주 대어 바닥 부분을 재봉합니다. 이때 어깨끈이 함께 재봉되지 않도록 주의하세요.

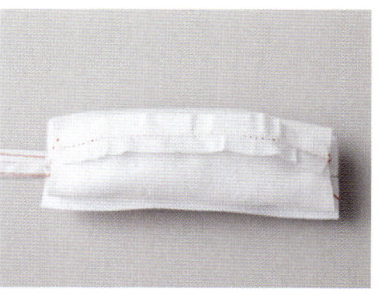

16 바닥의 시접을 다림질로 나눕니다.

 ## 보디백 만들기

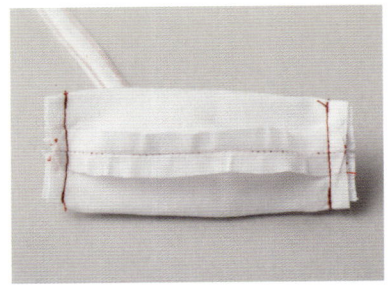

17 바닥의 재봉선과 지퍼의 중심이 겉끼리 마주 보도록 포갠 후 양쪽 가장자리를 재봉합니다.

18 겉으로 뒤집으면, 주머니 모양이 됩니다.

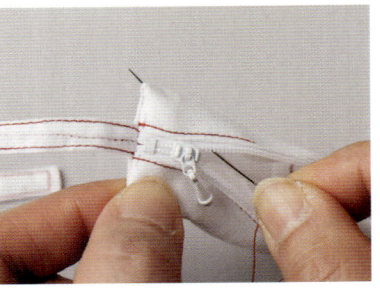

19 바느질로 모서리를 고정할 차례입니다. 먼저 안쪽에서 바늘을 넣어 모서리로 나오게 합니다.

20 바늘을 옆면의 어깨끈 부착 부분에 넣고, 다시 모서리로 바늘을 빼내서 매듭을 짓습니다.

21 반대쪽도 같은 방법으로 처리합니다. 이렇게 하면 가방 본체가 사각 형태가 됩니다.

22 어깨끈 A를 통과시킨 버클에 어깨끈 B를 통과시킵니다.

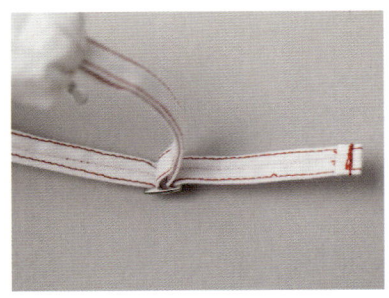

23 어깨끈 B의 끝부분을 접어 접착제로 임시 고정하고 재봉합니다.

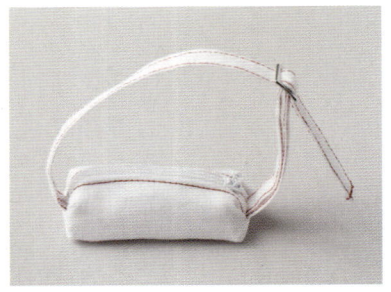

24 이것으로 완성. 가방의 형태를 깔끔하게 완성하고 싶다면, 안쪽에 충전재를 넣어도 좋습니다.

숄더백 만들기

쉽게 만들면서, 실제로 안에 물건도 넣을 수 있습니다. 소재에 따라 느낌이 달라집니다.

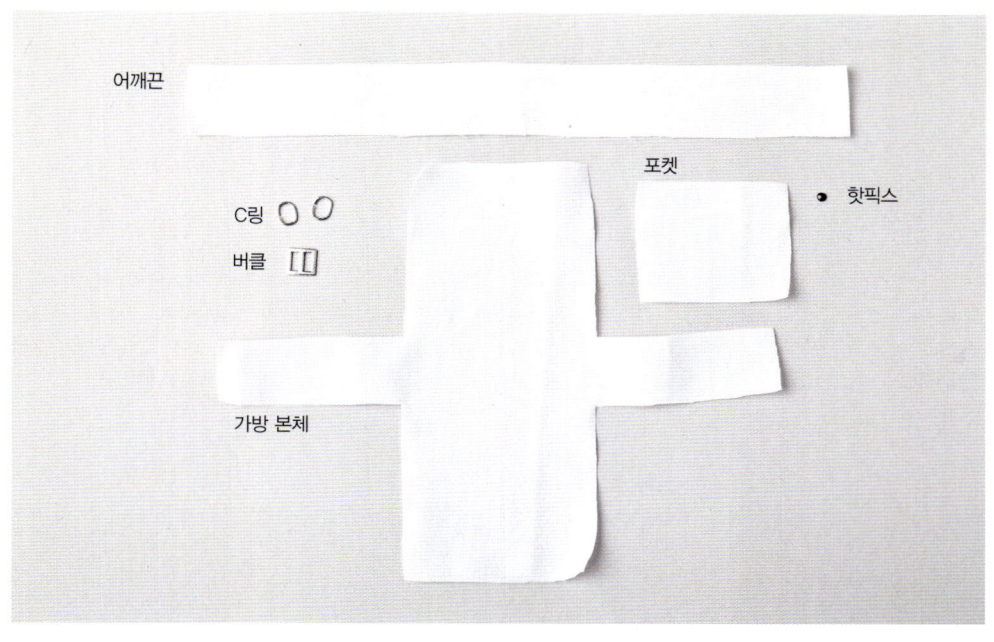

준비물

22cm·27cm 공통 :
면 원단 20cm × 20cm, 2.5mm 핫픽스 1개
내경 6mm의 버클 1개, C링 2개

11cm :
면 원단 20cm × 20cm, 2.5mm 핫픽스 1개,
내경 3~4mm의 버클 1개, C링 2개
3~4mm 폭의 그로그란 테이프 11cm

1 파츠를 재단해서, 가장자리에 올풀림 방지액을 발라둡니다.

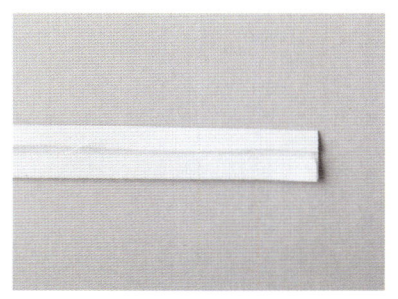

2 어깨끈의 위아래 단을 중심에 맞춰 접고, 다시 반으로 접어줍니다(4단 접기).

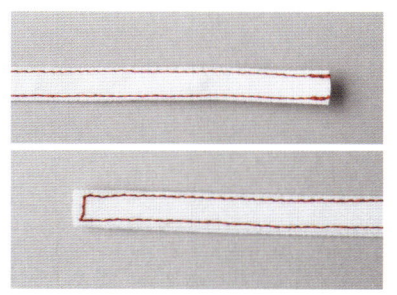

3 아래에 종이를 깔고 어깨끈의 긴 변을 따라 상침재봉합니다. 짧은 변 중 하나는 재봉하지 않고 남겨 둡니다.

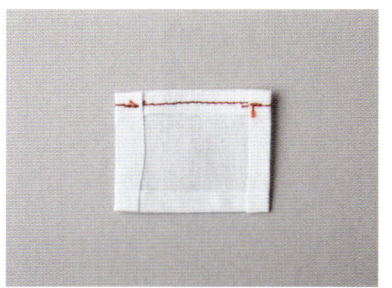

4 52페이지를 참고해 포켓을 만듭니다.

숄더백 만들기

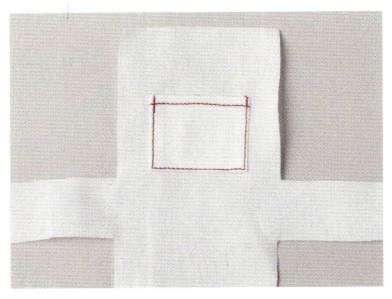

5 가방 본체의 앞판에 포켓 부착 위치를 표시합니다. 본체에 포켓을 올리고 양옆과 아래를 재봉합니다.

6 본체 앞판과 뒤판의 입구를 각각 1cm(11cm 크기는 7mm)씩 접어서, 5mm(11cm 크기는 3mm) 위치에 재봉합니다.

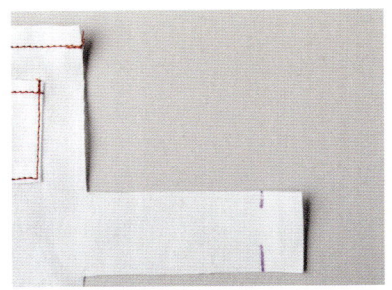

7 본체 옆판 끝(입구 부분)에 1cm(11cm 크기는 7mm) 위치를 표시합니다.

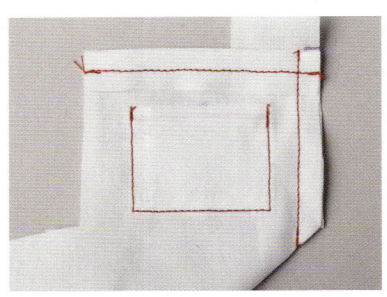

8 본체 앞판과 옆판을 사진처럼 겉끼리 마주 대어 재봉합니다.

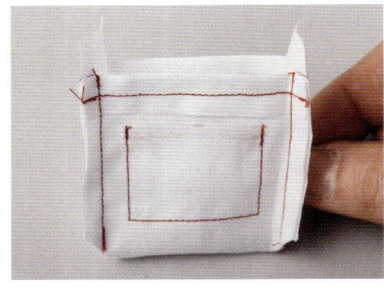

9 같은 방법으로 모든 모서리를 재봉하면 주머니 모양이 됩니다.

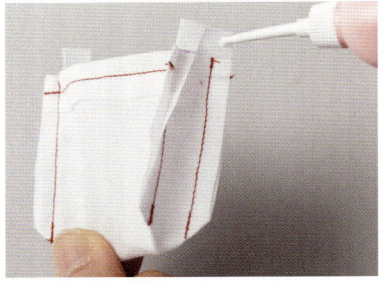

10 튀어나온 옆판의 입구 시접을 접어서 접착제로 고정합니다.

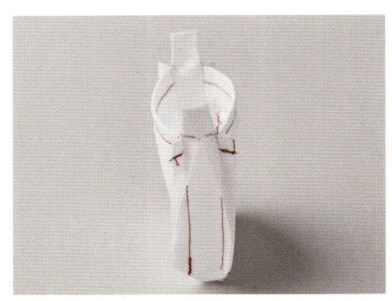

11 옆에서 보면 사진과 같은 모습이 됩니다. 옆판 입구가 안쪽으로 접힌 상태입니다.

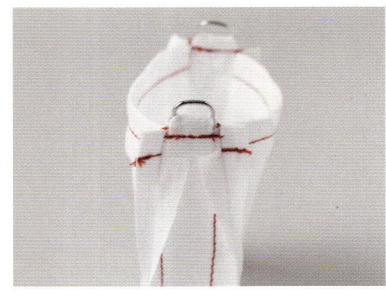

12 옆판 입구에 C링을 통과시켜 안쪽으로 접어주고, 접착제로 임시 고정한 후 재봉합니다.

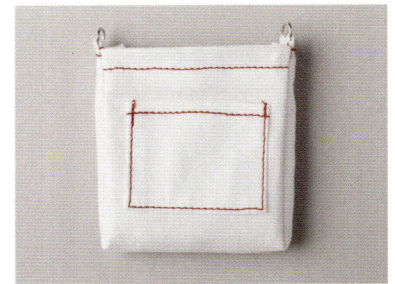

13 겉으로 뒤집어 모양을 정돈합니다. 가방 본체가 만들어졌습니다.

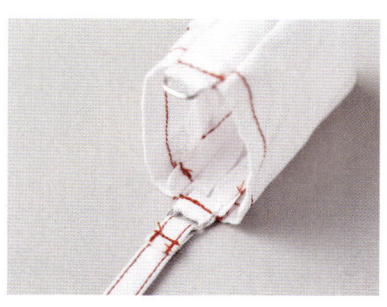

14   C링에 어깨끈을 통과시키고, 1cm 정도 접어 재봉합니다.

15   어깨끈을 버클에 통과시키고, 이어서 반대쪽 C링에 통과시킵니다(바깥에서 안쪽 방향으로).

16   다시 버클로 돌아가서 어깨끈을 통과시킵니다. 먼저 통과시킨 끈의 안쪽으로 통과되도록 해주세요.

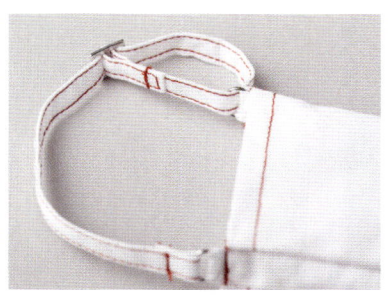

17   어깨끈의 끝을 1.7cm 정도 접어서 끝부분을 접착제로 붙이고, 재봉해 고정합니다.

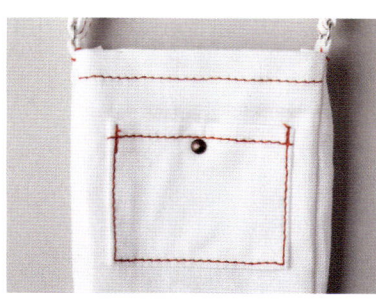

18   주머니 윗부분에, 다림질로 핫픽스를 붙입니다.

19   모양을 정돈하면 완성입니다.

양말 만들기

마음에 드는 원단으로 한 번에 여러 개를 만들어 두면 좋습니다.
사용하는 소재와 신축성에 따라 착용감에 상당한 차이가 있는데, 여기서는 일반적인 싱글 다이마루 원단을 사용합니다. 재봉실은 니트용을 사용하세요.

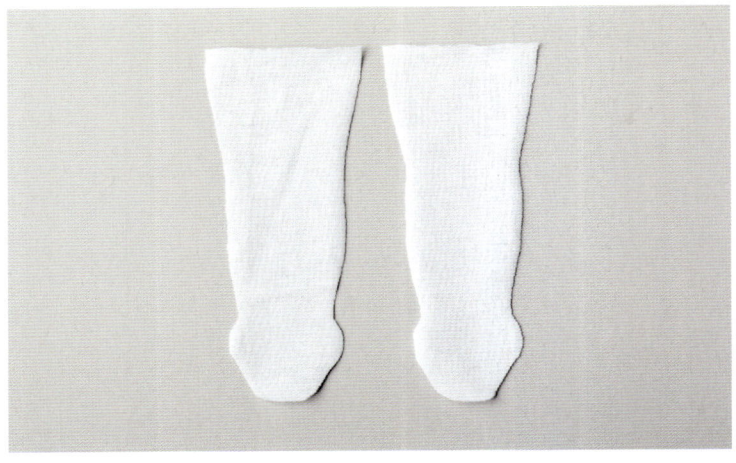

준비물

L 크기 :
싱글 다이마루 16㎝ × 14㎝

M 크기 :
싱글 다이마루 14㎝ × 14㎝

S 크기 :
싱글 다이마루 7㎝ × 10㎝

※ 양말 크기에 대해서는 185쪽을 참고하세요.

1 파츠를 재단합니다.

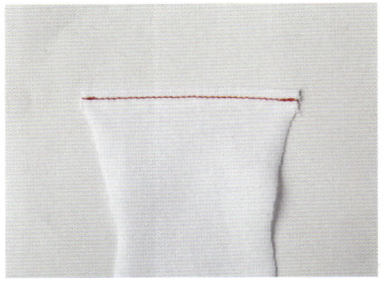

2 양말의 입구 시접을 접어서 접착제로 붙이고, 아래에 종이를 깔고 재봉합니다.

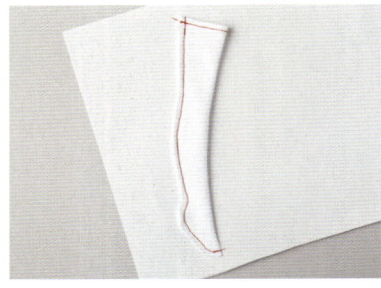

3 양말을 겉끼리 마주 닿게 포개어, 종이를 아래에 깔고 뒤중심과 발 부분을 이어서 재봉합니다.

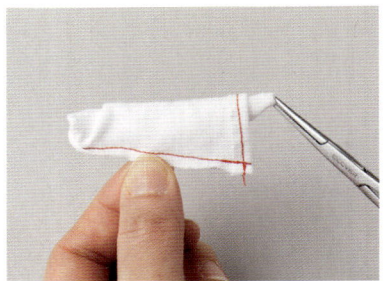

4 겸자를 안쪽으로 넣어 발끝을 잡고, 겉으로 뒤집어줍니다.

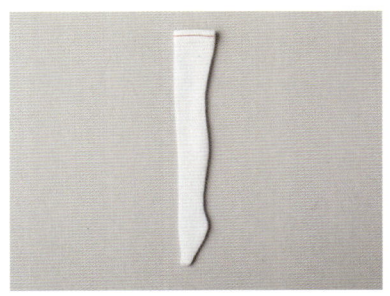

5 다림질로 모양을 깔끔하게 정돈하면 완성입니다.

신축성 있는 니트 원단에는 신축성 있는 니트용 재봉실을 사용하는 것이 좋습니다. 그래야 핏감이 좋아집니다.

Chapter 7
코디네이션
Coordination

이 책의 화보 페이지(8~32쪽)에 나온 코디네이션 이외의 조합입니다.
소재와 색상, 디테일의 조합으로 창의적인 코디네이션이 가능하므로
다양한 응용을 즐겨주시길 바랍니다.

| 22cm 크기 |

래글런 소매의 티셔츠, 3단 티어드 스커트, 캡모자, 보디백
[신발: 펫웍스]

셔츠 칼라의 긴소매 블라우스, 카디건, 플리츠 스커트, 보디백 [신발: 세키구치]

보우 칼라와 퍼프 긴소매 블라우스, 테일러드 재킷, 스트레이트 팬츠, 베레모 [신발: 펫웍스]

점프수트 [신발: 세키구치]

후드티, 쇼트 팬츠, 짧은 양말

둥근 플랫칼라와 퍼프 반소매 블라우스, 스트레이트 팬츠, 베레모, 숄더백, 짧은 양말 [신발: 펫웍스]

반소매 티셔츠, 점퍼스커트, 야상코트, 보디백 [신발: 세키구치]

> 27cm 크기

반소매 프린트 티셔츠, 카디건, 타이트스커트, 보디백 [신발: 세키구치]

래글런 소매의 티셔츠, 플리츠 스커트, 야상코트 [신발: 세키구치]

둥근 플랫칼라의 민소매 플레어 원피스 [신발: 세키구치]

스탠드 칼라와 드롭 숄더의 오버핏 블라우스, 카고 팬츠, 더플코트, 숄더백 [신발: 세키구치]

둥근 플랫칼라와 퍼프 반소매의 A라인 원피스, 베레모, 긴 양말 [신발: 세키구치]

민소매의 뒤트임 블라우스, 테일러드 재킷, 스키니 팬츠 [신발: 세키구치]

11cm 크기

스웨트셔츠, 플리츠 스커트, 더플코트

민소매 티셔츠, 스키니 팬츠, 야상코트

| 11cm 크기 |

보트 네크라인의 7부 소매 티셔츠, 턱 주름 와이드 팬츠, 캡모자, 숄더백

스퀘어 칼라와 퍼프 반소매의 뒤트임 블라우스, 점퍼스커트, 짧은 양말

래글런 소매의 티셔츠, 카고 팬츠, 보디백

반소매의 프린트 티셔츠, 타이트스커트, 카디건

11㎝ / 왼쪽: 미니조시 F.L.C. 모델 RED   오른쪽: 미니 조시 F.L.C. 모델 BLONDE
©PetWORKs Co.,Ltd.

아이템 리스트

이 책에 나온 아이템들을 크기별로 정리했습니다.
작품 사진, 만드는 법, 패턴이 게재된 페이지를 쉽게 찾을 수 있습니다.

22 cm

상의

각진 플랫칼라의 반소매 블라우스

작품 : 60 쪽
만드는 법 : 62 쪽
패턴 : 칼라 188 쪽, 몸판 186 쪽, 소매 187 쪽

오픈 칼라의 반소매 블라우스

작품 : 60 쪽
만드는 법 : 62, 69 쪽
패턴 : 칼라 188 쪽, 몸판 186 쪽, 소매 187 쪽, 포켓 플랩 186 쪽

둥근 플랫칼라와 퍼프 반소매 블라우스

작품 : 60, 171 쪽
만드는 법 : 62, 70 쪽
패턴 : 칼라 188 쪽, 몸판 186 쪽, 소매 187 쪽

셔츠 칼라의 긴소매 블라우스

작품 : 60, 170 쪽
만드는 법 : 62, 67, 72 쪽
패턴 : 칼라 188 쪽, 몸판 186 쪽, 소매 187 쪽, 포켓 186 쪽

셔츠 칼라의 긴소매 블라우스

작품 : 31, 60 쪽
만드는 법 : 62, 67, 72 쪽
패턴 : 칼라 188 쪽, 몸판 186 쪽, 소매 187 쪽, 포켓 186 쪽

각진 플랫칼라와 드롭 숄더의 오버핏 블라우스

작품 : 10, 61 쪽
만드는 법 : 62, 72, 73 쪽
패턴 : 칼라 188 쪽, 몸판 193 쪽, 소매 193 쪽, 포켓 186 쪽

보우 칼라와 퍼프 긴소매 블라우스

작품 : 14, 61, 170 쪽
만드는 법 : 62, 68, 70 쪽
패턴 : 칼라 188 쪽, 몸판 186 쪽, 소매 187 쪽

민소매 뒤트임 블라우스

작품 : 77 쪽
만드는 법 : 78 쪽
패턴 : 몸판 200 쪽

스퀘어 칼라와 퍼프 반소매의 뒤트임 블라우스

작품 : 12, 77 쪽
만드는 법 : 70, 78, 81 쪽
패턴 : 칼라 200 쪽, 몸판 200 쪽, 소매 187 쪽

반소매 티셔츠

작품 : 10, 19, 83, 171 쪽
만드는 법 : 84 쪽
패턴 : 몸판 203 쪽, 소매 203 쪽

긴소매 티셔츠

작품 : 83 쪽
만드는 법 : 84 쪽
패턴 : 몸판 203 쪽, 소매 203 쪽
※ 길이를 짧게 변형

래글런 소매의 티셔츠

작품 : 10, 83, 170 쪽
만드는 법 : 84, 88 쪽
패턴 : 몸판 208 쪽, 소매 208 쪽

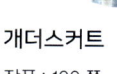
하의

스웨트셔츠
작품 : 31, 89 쪽
만드는 법 : 90 쪽
패턴 : 몸판 211 쪽,
소매 211 쪽

후드티
작품 : 89, 171 쪽
만드는 법 : 93 쪽
패턴 : 후드 211 쪽, 몸판 211 쪽,
소매 211 쪽

카디건
작품 : 19, 89, 170 쪽
만드는 법 : 96 쪽
패턴 : 몸판 215 쪽,
소매 215 쪽

개더스커트
작품 : 100 쪽
만드는 법 : 101 쪽
패턴 : 스커트 219 쪽,
허리벨트 221 쪽

3단 티어드 밴딩 스커트
작품 : 100, 170 쪽
만드는 법 : 101, 110 쪽
패턴 : 스커트 219 쪽

턱 주름 스커트
작품 : 19, 100 쪽
만드는 법 : 105 쪽
패턴 : 스커트 221 쪽,
허리벨트 221 쪽

플리츠 스커트
작품 : 31, 100, 170 쪽
만드는 법 : 108 쪽
패턴 : 스커트 226, 227 쪽,
허리벨트 226 쪽

플랩 포켓 타이트스커트
작품 : 10, 100 쪽
만드는 법 : 106 쪽
패턴 : 스커트 222 쪽, 허리벨트 222 쪽
카고 포켓 230 쪽

스트레이트 팬츠
작품 : 31, 112, 170, 171 쪽
만드는 법 : 113 쪽
패턴 : 팬츠 230 쪽,
허리벨트 230 쪽, 포켓 233 쪽

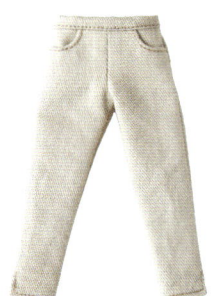

사브리나 팬츠
작품 : 10, 112 쪽
만드는 법 : 113 쪽
패턴 : 팬츠 233 쪽,
허리벨트 233 쪽, 포켓 233 쪽

턱 주름 와이드 팬츠
작품 : 112 쪽
만드는 법 : 118 쪽
패턴 : 팬츠 236 쪽,
허리벨트 236 쪽

쇼트 팬츠
작품 : 112, 171 쪽
만드는 법 : 118 쪽
패턴 : 팬츠 236 쪽,
허리벨트 236 쪽
※ 허리벨트에 주름 변형

원피스

둥근 플랫칼라와 긴소매의
개더스커트 원피스

작품 : 12, 77, 122 쪽
만드는 법 : 70, 78, 81, 123 쪽
패턴 : 칼라 200 쪽, 몸판 239 쪽,
소매 187 쪽, 스커트 219 쪽

셔츠 칼라와 퍼프 반소매의
플레어스커트 원피스

작품 : 21, 77, 100, 111 쪽
만드는 법 : 70, 78, 82, 104, 123 쪽
패턴 : 칼라 200 쪽, 몸판 239 쪽,
소매 187 쪽, 스커트 220 쪽

세일러 칼라의
퍼프 긴소매 원피스

작품 : 13 쪽
만드는 법 : 70, 74, 123 쪽
패턴 : 칼라 197 쪽, 몸판 197 쪽,
소매 187 쪽, 스커트 197 쪽

각진 플랫칼라의
민소매 점프수트

작품 : 77, 122, 170 쪽
만드는 법 : 78, 81, 118, 123 쪽
패턴 : 칼라 200 쪽, 몸판 239 쪽,
팬츠 236 쪽

스퀘어 칼라의
퍼프 긴소매 A라인 원피스

작품 : 29, 77, 122 쪽
만드는 법 : 70, 81, 126 쪽
패턴 : 칼라 200 쪽, 몸판 241 쪽,
소매 187 쪽

점퍼스커트

작품 : 12, 122, 171 쪽
만드는 법 : 130 쪽
패턴 : 앞바대 245 쪽,
스커트 245 쪽

살로페트

작품 : 14, 122 쪽
만드는 법 : 127 쪽
패턴 : 앞바대 244 쪽,
팬츠 246 쪽

에이프런

작품 : 12, 122 쪽
만드는 법 : 127, 133 쪽
패턴 : 244 쪽
※ 트임은 걸고리로 처리.

아우터

더플코트

작품 : 31, 136 쪽
만드는 법 : 137 쪽
패턴 : 253~255 쪽

야상코트

작품 : 10, 136, 171 쪽
만드는 법 : 143 쪽
패턴 : 253~255 쪽

테일러드 재킷

작품 : 31, 136, 170 쪽
만드는 법 : 149 쪽
패턴 : 261 쪽

27 cm

상의

셔츠 칼라의
긴소매 블라우스

작품 : 18 쪽
만드는 법 : 62, 67, 72 쪽
패턴 : 칼라 191 쪽, 몸판 189 쪽,
소매 190 쪽, 포켓 189 쪽

보우 칼라의
퍼프 반소매 블라우스

작품 : 28 쪽
만드는 법 : 62, 68, 70 쪽
패턴 : 칼라 191 쪽, 몸판 189 쪽,
소매 190 쪽

스탠드 칼라와 드롭 숄더의
오버핏 블라우스

작품 : 30, 58, 172 쪽
만드는 법 : 62, 67, 72, 73 쪽
패턴 : 칼라 191 쪽, 몸판 194 쪽,
소매 195 쪽, 포켓 189 쪽

세일러 칼라의
반소매 블라우스

작품 : 16, 61 쪽
만드는 법 : 74 쪽
패턴 : 칼라 198 쪽, 몸판 198 쪽,
소매 190 쪽

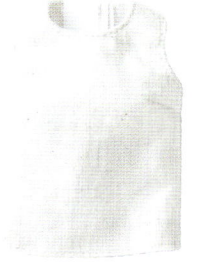

민소매 뒤트임 블라우스

작품 : 173 쪽
만드는 법 : 78 쪽
패턴 : 몸판 201 쪽

U 네크라인의 민소매 티셔츠

작품 : 83 쪽
만드는 법 : 78, 84 쪽
패턴 : 몸판 204 쪽

반소매 티셔츠

작품 : 20, 172 쪽
만드는 법 : 84 쪽
패턴 : 몸판 204 쪽, 소매 204 쪽
※사진을 전사 프린트해서 사용.

래글런 소매의 티셔츠

작품 : 172 쪽
만드는 법 : 84, 88 쪽
패턴 : 몸판 209 쪽, 소매 209 쪽

보트 네크라인의
7부 소매 티셔츠

작품 : 83 쪽
만드는 법 : 84, 87 쪽
패턴 : 몸판 207 쪽, 소매 207 쪽

긴소매 스웨트셔츠

작품 : 8 쪽
만드는 법 : 90 쪽
패턴 : 몸판 212, 213 쪽,
소매 212 쪽

카디건

작품 : 18, 172 쪽
만드는 법 : 96 쪽
패턴 : 몸판 216, 217 쪽,
소매 217 쪽

하의

플리츠 스커트
작품 : 8, 172 쪽
만드는 법 : 108 쪽
패턴 : 스커트 228, 229 쪽,
허리벨트 228 쪽

타이트스커트
작품 : 172 쪽
만드는 법 : 106 쪽
패턴 : 스커트 223 쪽,
허리벨트 223 쪽

스키니 팬츠
작품 : 30, 58, 112, 173 쪽
만드는 법 : 113 쪽
패턴 : 팬츠 234 쪽,
허리벨트 234 쪽, 포켓 231 쪽

카고 팬츠
작품 : 18, 172 쪽
만드는 법 : 113 쪽
패턴 : 팬츠 231 쪽(스트레이트
팬츠 패턴 사용), 허리벨트 231 쪽,
카고 포켓 230 쪽, 포켓 231 쪽

원피스

턱 주름 와이드 팬츠
작품 : 20 쪽
만드는 법 : 118 쪽
패턴 : 팬츠 237 쪽,
허리벨트 237 쪽

**셔츠 칼라와 퍼프 긴소매의
개더스커트 원피스**
작품 : 17, 134 쪽
만드는 법 : 70, 78, 82, 123 쪽
패턴 : 칼라 201 쪽, 몸판 239 쪽,
소매 190 쪽, 스커트 219 쪽

**둥근 플랫칼라와 민소매의
플레어 원피스**
작품 : 172 쪽
만드는 법 : 78, 81, 104, 123 쪽
패턴 : 칼라 201 쪽, 몸판 239 쪽,
스커트 220 쪽

**둥근 플랫칼라와
퍼프 반소매의 A라인 원피스**
작품 : 173 쪽
만드는 법 : 70, 81, 126 쪽
패턴 : 칼라 201 쪽, 몸판 242 쪽,
소매 190 쪽

점퍼스커트
작품 : 16 쪽
만드는 법 : 127, 130 쪽
패턴 : 앞바대 247 쪽,
스커트 249 쪽

살로페트
작품 : 28 쪽
만드는 법 : 127, 130 쪽
패턴 : 앞바대 248 쪽,
팬츠 250 쪽

에이프런
작품 : 17, 134 쪽
만드는 법 : 127, 133 쪽
패턴 : 247 쪽
※ 트임은 걸고리 세트로 처리.

아우터

더플코트
작품 : 8, 172 쪽
만드는 법 : 137 쪽
패턴 : 256~258 쪽

야상코트
작품 : 30, 58,172 쪽
만드는 법 : 143 쪽
패턴 : 256~258 쪽

테일러드 재킷
작품 : 20, 173 쪽
만드는 법 : 149 쪽
패턴 : 262 쪽

`11 cm`

상의

스탠드 칼라와 드롭 숄더의 오버핏 블라우스
작품 : 32, 175 쪽
만드는 법 : 62, 67, 72, 73 쪽
패턴 : 칼라 192 쪽, 몸판 196 쪽, 소매 196 쪽

오픈 칼라의 긴소매 블라우스
작품 : 23 쪽
만드는 법 : 62, 69 쪽
패턴 : 칼라 192 쪽, 몸판 192 쪽, 소매 192 쪽, 포켓 192 쪽

세일러 칼라의 반소매 블라우스
작품 : 25 쪽
만드는 법 : 74 쪽
패턴 : 칼라 199 쪽, 몸판 199 쪽, 소매 192 쪽

스퀘어 칼라와 퍼프 반소매의 뒤트임 블라우스
작품 : 27, 174 쪽
만드는 법 : 70, 78, 81 쪽
패턴 : 칼라 202 쪽, 몸판 202 쪽, 소매 192 쪽

반소매 티셔츠
작품 : 24, 174 쪽
만드는 법 : 84 쪽
패턴 : 몸판 205 쪽, 소매 205 쪽
※사진은 전사 프린트해서 사용.

민소매 티셔츠
작품 : 27, 173 쪽
만드는 법 : 78 쪽
패턴 : 몸판 205 쪽

보트 네크라인의 7부 소매 티셔츠
작품 : 174 쪽
만드는 법 : 84, 87 쪽
패턴 : 몸판 205 쪽, 소매 205 쪽

래글런 소매의 티셔츠
작품 : 26,174 쪽
만드는 법 : 84, 88 쪽
패턴 : 몸판 210 쪽, 소매 210 쪽

하의

스웨트셔츠
작품 : 173 쪽
만드는 법 : 90 쪽
패턴 : 몸판 214 쪽,
소매 214 쪽

후드티
작품 : 26 쪽
만드는 법 : 93 쪽
패턴 : 후드 214 쪽, 몸판 214 쪽,
소매 214 쪽

카디건
작품 : 23, 174 쪽
만드는 법 : 96 쪽
패턴 : 몸판 218 쪽,
소매 218 쪽

플리츠 스커트
작품 : 26, 173 쪽
만드는 법 : 108 쪽
패턴 : 스커트 225 쪽,
허리벨트 225 쪽

타이트스커트
작품 : 26, 174 쪽
만드는 법 : 106 쪽
패턴 : 스커트 224 쪽,
허리벨트 224 쪽

턱 주름 와이드 팬츠
작품 : 24, 174 쪽
만드는 법 : 118 쪽
패턴 : 팬츠 238 쪽,
허리벨트 238 쪽

카고 팬츠
작품 : 23, 174 쪽
만드는 법 : 113 쪽
패턴 : 팬츠 232 쪽 (스트레이트
팬츠 패턴 사용), 허리벨트 232 쪽,
카고 포켓 232 쪽, 포켓 235 쪽

스키니 팬츠
작품 : 27, 32, 173, 175 쪽
만드는 법 : 113 쪽
패턴 : 팬츠 235 쪽,
허리벨트 235 쪽, 포켓 235 쪽

원피스

둥근 플랫칼라와 퍼프 긴소매의 개더스커트 원피스
작품 : 25 쪽
만드는 법 : 70, 78, 81, 123 쪽
패턴 : 칼라 202 쪽, 몸판 240 쪽,
소매 192 쪽, 스커트 240 쪽

각진 플랫칼라의 민소매 A라인 원피스
작품 : 32, 175 쪽
만드는 법 : 78, 81, 126 쪽
패턴 : 칼라 202 쪽, 몸판 243 쪽

점퍼스커트
작품 : 25, 174 쪽
만드는 법 : 130 쪽
패턴 : 앞바대 252 쪽,
스커트 252 쪽

에이프런
작품 : 25 쪽
만드는 법 : 127, 133 쪽
패턴 : 앞바대 251 쪽, 스커트 251 쪽
※ 트임은 3 mm 진주 비즈와 실고리
로 처리 .

아우터

살로페트
작품 : 27 쪽
만드는 법 : 127 쪽
패턴 : 앞바대 251 쪽 , 팬츠 252 쪽

더플코트
작품 : 24, 173 쪽
만드는 법 : 137 쪽
패턴 : 259, 260 쪽

야상코트
작품 : 26, 173 쪽
만드는 법 : 143 쪽
패턴 : 259, 260 쪽

테일러드 재킷
작품 : 27 쪽
만드는 법 : 149 쪽
패턴 : 263 쪽

29 cm (남자)
※ 27㎝ 크기 패턴을 110% 확대해서 사용하세요.

상의

셔츠 칼라의 긴소매 블라우스
작품 : 22 쪽
만드는 법 : 62, 67, 72 쪽
패턴 : 칼라 191 쪽, 몸판 189 쪽,
소매 190 쪽, 포켓 189 쪽

스탠드 칼라의 긴소매 블라우스
작품 : 15 쪽
만드는 법 : 62, 67, 72 쪽
패턴 : 칼라 191 쪽, 몸판 189 쪽,
소매 190 쪽

긴소매 티셔츠
작품 : 22 쪽
만드는 법 : 84 쪽
패턴 : 몸판 204 쪽,
소매 204 쪽

스웨트셔츠
작품 : 22 쪽
만드는 법 : 90 쪽
패턴 : 몸판 212, 213 쪽,
소매 212 쪽

하의

아우터

카디건
작품 : 22 쪽
만드는 법 : 96 쪽
패턴 : 몸판 216, 217 쪽,
소매 217 쪽

스키니 팬츠
작품 : 15, 22 쪽
만드는 법 : 113 쪽
패턴 : 팬츠 234 쪽,
허리벨트 234 쪽, 포켓 231 쪽

카고 팬츠
작품 : 22 쪽
만드는 법 : 113 쪽
패턴 : 팬츠 231 쪽 (스트레이트
팬츠 패턴 사용), 허리벨트 231 쪽,
카고 포켓 230 쪽, 포켓 231 쪽

테일러드 재킷
작품 : 15 쪽
만드는 법 : 149 쪽
패턴 : 262 쪽

소품

베레모
작품 : 8, 13, 26, 31, 156, 170, 171, 173 쪽
만드는 법 : 157 쪽
패턴 : 264, 265 쪽

캡모자
작품 : 30, 156, 170, 174 쪽
만드는 법 : 159 쪽
패턴 : 266, 267 쪽

숄더백 (22, 27, 29㎝)
작품 : 10, 31, 156, 170, 171, 172 쪽
만드는 법 : 165 쪽
패턴 : 269, 270 쪽

숄더백 (11㎝)
작품 : 32, 174 쪽
만드는 법 : 165 쪽
패턴 : 270 쪽

보디백 (22, 27㎝)
작품 : 10, 30, 156, 170, 171, 172 쪽
만드는 법 : 162 쪽
패턴 : 268 쪽

보디백 (11㎝)
작품 : 26, 174 쪽
만드는 법 : 162 쪽
패턴 : 268 쪽

양말 (L, M)
작품 : 8, 10, 12, 13, 16, 17, 29, 156, 171, 173 쪽
만드는 법 : 168 쪽
패턴 : 271 쪽

양말 (S)
작품 : 25, 32, 174 쪽
만드는 법 : 168 쪽
패턴 : 271 쪽

작품의 패턴

- 이 책 176~184쪽에 나오는 아이템의 패턴입니다. 아이템별로 각 크기를 게재했습니다.
- 기본적으로 실물 크기이지만, 확대 비율이 기재된 것은 해당 비율로 확대해 사용하세요.
- 게재된 그대로 칼라와 소매를 조합해도 되고, 자유롭게 변형해도 됩니다.
- 패턴에는 시접이 포함되어 있습니다. 바깥선은 시접분이 포함된 선, 안쪽의 선은 완성선입니다.
- 2겹으로 그려진 반원은 골선 표시입니다. 표시를 중심으로 좌우 대칭 패턴을 만들어주세요.
- '파츠×숫자'는 필요한 파츠의 매수를 말합니다.
- 별도 지시가 없다면, 가는 점선은 재봉선이고 화살표는 원단의 식서 방향입니다.
- 개인의 솜씨에 따라 완성된 작품에 약간의 차이가 생길 수 있습니다.

패턴 크기 조정하는 방법

같은 크기라도 인형에 따라 미묘하게 달라지므로 착용감에도 차이가 납니다.

옷의 크기에 대하여

- 11cm 크기는 피코니모 P 바디를 기준으로 합니다. 오비츠 바디 11에도 착용할 수 있지만, 소매 길이는 3mm, 팬츠 길이는 5mm 줄이면 딱 맞는 크기가 됩니다. 스커트 길이는 취향에 맞춰 조정하세요.
- 22cm 크기는 보통 22cm로 분류되는 인형(브라이스, 리카 등)을 기준으로 합니다. 피어니모 S에도 맞지만, 관절 바디에서는 소매 길이가 조금 짧아집니다. 20cm 크기(피어니모 XS)도 22cm 패턴을 사용합니다. 전체적으로 낙낙하지만 그대로 착용할 수 있습니다.
- 27cm 크기는 모모코를 기준으로 합니다. 유노아 크루스 라이트 후로라이트도 그대로 착용할 수 있습니다. 이 책은 아즈라이트(남자) 29cm도 27cm로 분류합니다.
- 29cm 크기는 6분의 1 남자 도감의 나인을 기준으로 합니다. 이 책에 29cm 크기의 패턴은 없지만, 27cm 크기를 110% 확대 복사한 후 사용하면 딱 좋습니다. 팬츠 길이는 길어질 수 있으니 조정해주세요. 에이트는 28cm 크기이므로 소매와 바지 길이 조정이 필요합니다. 유노아 크루스 라이트 아즈라이트 역시 에이트와 마찬가지로 조정해주세요.

모자 크기에 대하여

- L 크기: 머리둘레 약 27cm (브라이스 등)
- M 크기: 머리둘레 약 12cm (피어니모 계열, 루루코, 리카 등)
- S 크기: 머리둘레 약 9.5cm (모모코, 6분의 1 남자 도감, 슈가컵 등)

양말 크기에 대하여

- L 크기: 모모코, 피어니모 XS에 맞습니다. 양말 길이는 패턴을 확인해주세요.
- M 크기: 블라이스나 리카 등의 22cm 인형, 유노아 크루스 라이트에 맞는 크기입니다.
- S 크기: 피코니모 P 바디, 오비츠 11 바디에 맞는 크기입니다.
- 양말은 원단에 따라 크기가 많이 달라질 수 있습니다. 신기기 힘들 정도이거나 너무 느슨하다면 패턴을 조정하세요.

| P.060 | **22㎝ 앞트임 블라우스** | 앞몸판과 포켓

※ 186~188쪽의 파츠를 조합합니다.

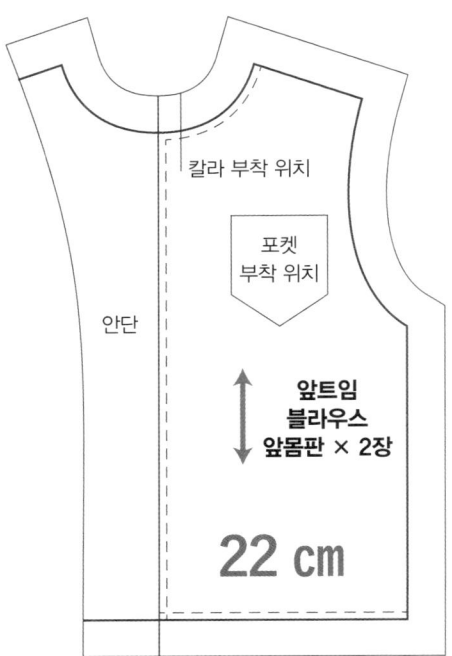

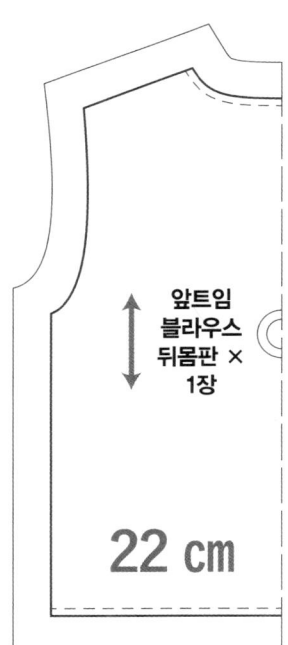

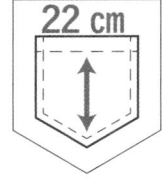

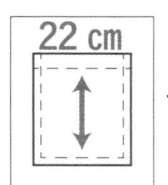

| P.060 | **22cm 앞트임 블라우스** | 소매와 커프스

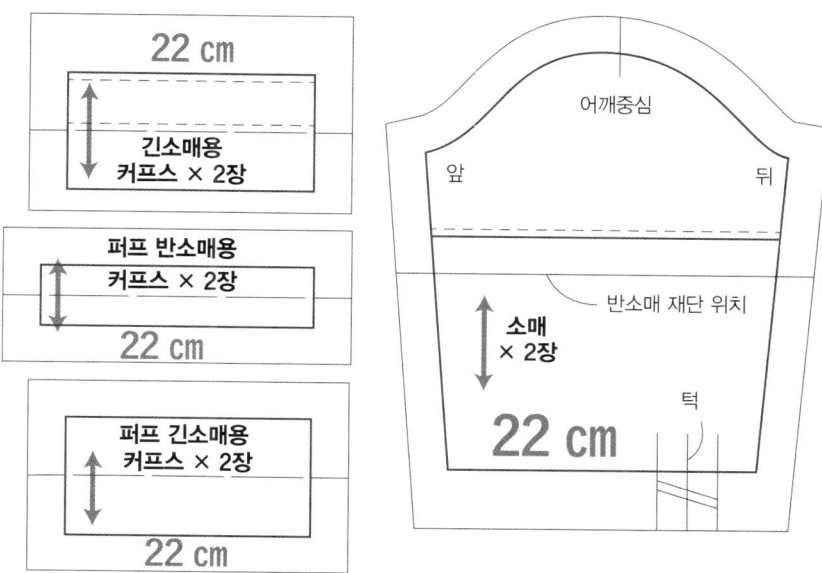

※ 퍼프소매는 뒤트임 공통.

| P.060 | **22㎝ 앞트임 블라우스** | 칼라

P.060 | 27cm 앞트임 블라우스 | 몸판과 포켓

※ 189~191쪽 파츠를 조합합니다.

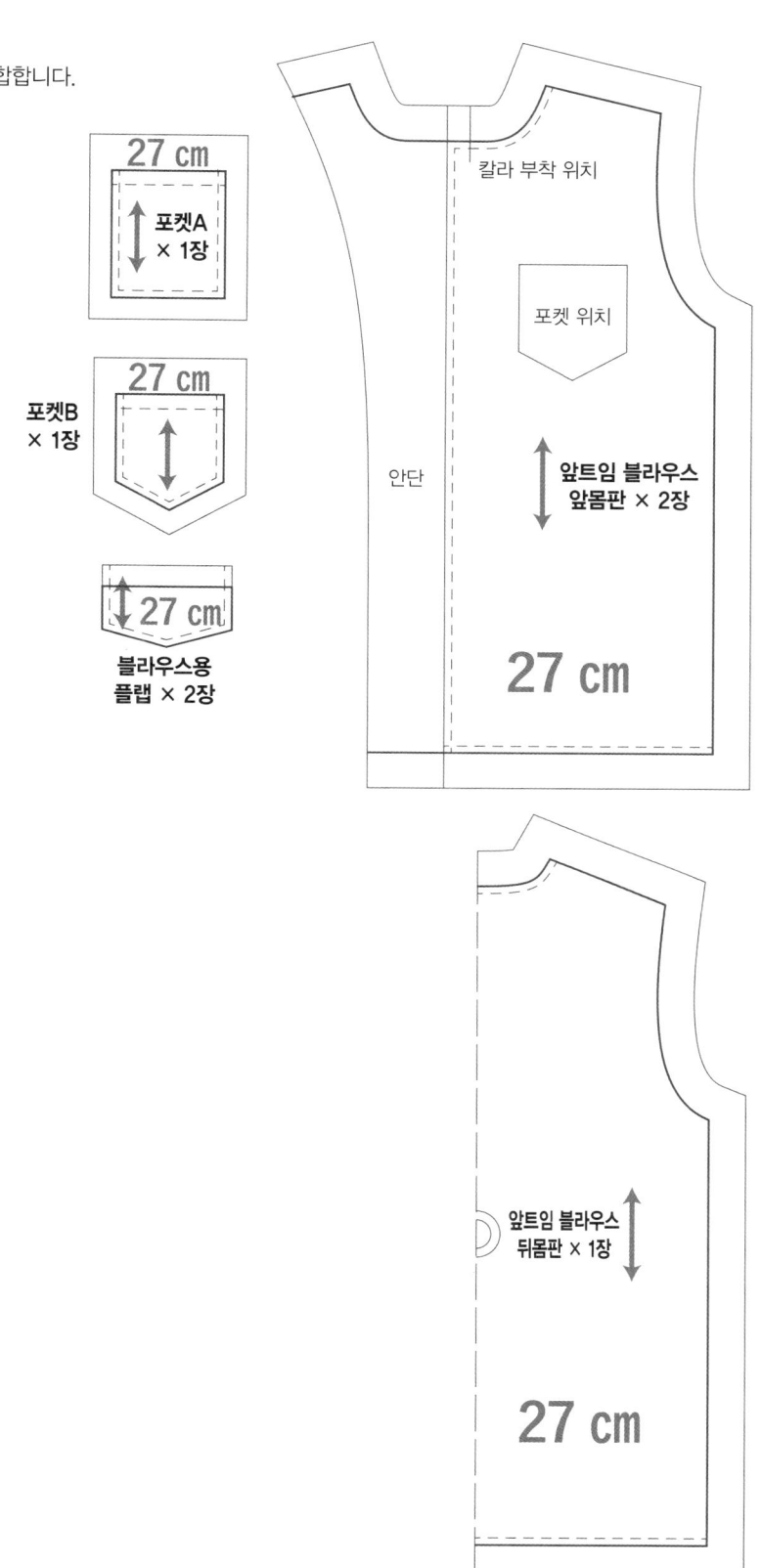

| P.060 | **27㎝ 앞트임 블라우스** | 소매와 커프스

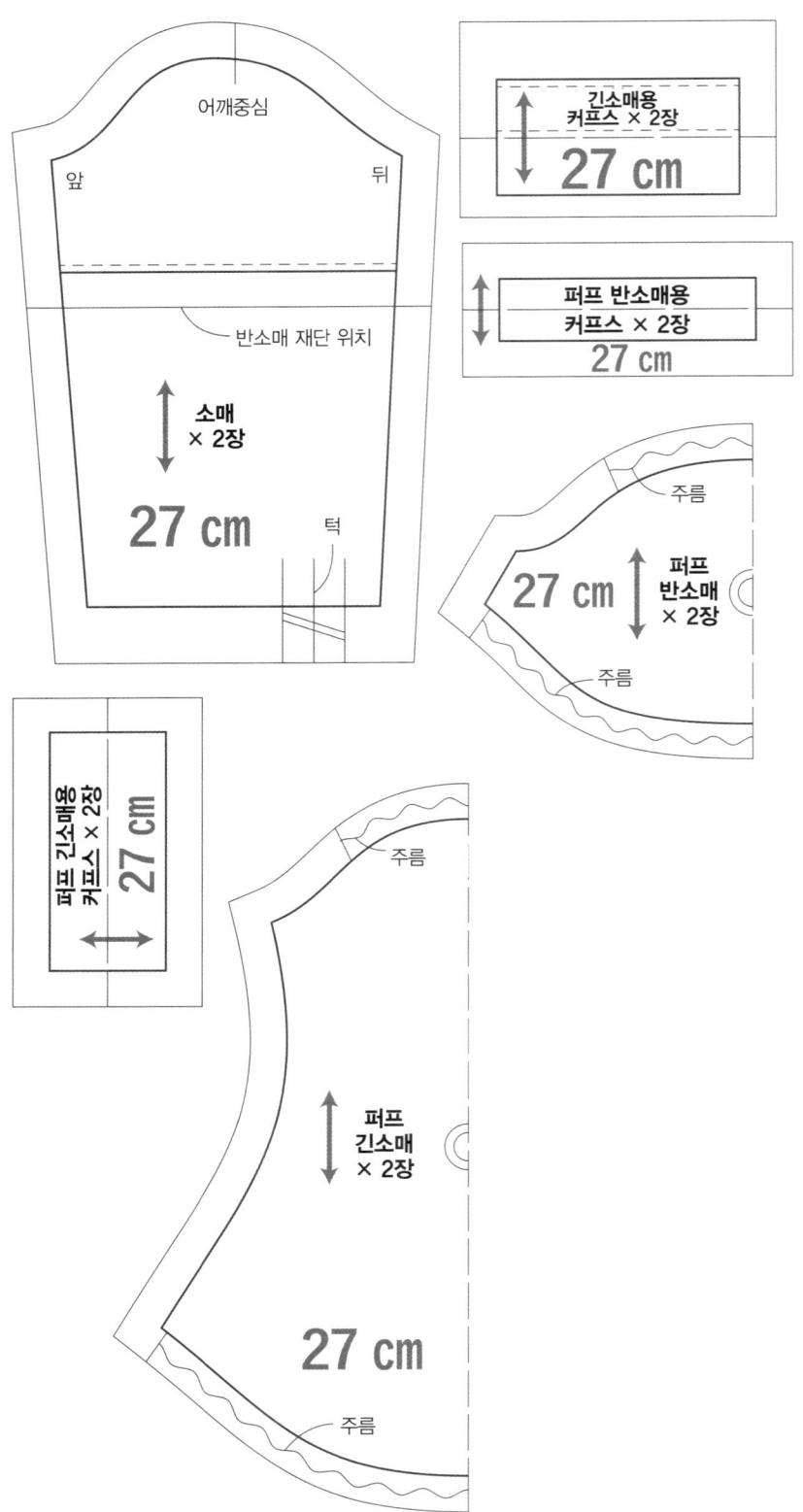

※ 퍼프소매는 뒤트임 공통.

P.060 27cm 앞트임 블라우스 | 칼라

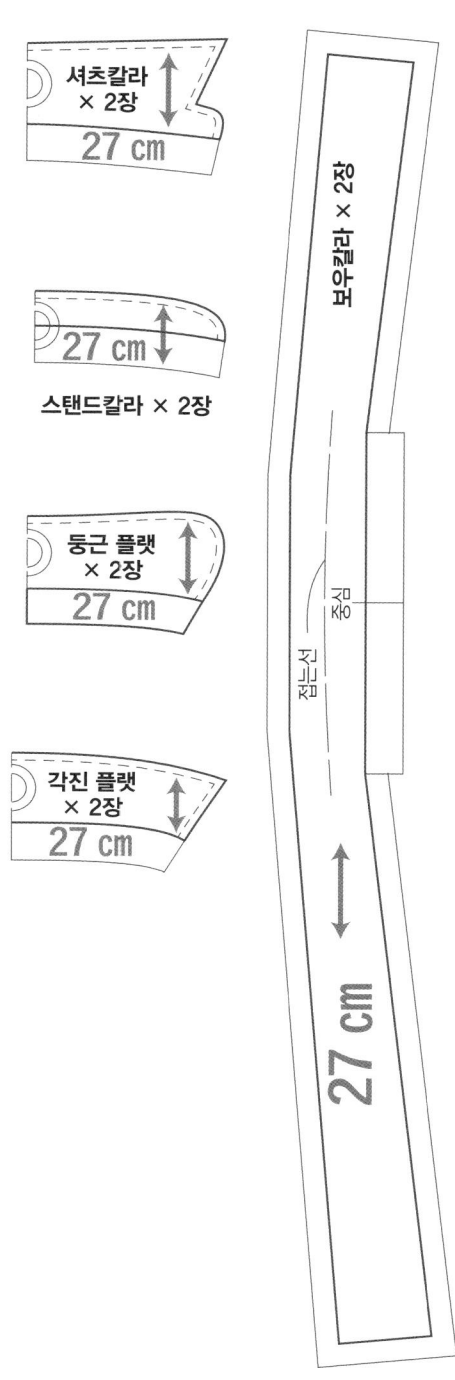

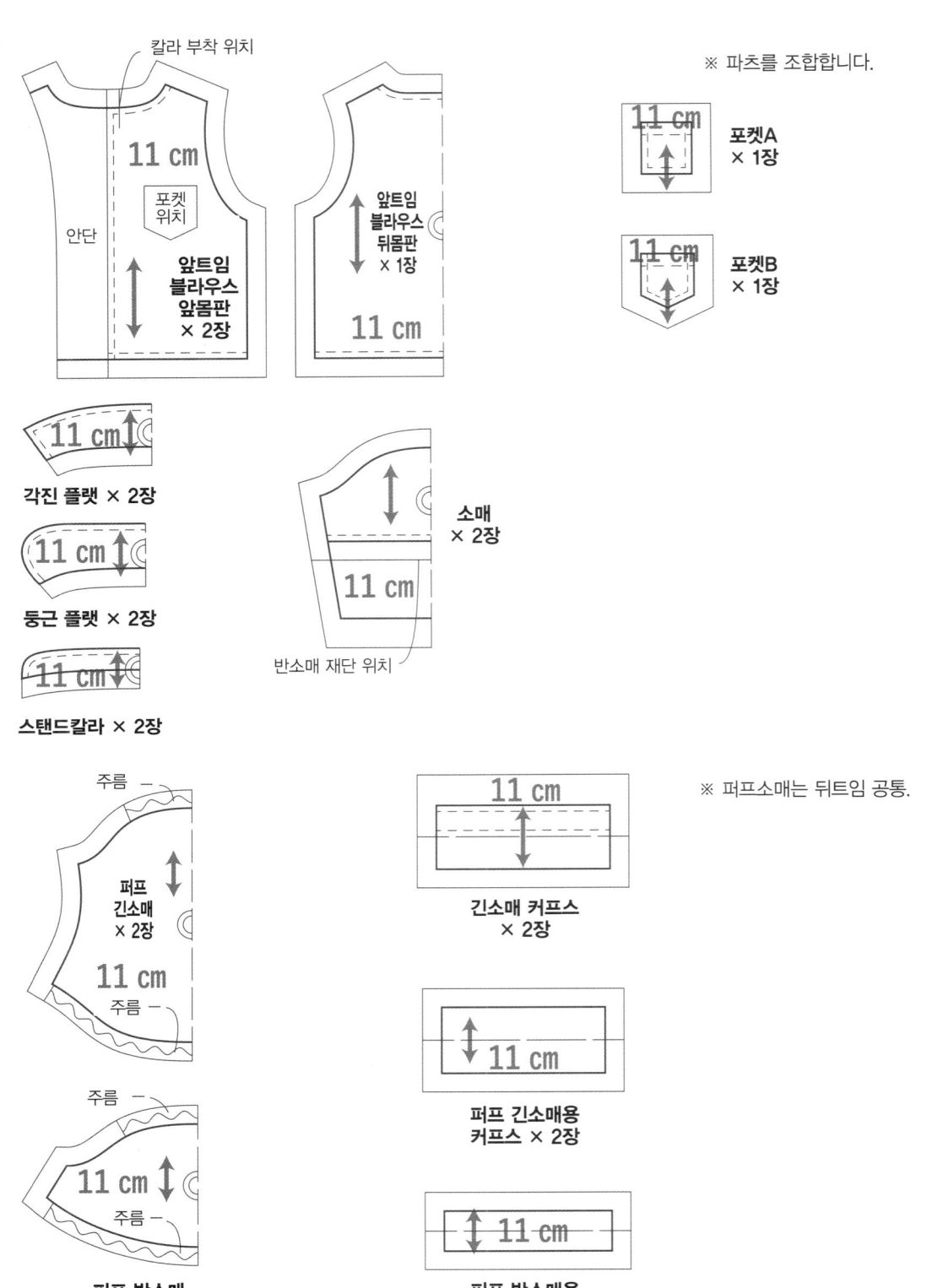

P.061　22cm 드롭숄더 오버핏 블라우스

※ 칼라는 188쪽의 파츠를 조합합니다.

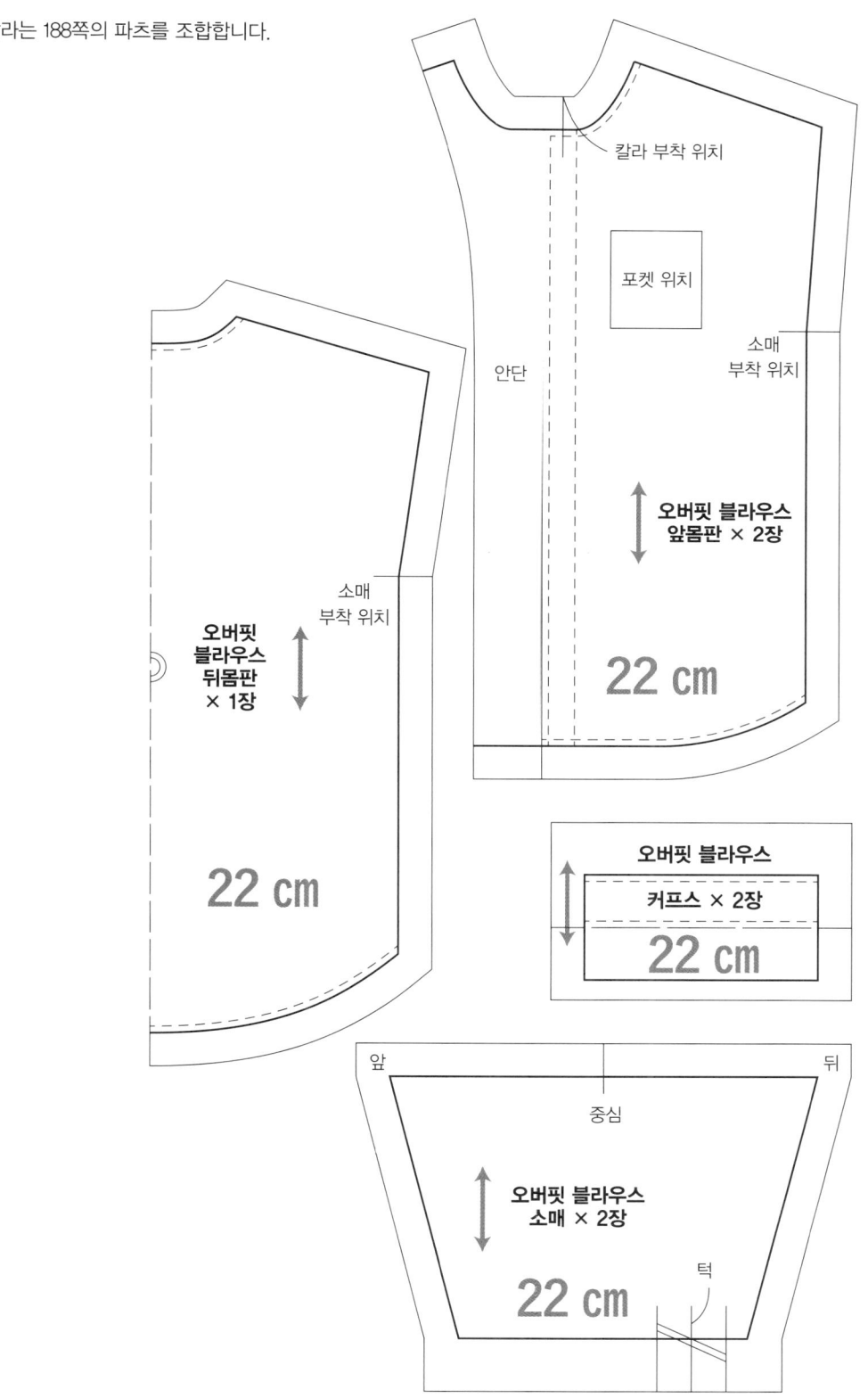

| P.061 | **27㎝ 드롭숄더 오버핏 블라우스**

※ 칼라는 191쪽의 파츠를 조합합니다.

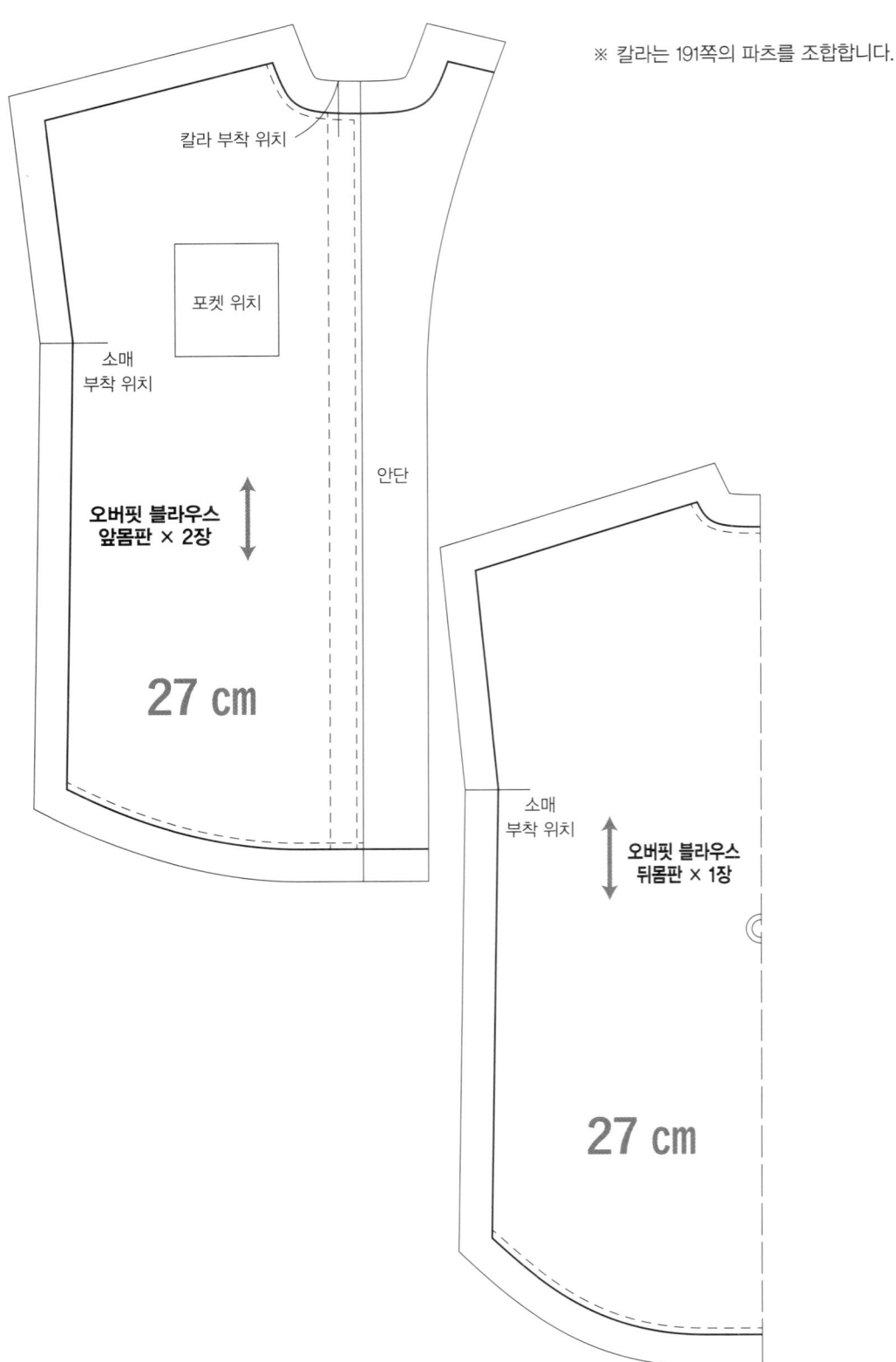

P.061 27㎝ 드롭숄더 오버핏 블라우스

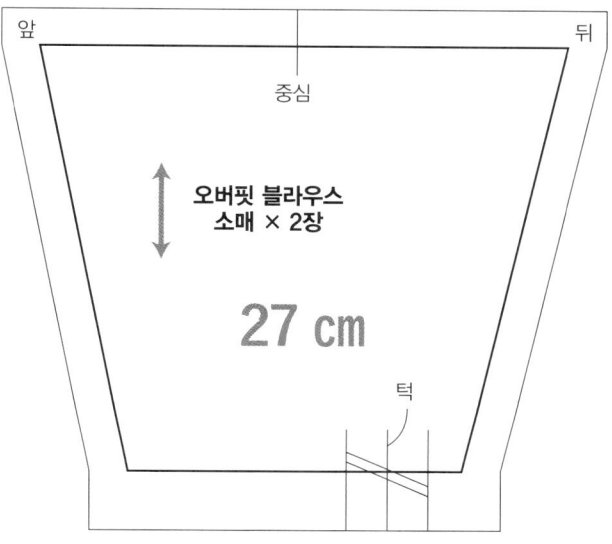

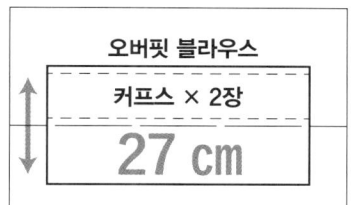

P.061 | 11cm 드롭숄더 오버핏 블라우스

※ 칼라는 192쪽 파츠를 조합합니다.

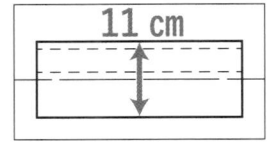

P.061　22㎝ 세일러칼라 블라우스

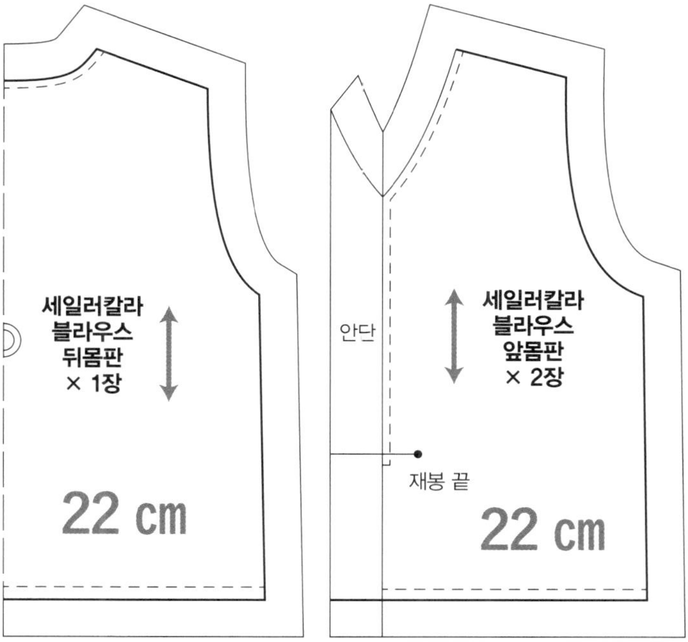

※ 소매는 187쪽 파츠를 조합합니다.

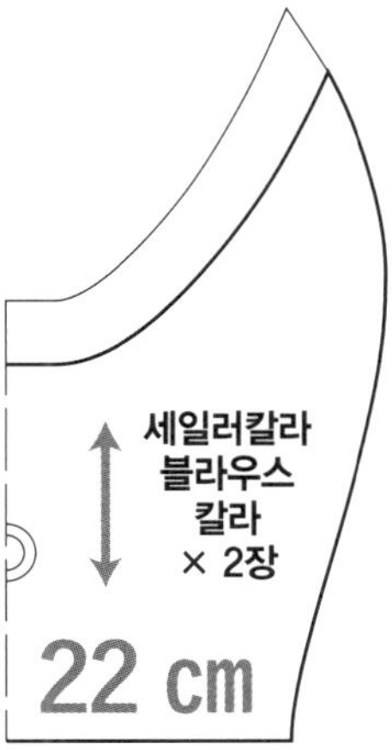

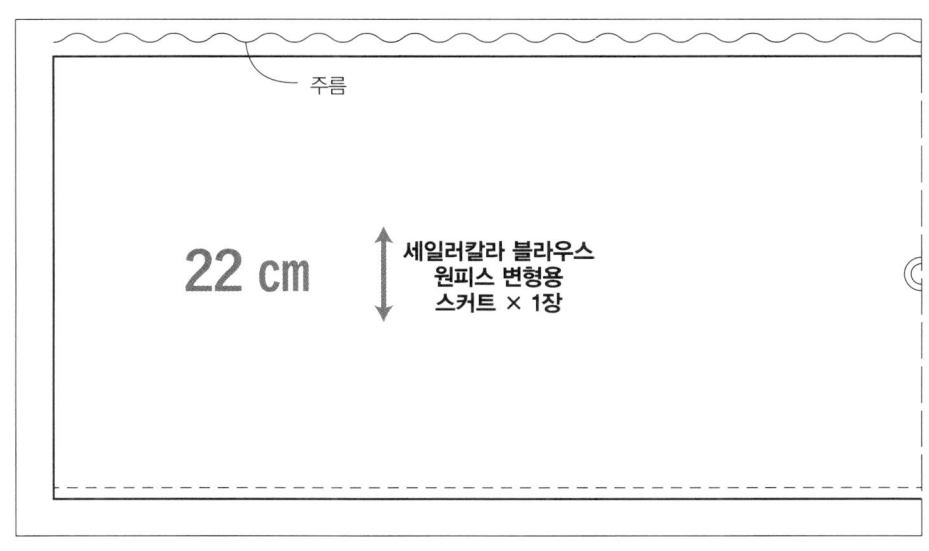

P.061 27cm 세일러칼라 블라우스

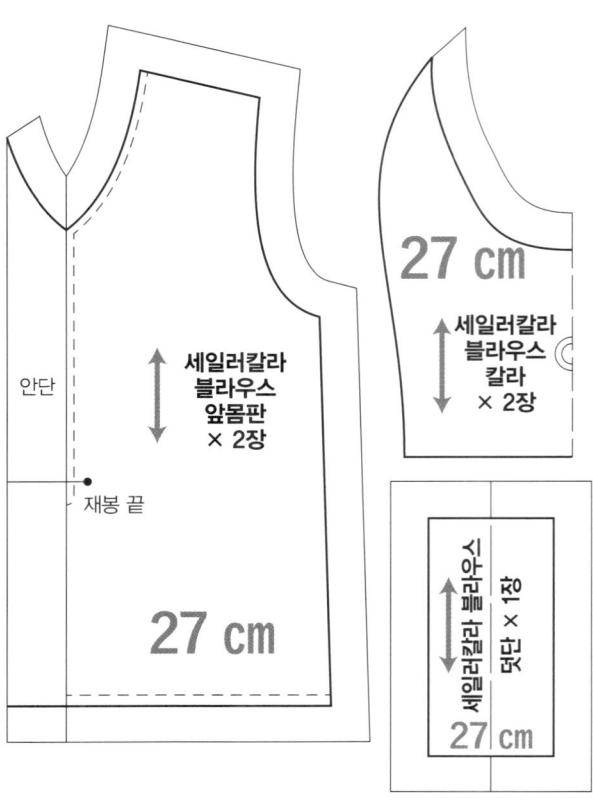

※ 소매는 190쪽 파츠를 조합합니다.

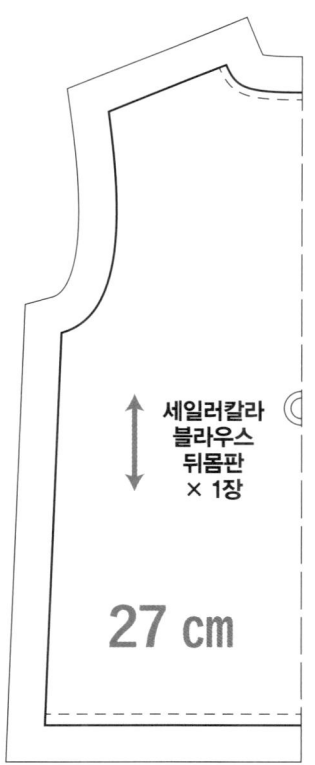

P.061 | 11㎝ 세일러칼라 블라우스

※ 소매는 192쪽 파츠를 조합합니다.

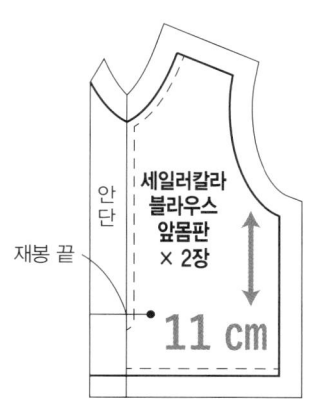

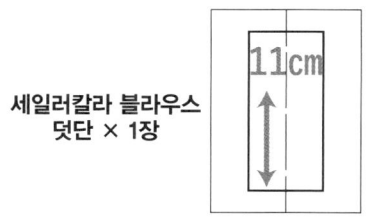

| P.077 | **22cm 뒤트임 블라우스** | 몸판과 칼라

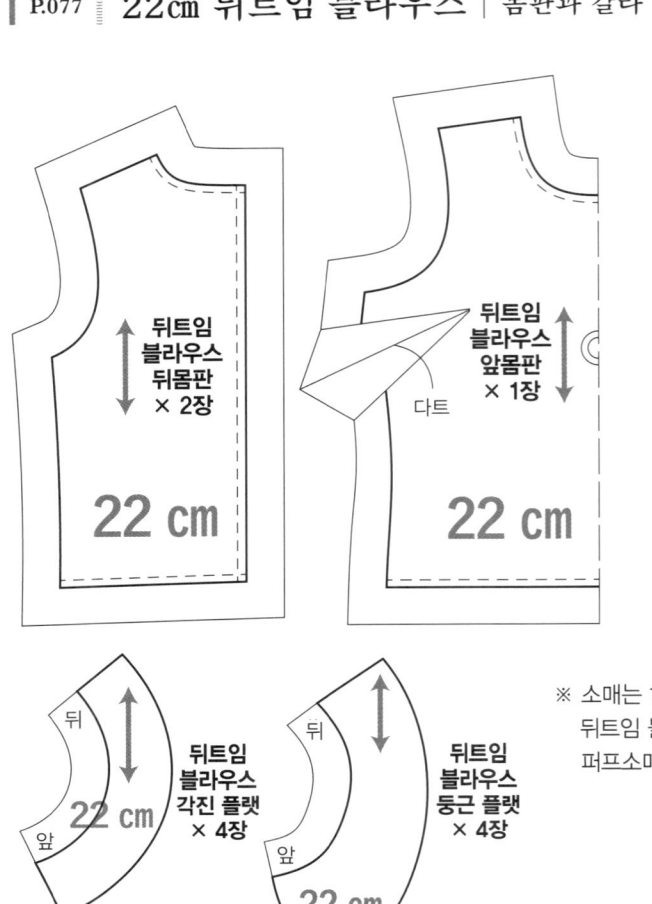

※ 소매는 187쪽 파츠를 조합합니다.
뒤트임 블라우스와 조합할 수 있는 것은
퍼프소매뿐입니다.

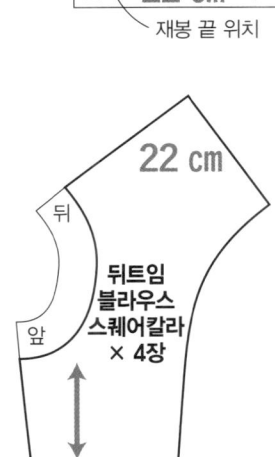

P.077 27cm 뒤트임 블라우스 | 몸판과 칼라

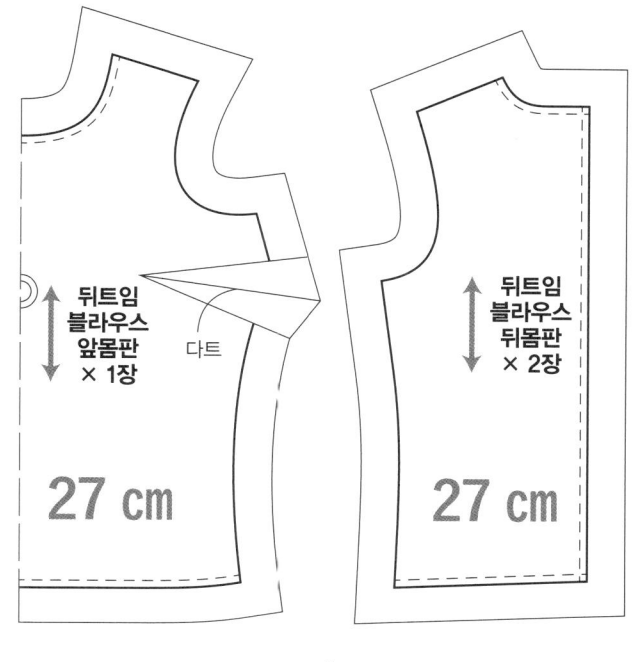

※ 소매는 190쪽 파츠를 조합합니다.
　뒤트임 블라우스와 조합할 수 있는 것은
　퍼프소매뿐입니다.

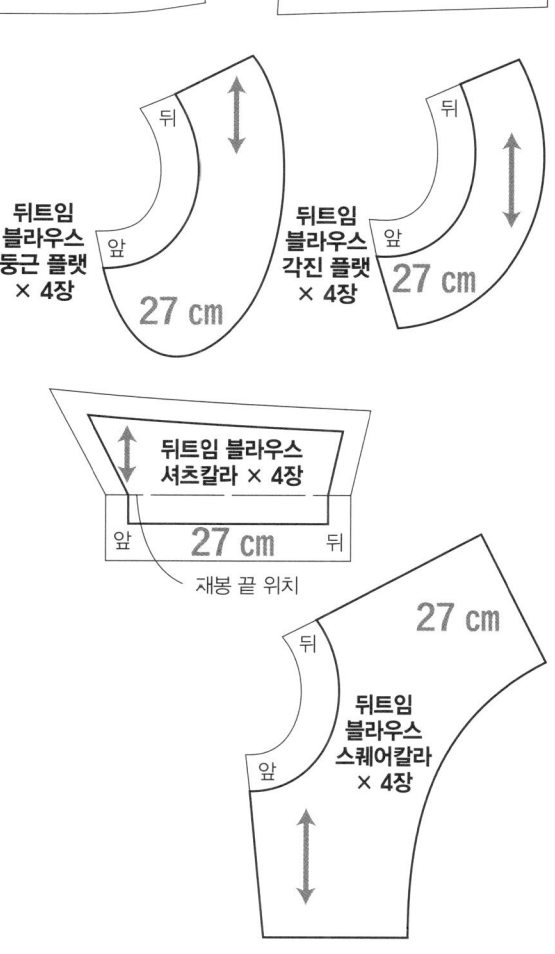

P.077 | 11㎝ 뒤트임 블라우스 | 몸판과 칼라

**뒤트임 블라우스
앞몸판 × 1장**

※ 소매는 192쪽 파츠를 조합합니다.
　뒤트임 블라우스와 조합할 수 있는 것은
　퍼프소매뿐입니다.

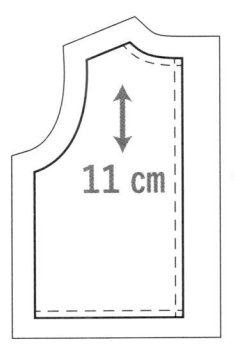

**뒤트임 블라우스
뒤몸판 × 2장**

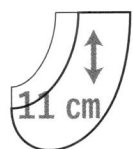

**뒤트임 블라우스
둥근 플랫 × 4장**

**뒤트임 블라우스
각진 플랫 × 4장**

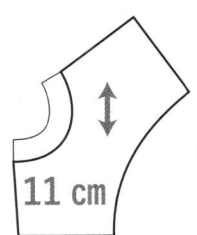

**뒤트임 블라우스
스퀘어칼라 × 4장**

P.083 22㎝ 티셔츠 | 긴소매, 반소매

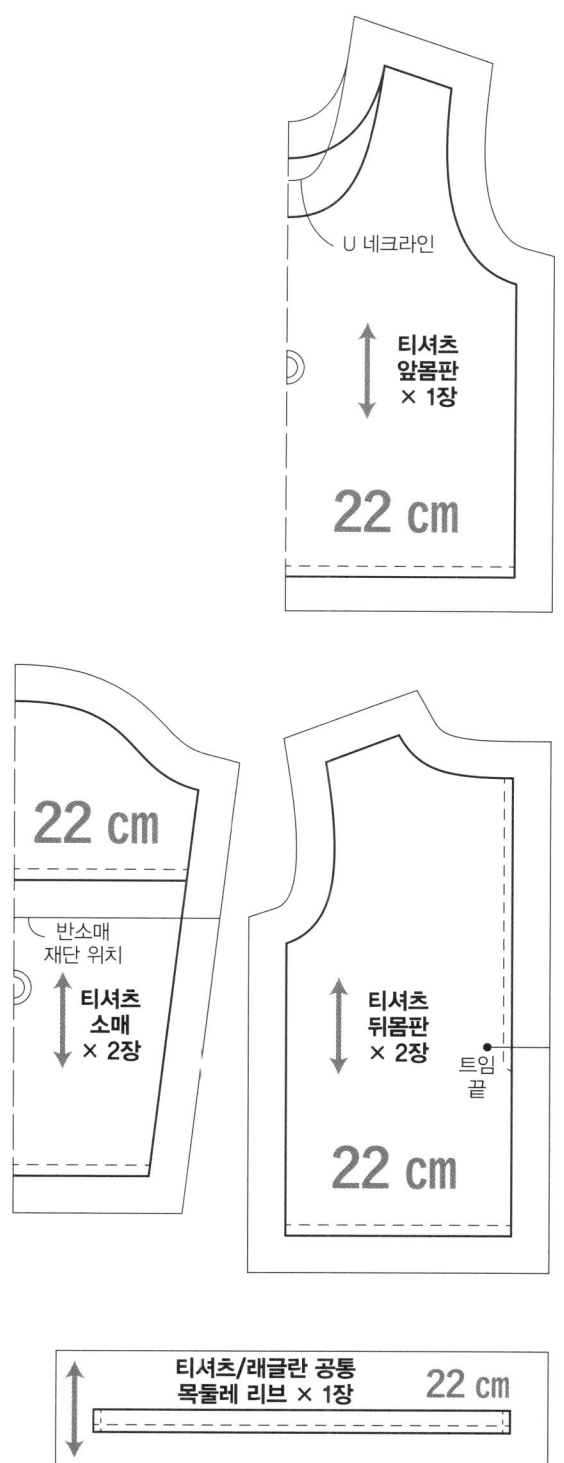

| P.083 | **27㎝ 티셔츠** | 긴소매, 반소매

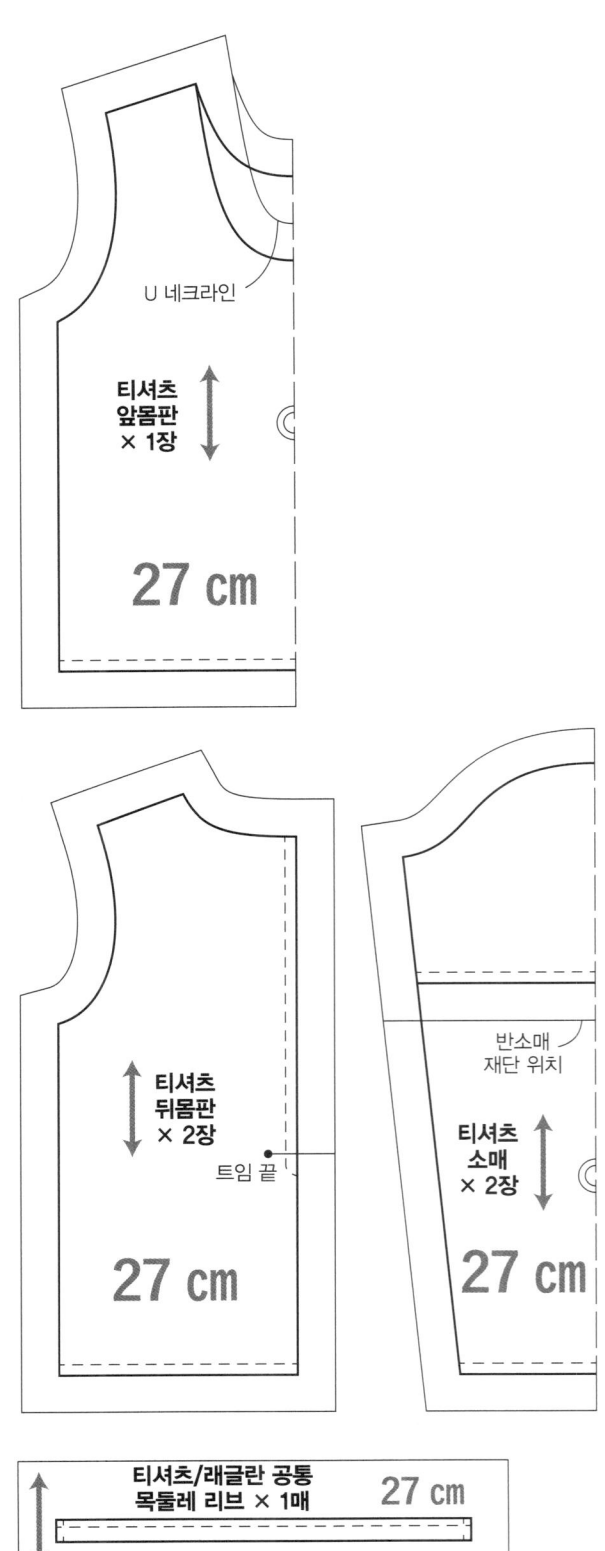

P.083 | 11cm 티셔츠 | 긴소매, 반소매, 보트 네크라인

※ 11cm 크기의 U 네크라인 패턴은 게재하지 않았습니다.
탱크탑 등을 만들 때는 목둘레를 리브 대신 안단으로 처리하세요.

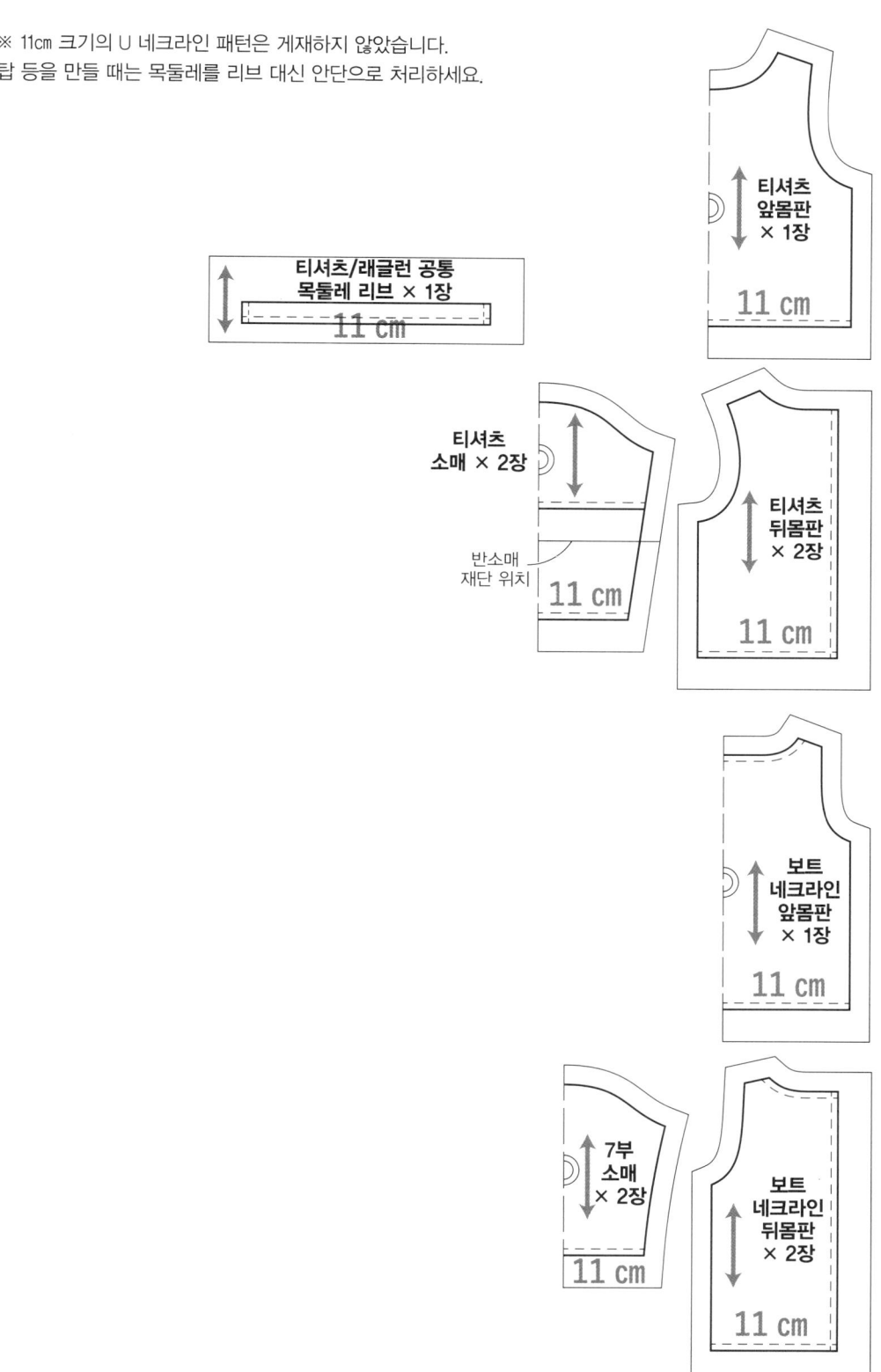

| P.083 | **22cm 티셔츠** | 보트 네크라인

P.083 27㎝ 티셔츠 | 보트 네크라인

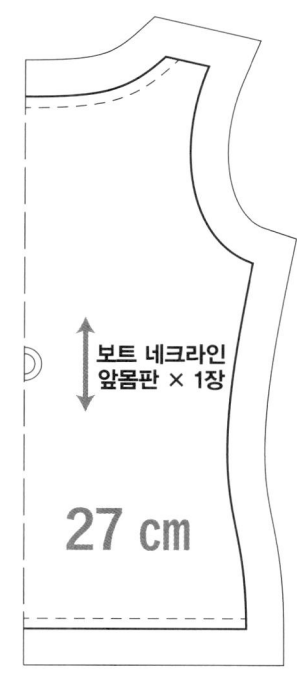
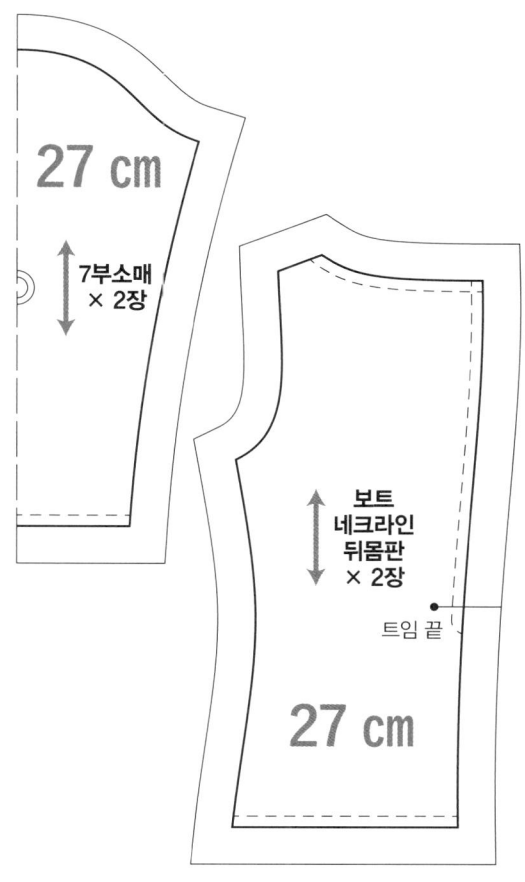

| P.083 | **22㎝ 티셔츠** | 래글런 소매

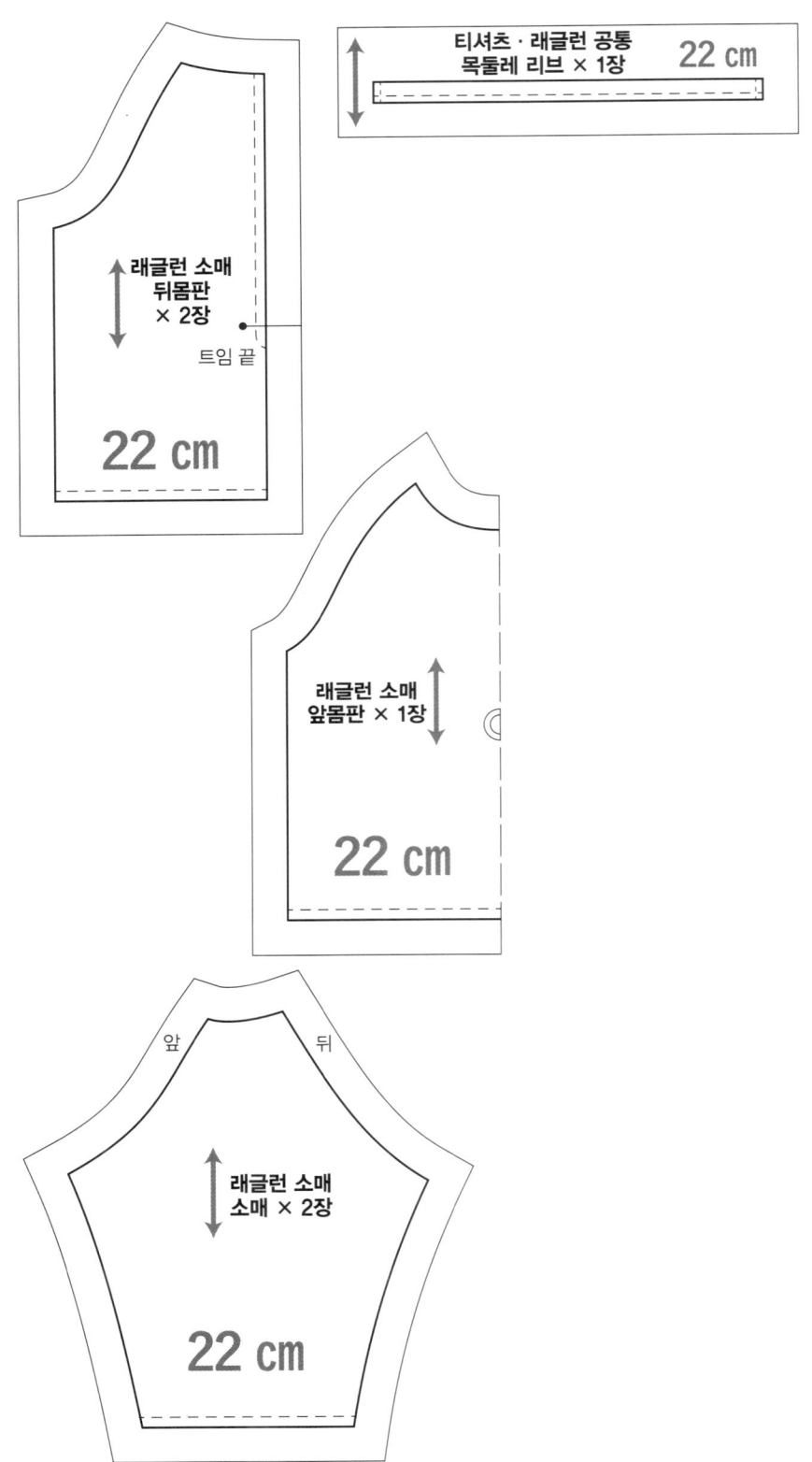

| P.083 | **27㎝ 티셔츠** | 래글런 소매

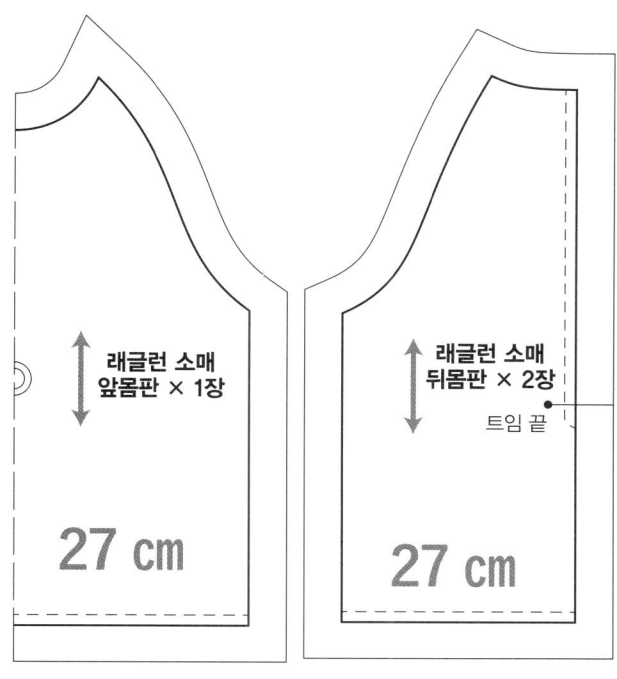
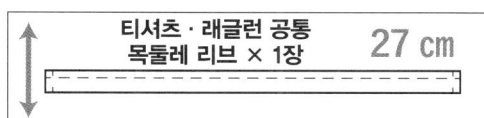
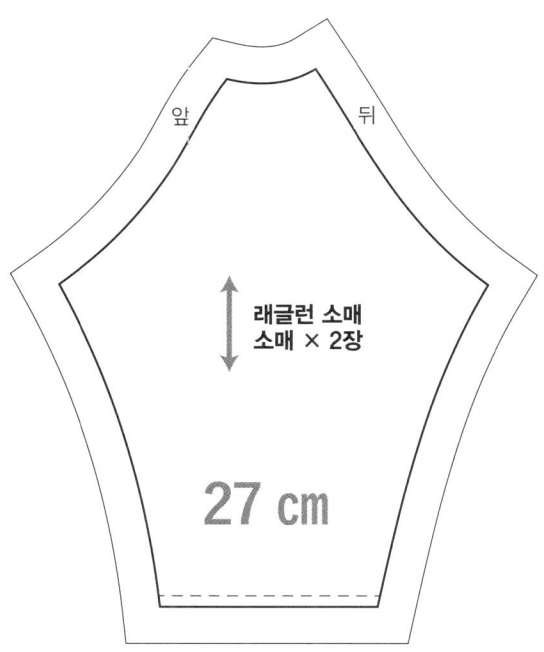

| P.083 **11㎝ 티셔츠** | 래글런 소매

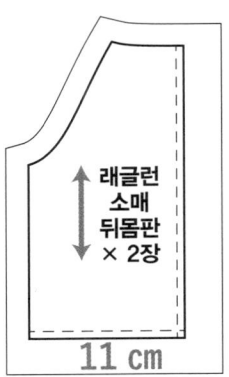

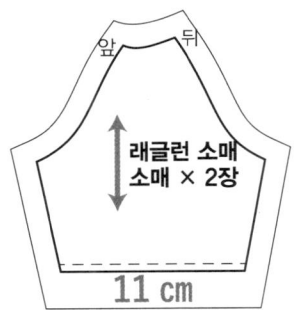

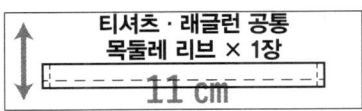

22cm 스웨트셔츠 | 기본 스웨트와 후드티

※ 스웨트셔츠는 목둘레를 리브로, 후드티는 후드로 처리합니다.

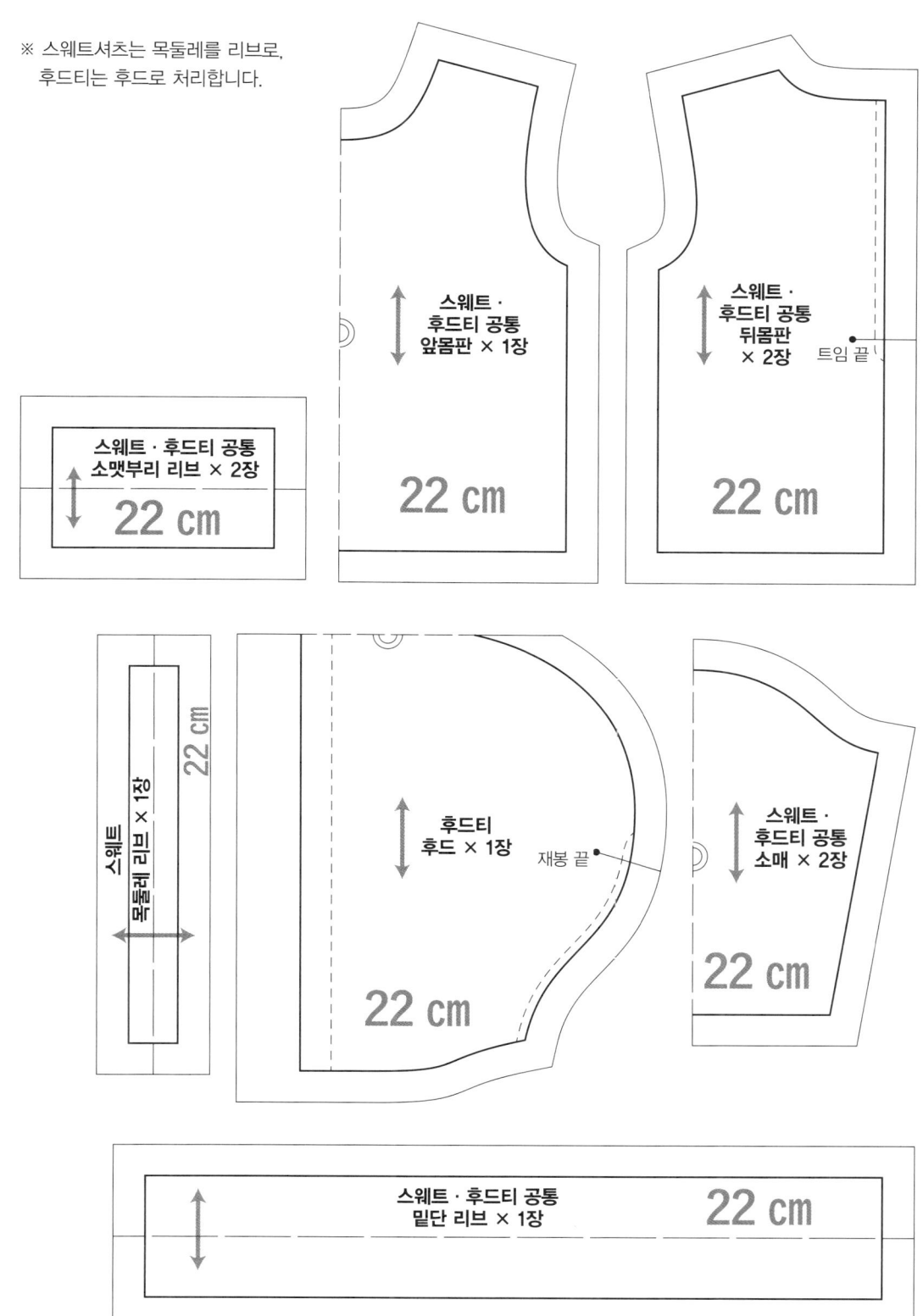

| P.089 | 27cm 스웨트셔츠 | 기본 스웨트와 후드티

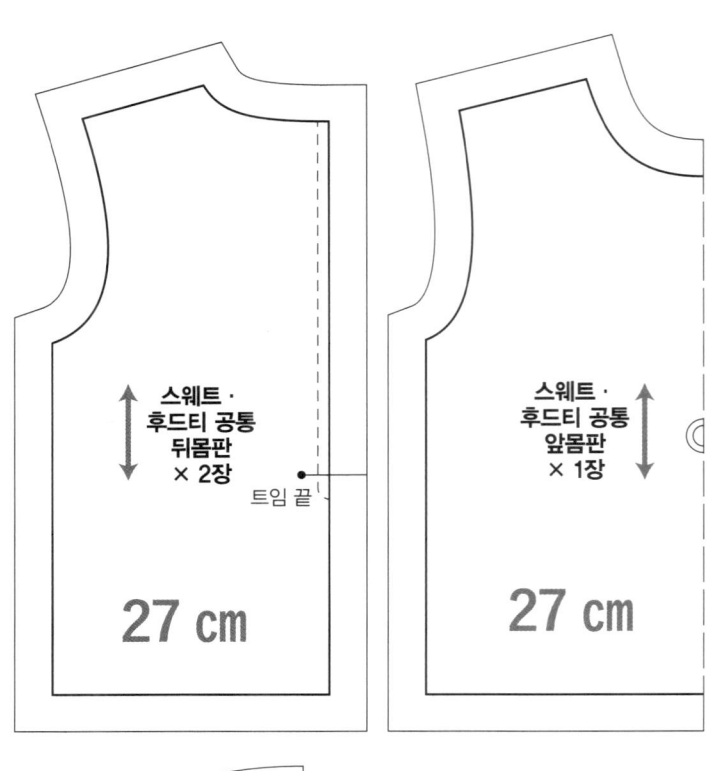

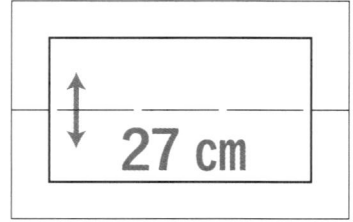

스웨트 · 후드티 공통
소맷부리 리브 × 2장

P.089 | 27㎝ 스웨트셔츠 | 기본 스웨트와 후드티

※ 스웨트셔츠는 목둘레를 리브로,
후드티는 후드로 처리합니다.

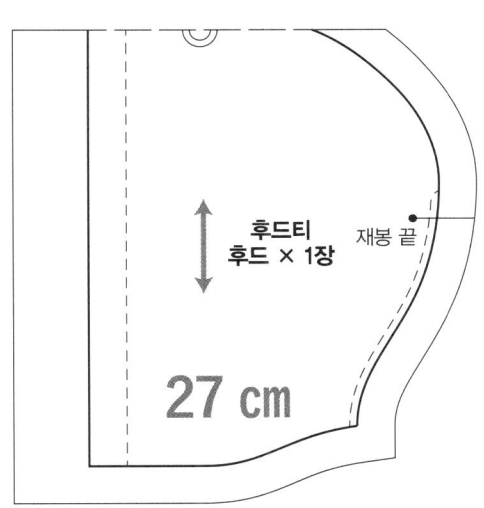

후드티
후드 × 1장

재봉 끝

27 cm

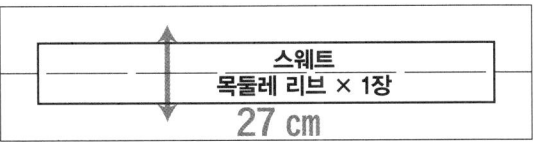

스웨트
목둘레 리브 × 1장
27 cm

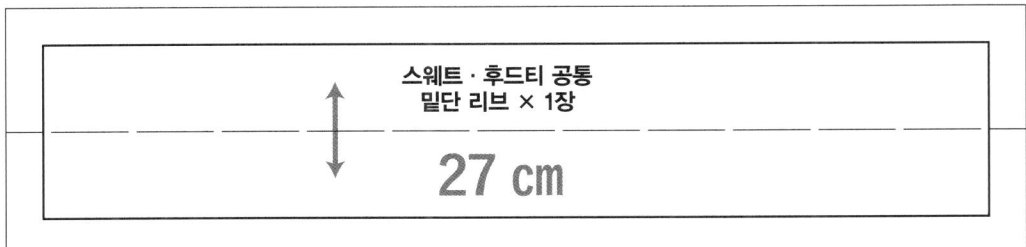

스웨트 · 후드티 공통
밑단 리브 × 1장
27 cm

P.089 11cm 스웨트셔츠 | 기본 스웨트와 후드티

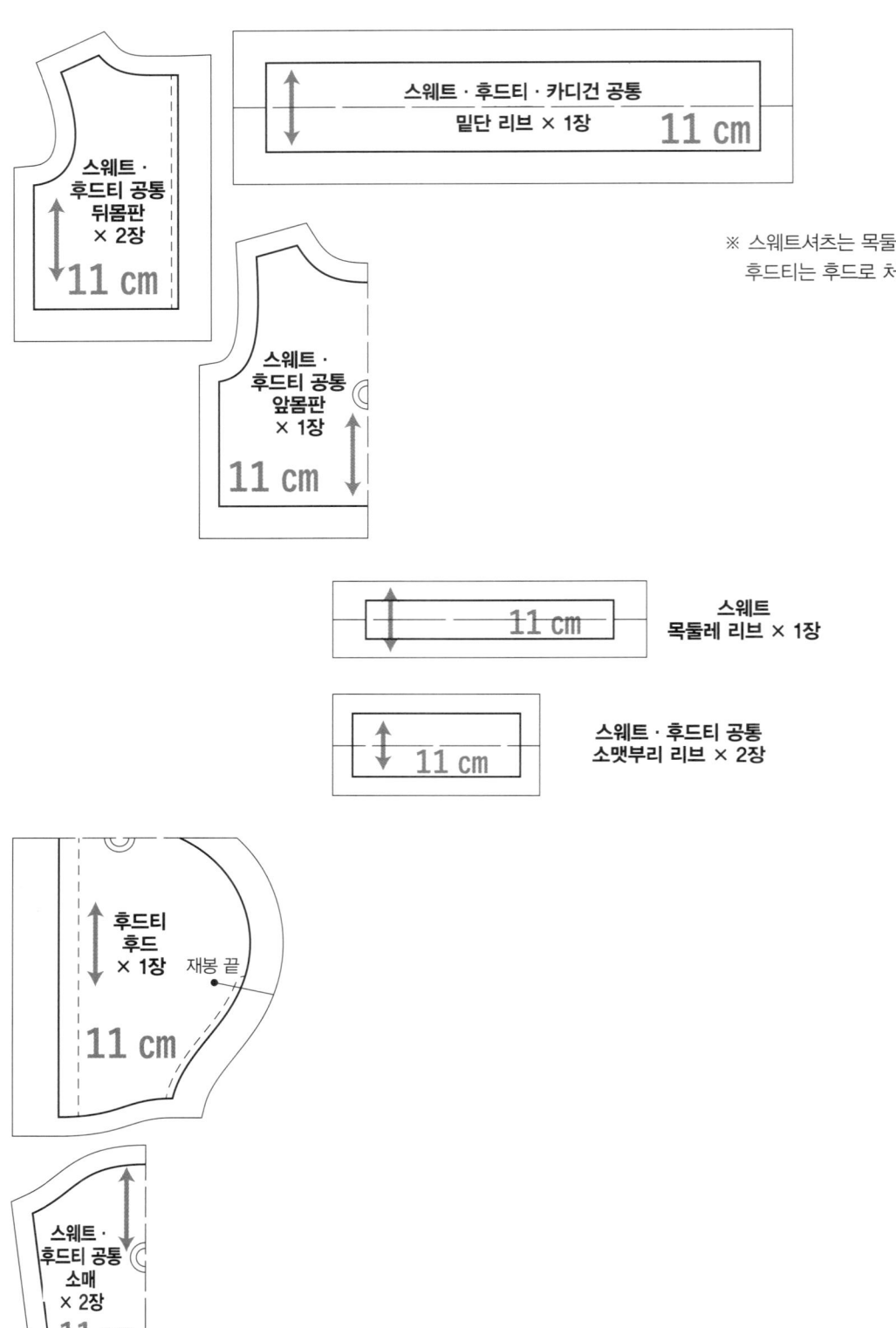

※ 스웨트셔츠는 목둘레를 리브로, 후드티는 후드로 처리합니다.

P.089 22㎝ 스웨트셔츠 | 카디건

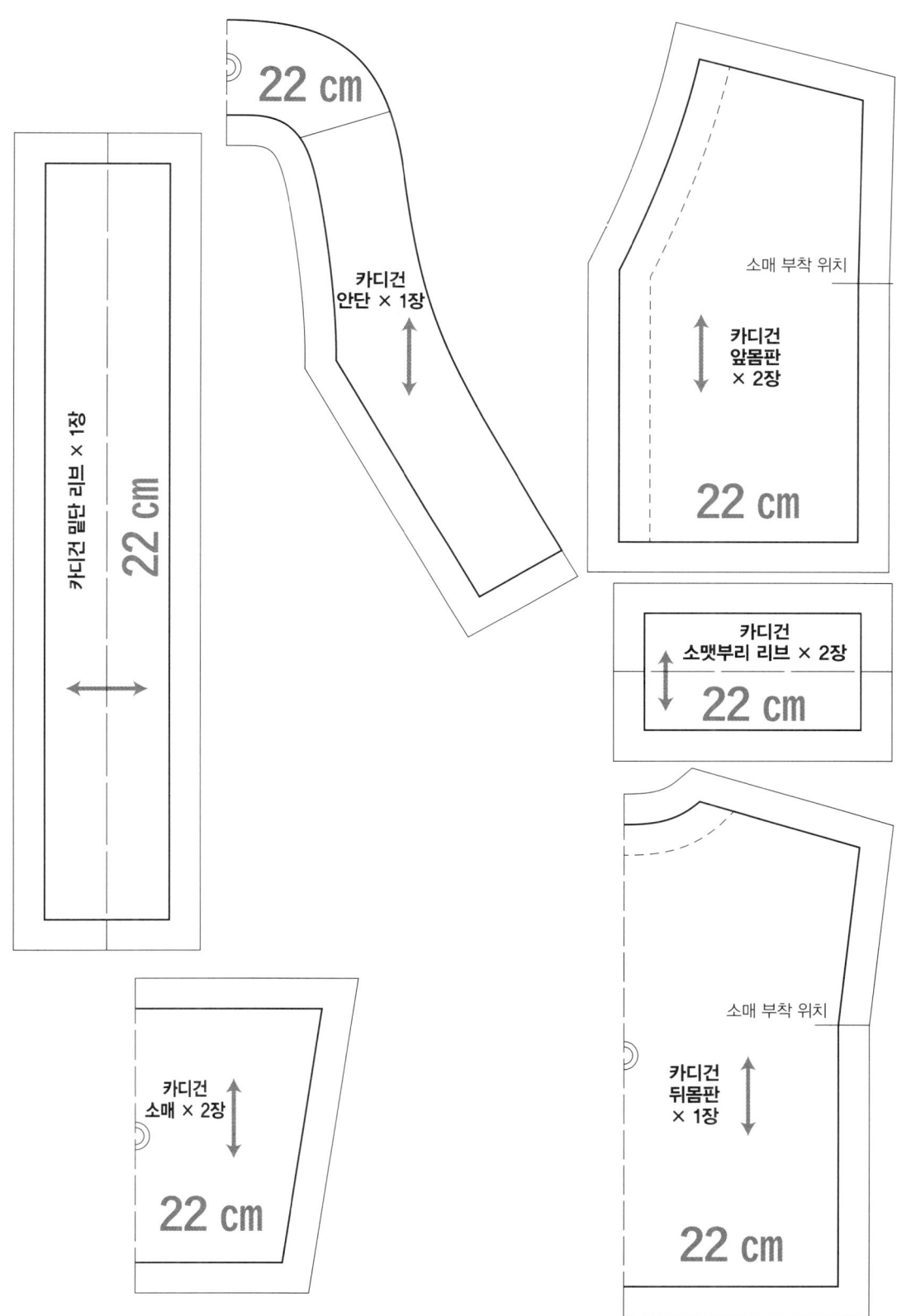

| P.089 | **27㎝ 스웨트셔츠** | 카디건

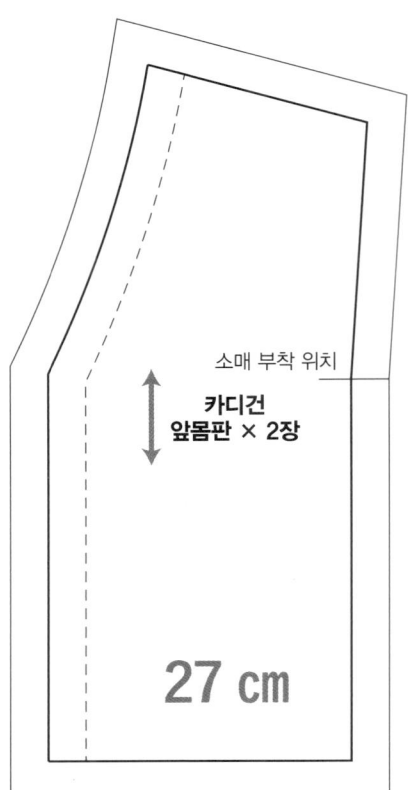
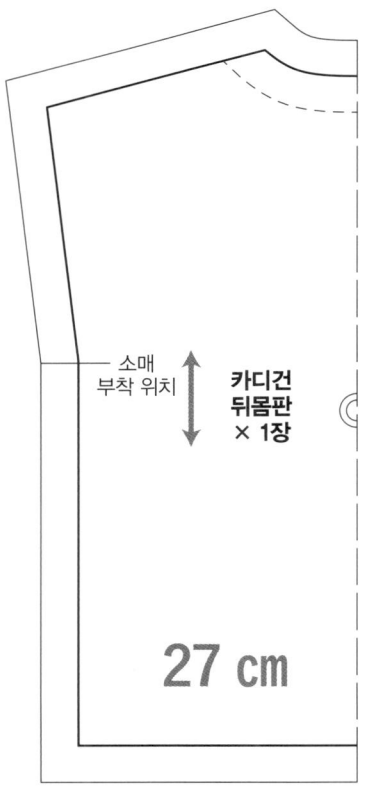

| P.089 | 27㎝ 스웨트셔츠 | 카디건

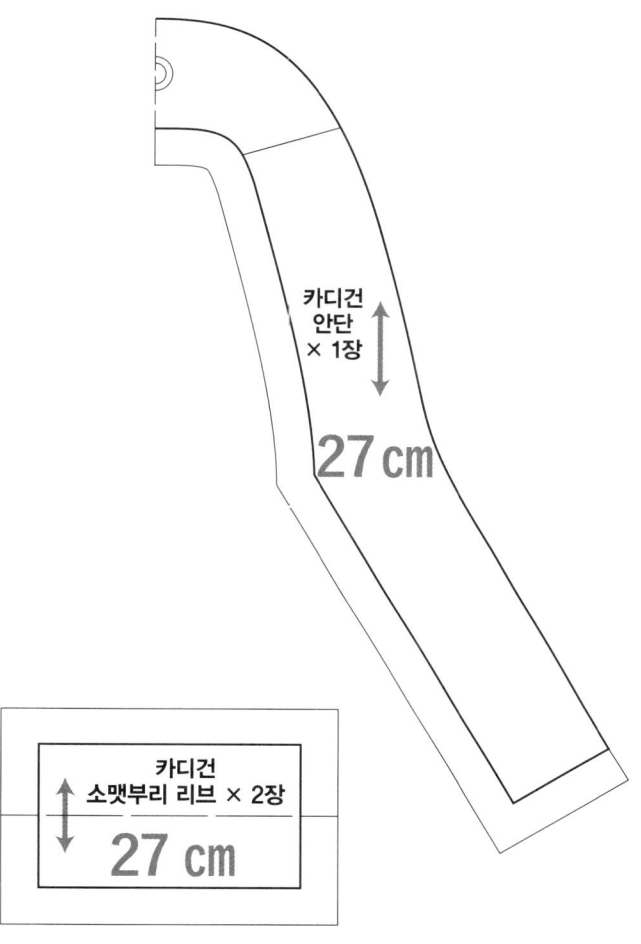

| P.089 | **11㎝ 스웨트셔츠** | 카디건

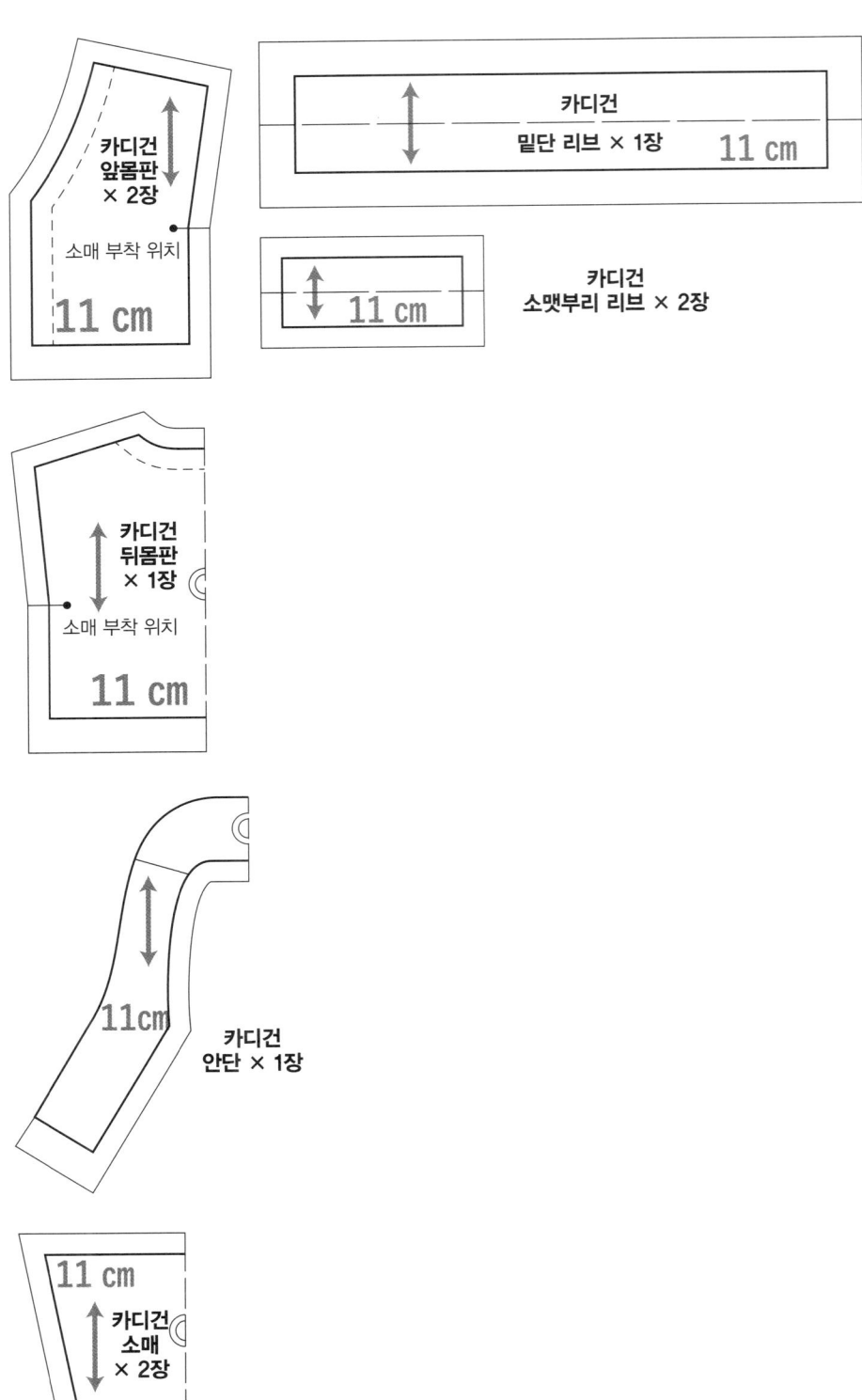

P.100 | 22·27cm 스커트 | 개더스커트와 티어드스커트

※ 허리벨트는 221, 223쪽의 공통 패턴을 사용합니다. 11cm 크기는 없습니다.

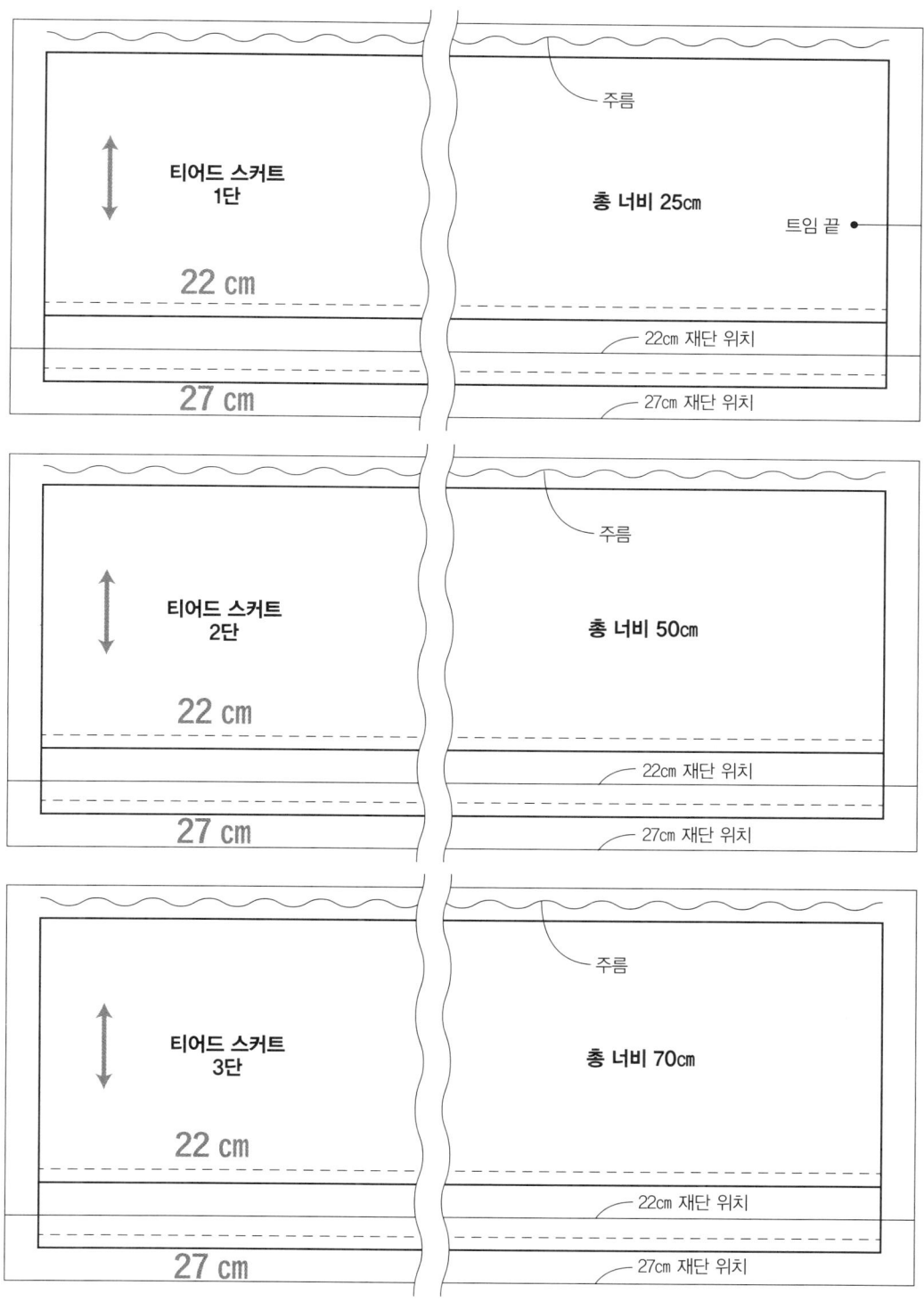

P.100 22·27㎝ 스커트 | 플레어스커트

※ 스커트 패턴은 125%로 확대 복사해서 사용합니다.
※ 허리벨트는 221, 223쪽의 공통 패턴을 사용합니다. 11㎝ 크기는 없습니다.

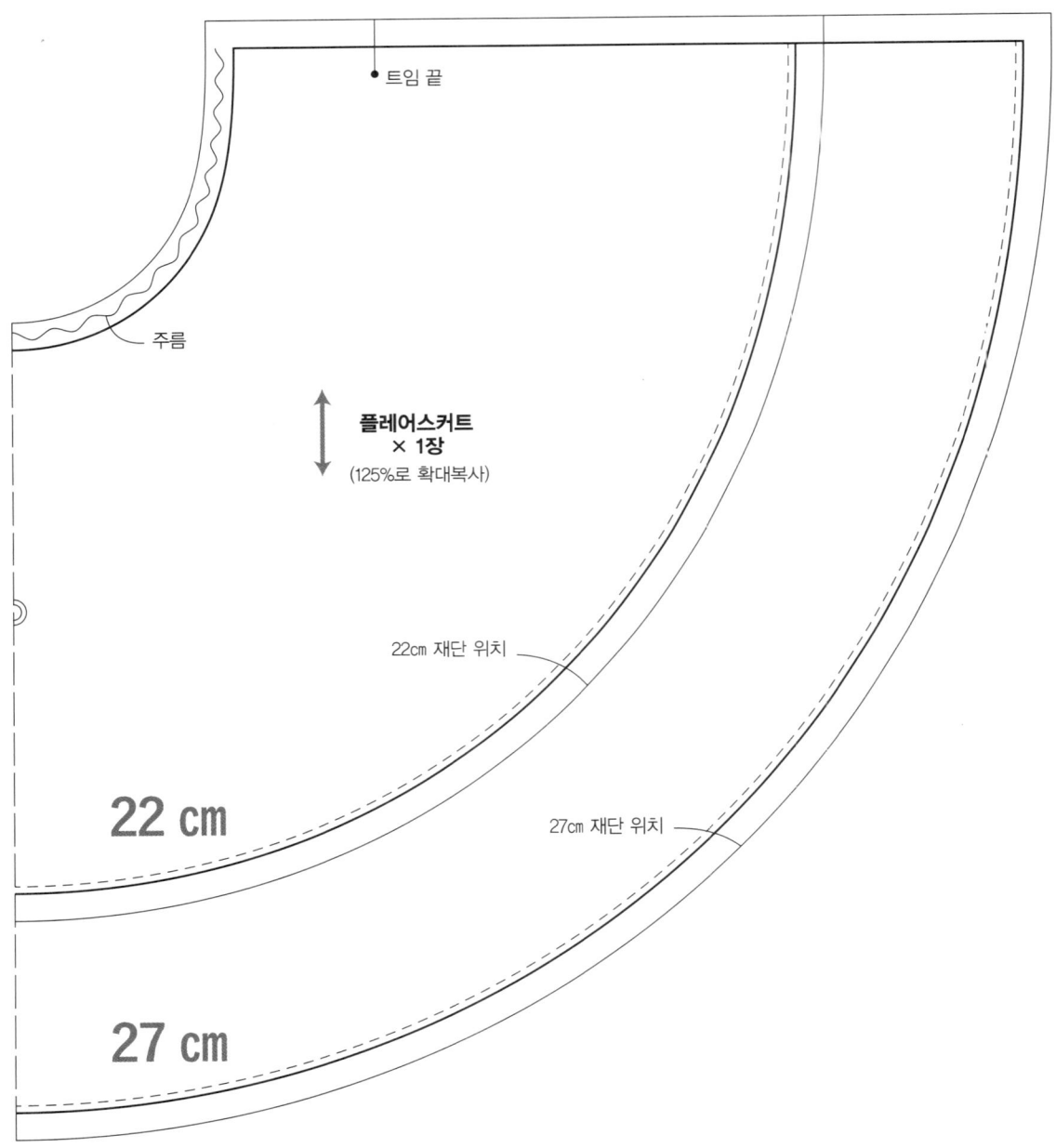

| P.100 | **22·27cm 스커트** | 턱 주름 스커트

※ 11cm 크기는 없습니다.

스커트·팬츠 공통
허리벨트 × 1장
22 cm

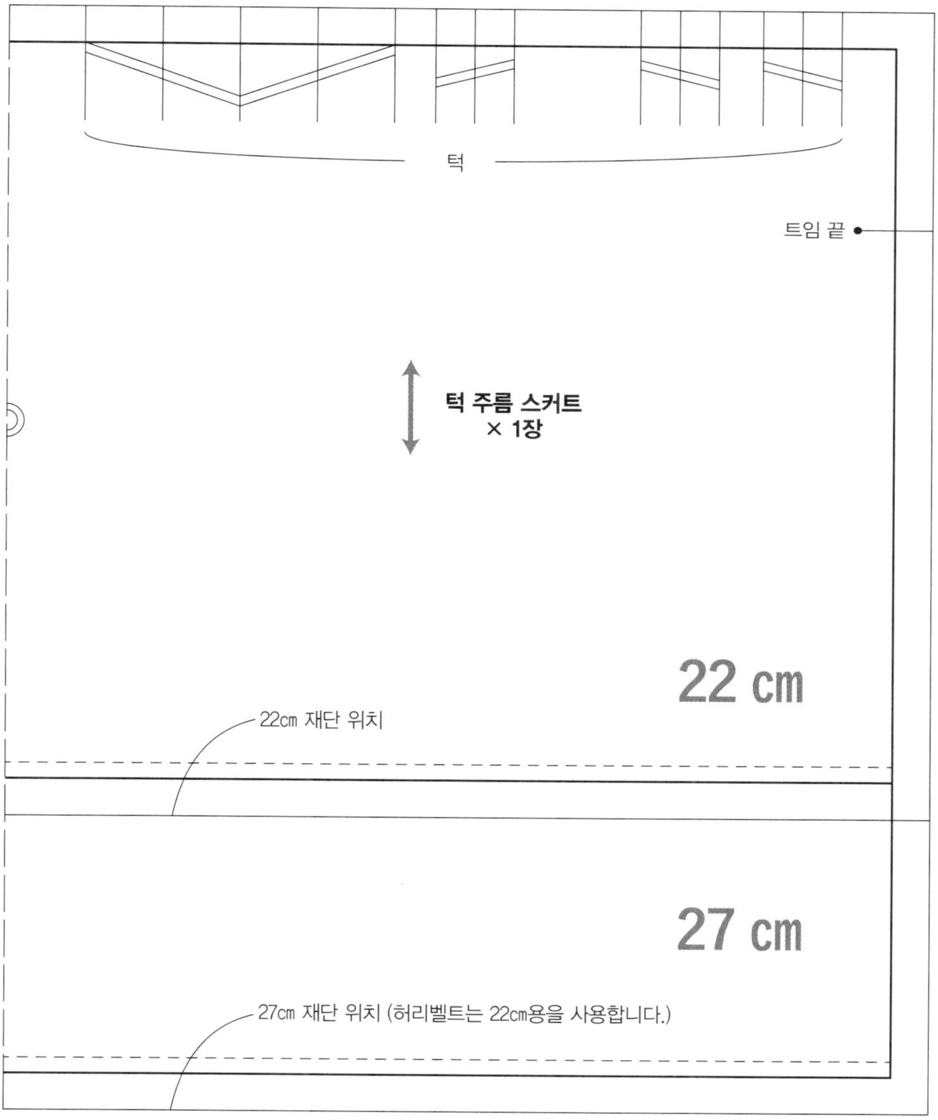

턱

트임 끝

턱 주름 스커트
× 1장

22 cm

22cm 재단 위치

27 cm

27cm 재단 위치 (허리벨트는 22cm용을 사용합니다.)

| P.100 | 22㎝ 스커트 | 타이트스커트

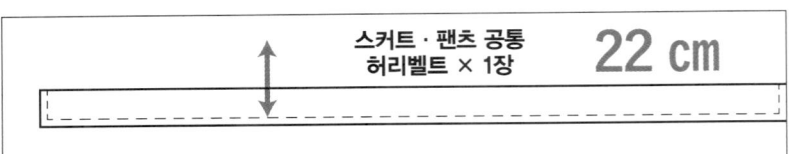

스커트·팬츠 공통
허리벨트 × 1장
22 ㎝

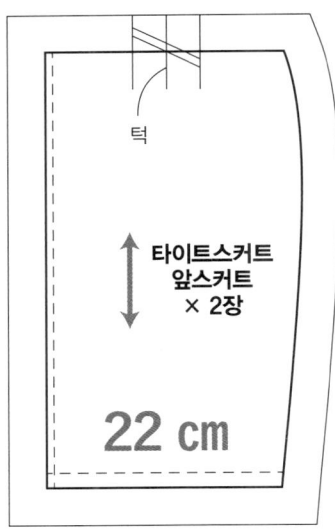

턱

타이트스커트
앞스커트
× 2장

22 ㎝

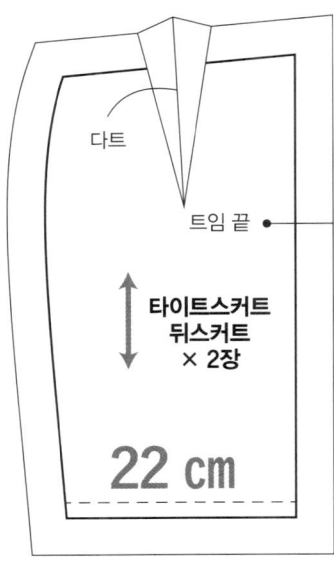

다트

트임 끝

타이트스커트
뒤스커트
× 2장

22 ㎝

| P.100 | **27cm 스커트** | 타이트스커트

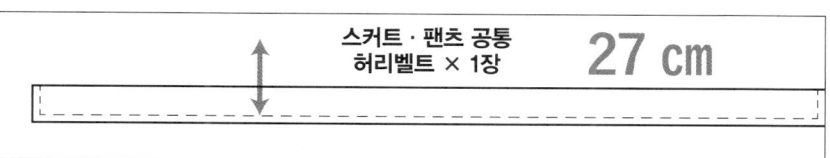

스커트·팬츠 공통
허리벨트 × 1장
27 cm

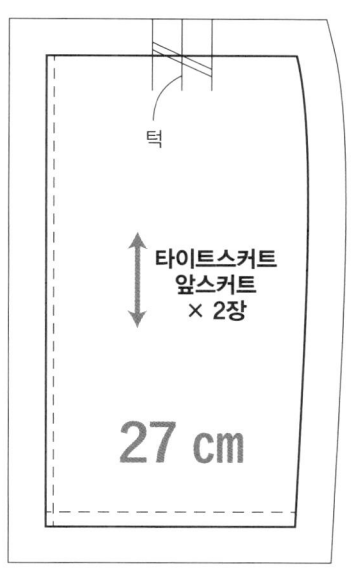

턱

타이트스커트
앞스커트
× 2장

27 cm

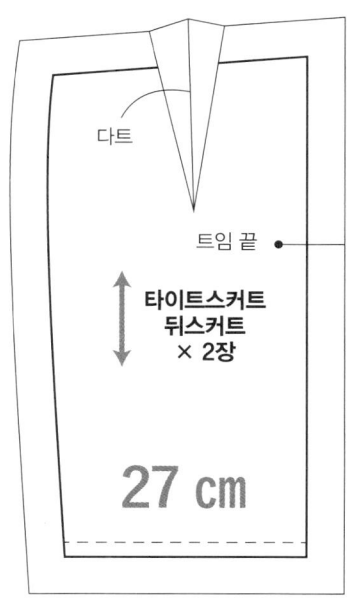

다트

트임 끝

타이트스커트
뒤스커트
× 2장

27 cm

| P.100 | **11㎝ 스커트** | 타이트스커트

스커트·팬츠 공통
허리벨트 × 1장   11 ㎝

턱
타이트스커트
앞스커트
× 2장
11 ㎝

다트
트임 끝
타이트스커트
뒤스커트
× 2장
11 ㎝

P.100   11cm 스커트 | 플리츠스커트

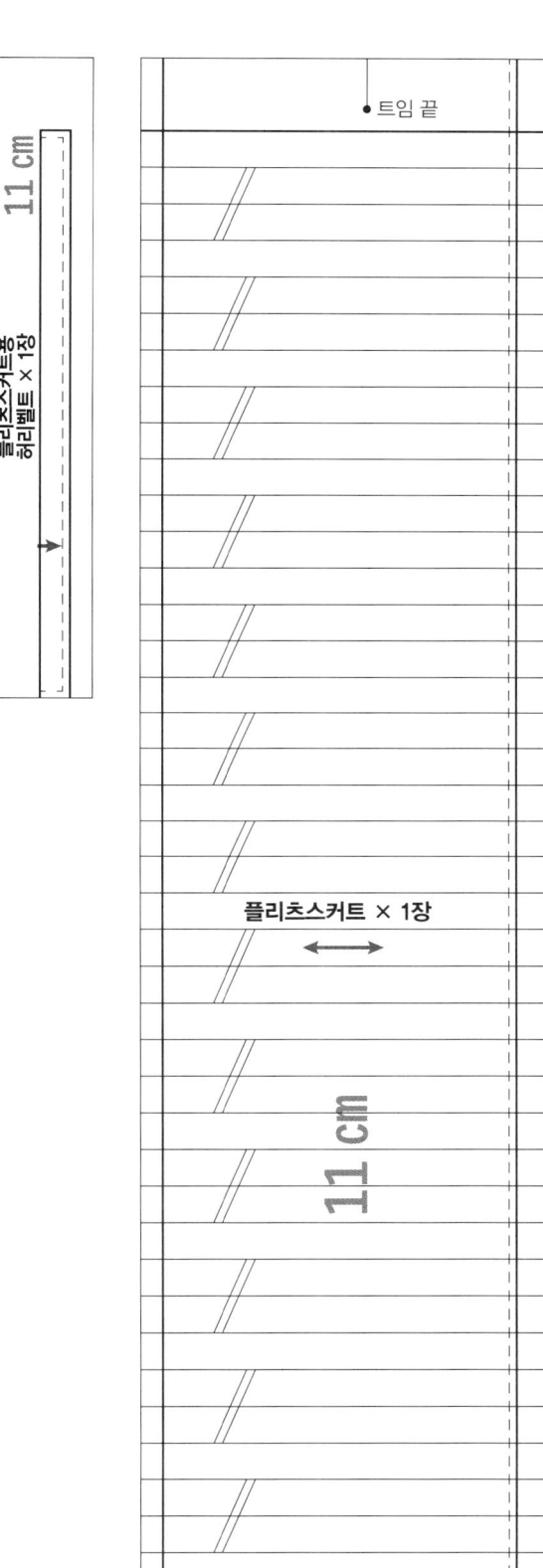

P.100 | **22cm 스커트** | 플리츠스커트

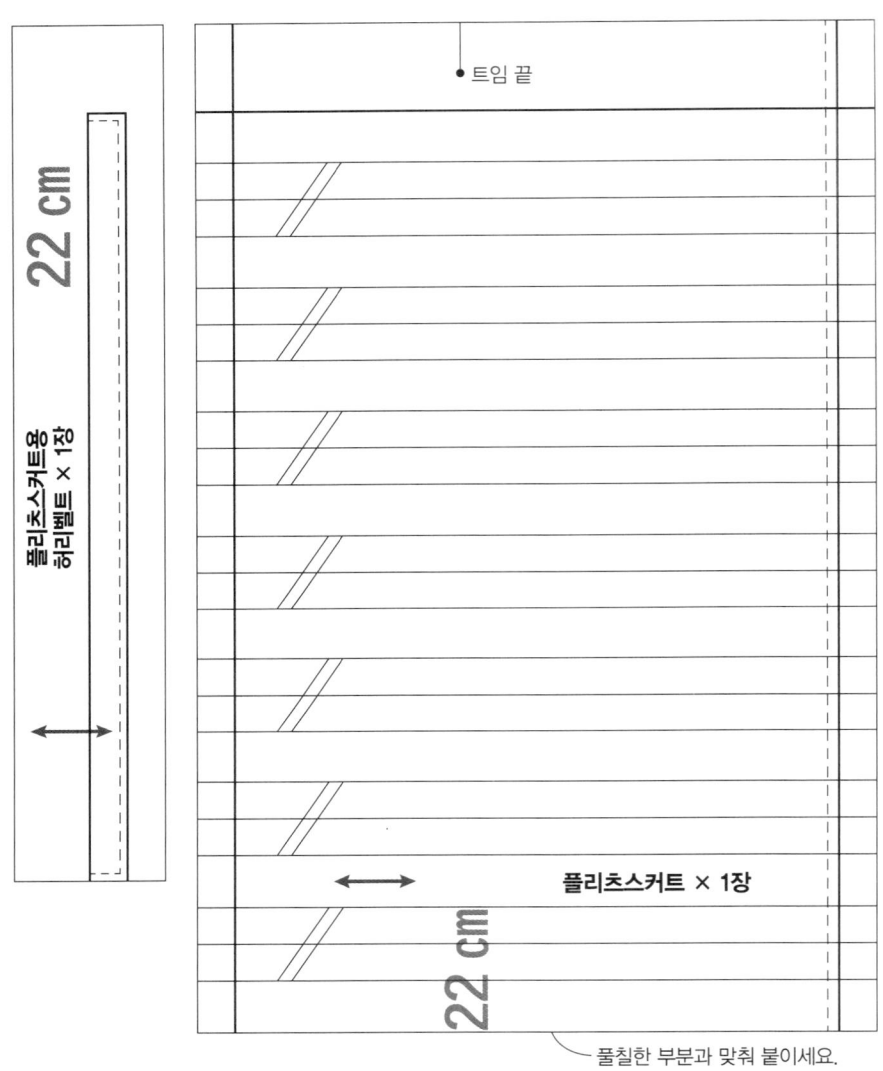

| P.100 | **22cm 스커트** | 플리츠스커트

풀칠하는 곳

22 cm

P.100 27cm 스커트 | 플리츠스커트

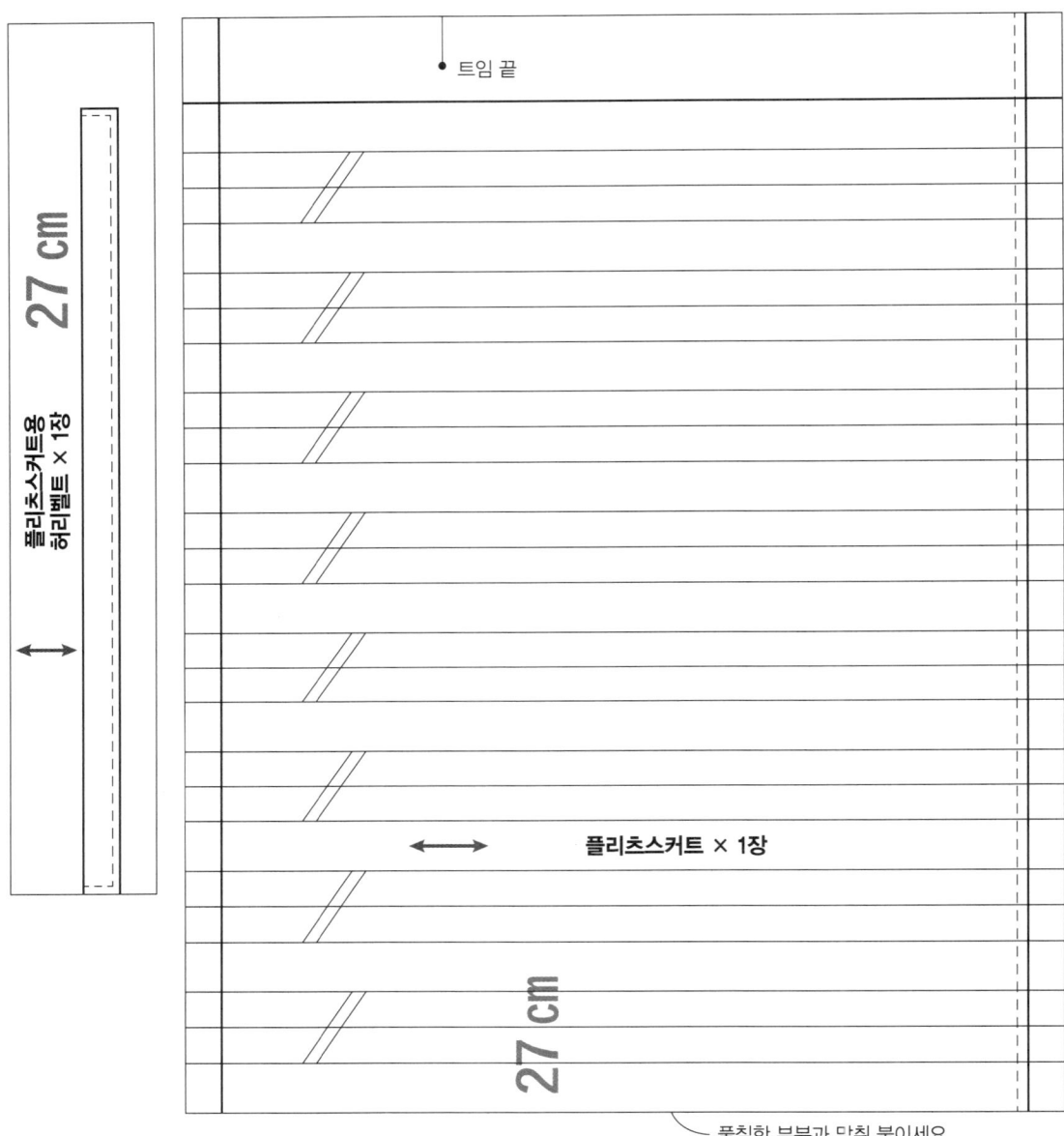

| P.100 | 27㎝ 스커트 | 플리츠스커트

풀칠하는 곳

27 cm

P.112 **22cm 팬츠** | 스트레이트 팬츠와 카고 포켓

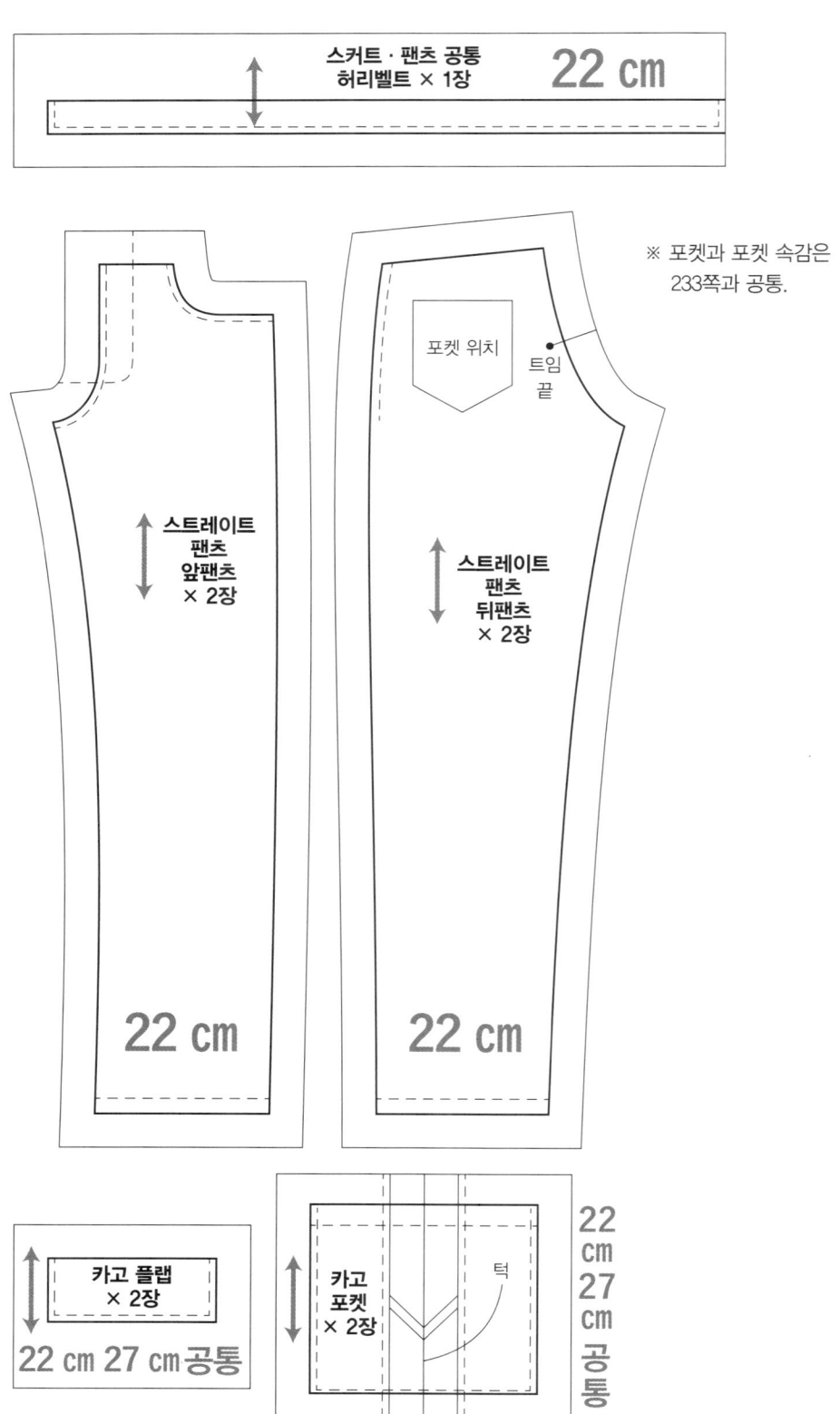

P.112 | 27cm 팬츠 | 스트레이트 팬츠와 포켓

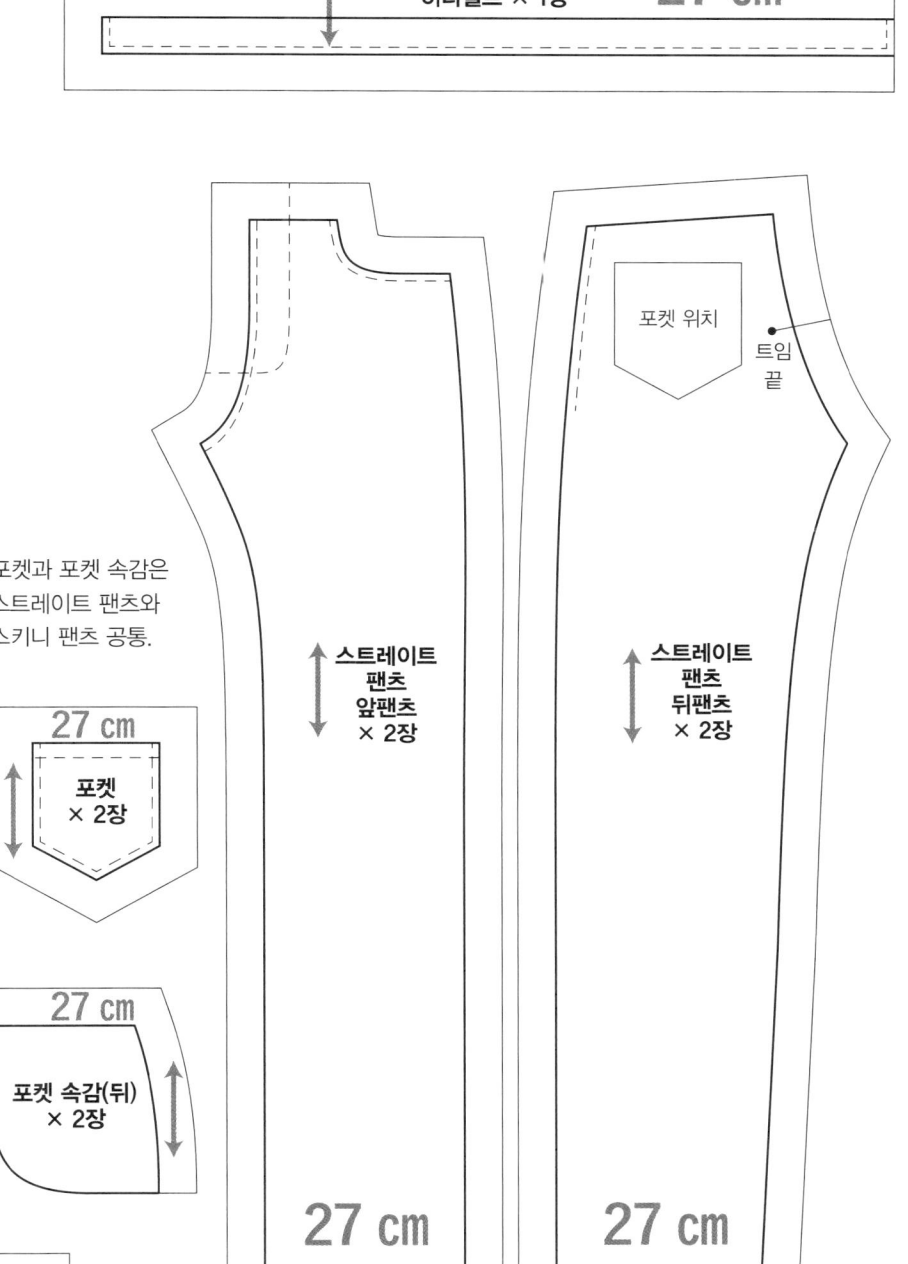

P.112 | 11cm 팬츠 | 스트레이트 팬츠와 카고 포켓

※ 11cm 크기 팬츠는 피코니모 P 바디 사이즈가 기준.
　오비츠11은 길이를 5mm 줄입니다.

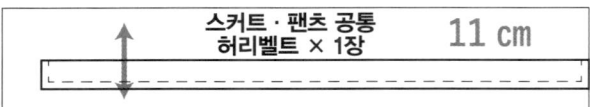

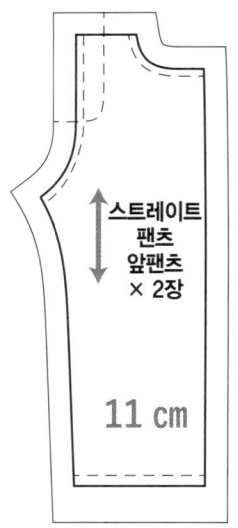

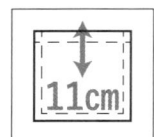

카고 포켓 × 2장

※ 포켓과 포켓 속감은 235쪽과 공통.

※ 11cm 크기 카고 포켓에는 턱 주름이 없습니다.

카고 플랩 × 2장

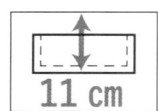

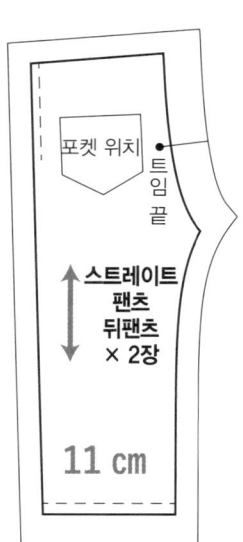

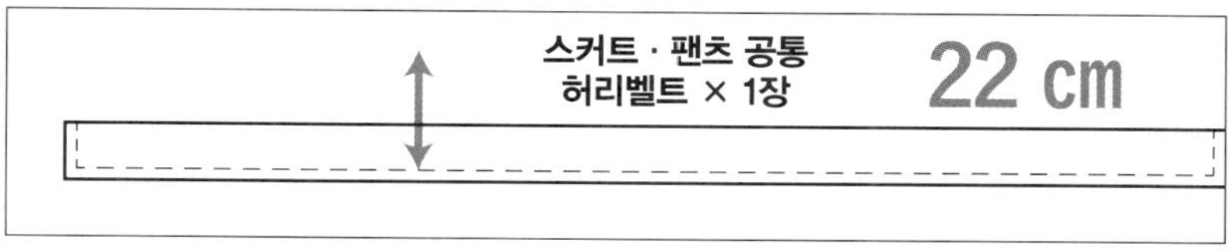

P.112 22㎝ 팬츠 | 스키니 팬츠와 포켓

스커트·팬츠 공통
허리벨트 × 1장   22 cm

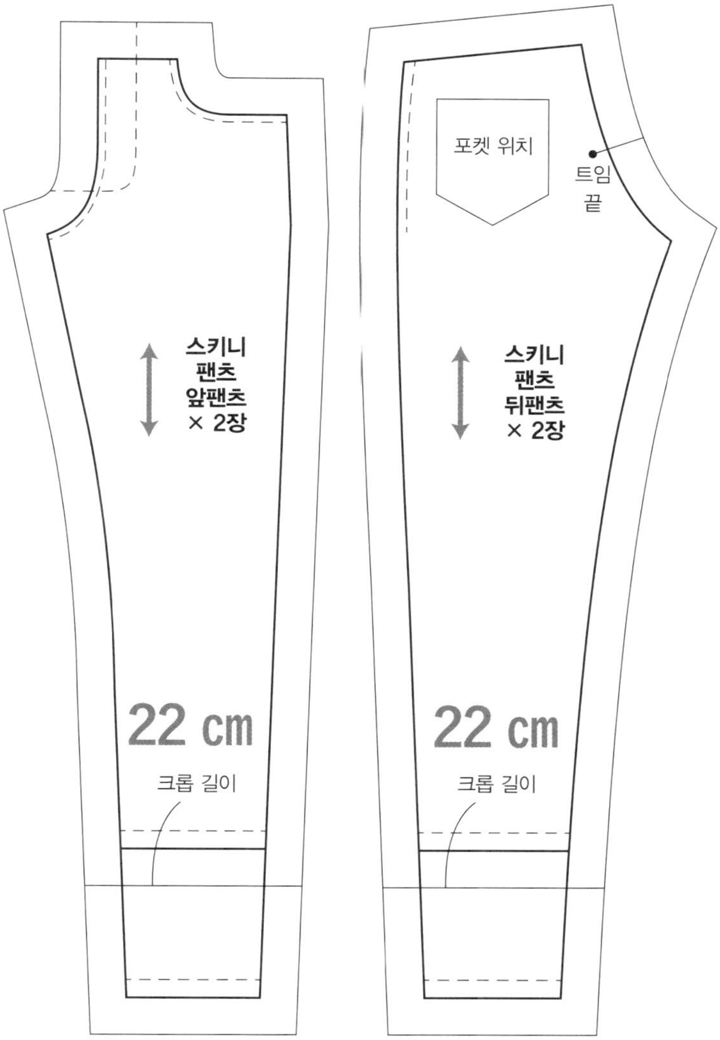

스키니 팬츠 앞팬츠 × 2장

스키니 팬츠 뒤팬츠 × 2장

포켓 위치
트임 끝

22 cm 크롭 길이

22 cm 크롭 길이

※ 포켓과 포켓 속감은 스트레이트 팬츠와 스키니 팬츠 공통.

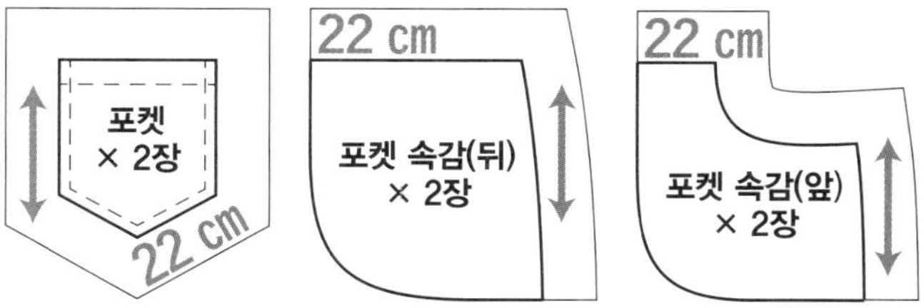

포켓 × 2장   22 cm

22 cm
포켓 속감(뒤) × 2장

22 cm
포켓 속감(앞) × 2장

| P.112 | **27cm 팬츠** | 스키니 팬츠

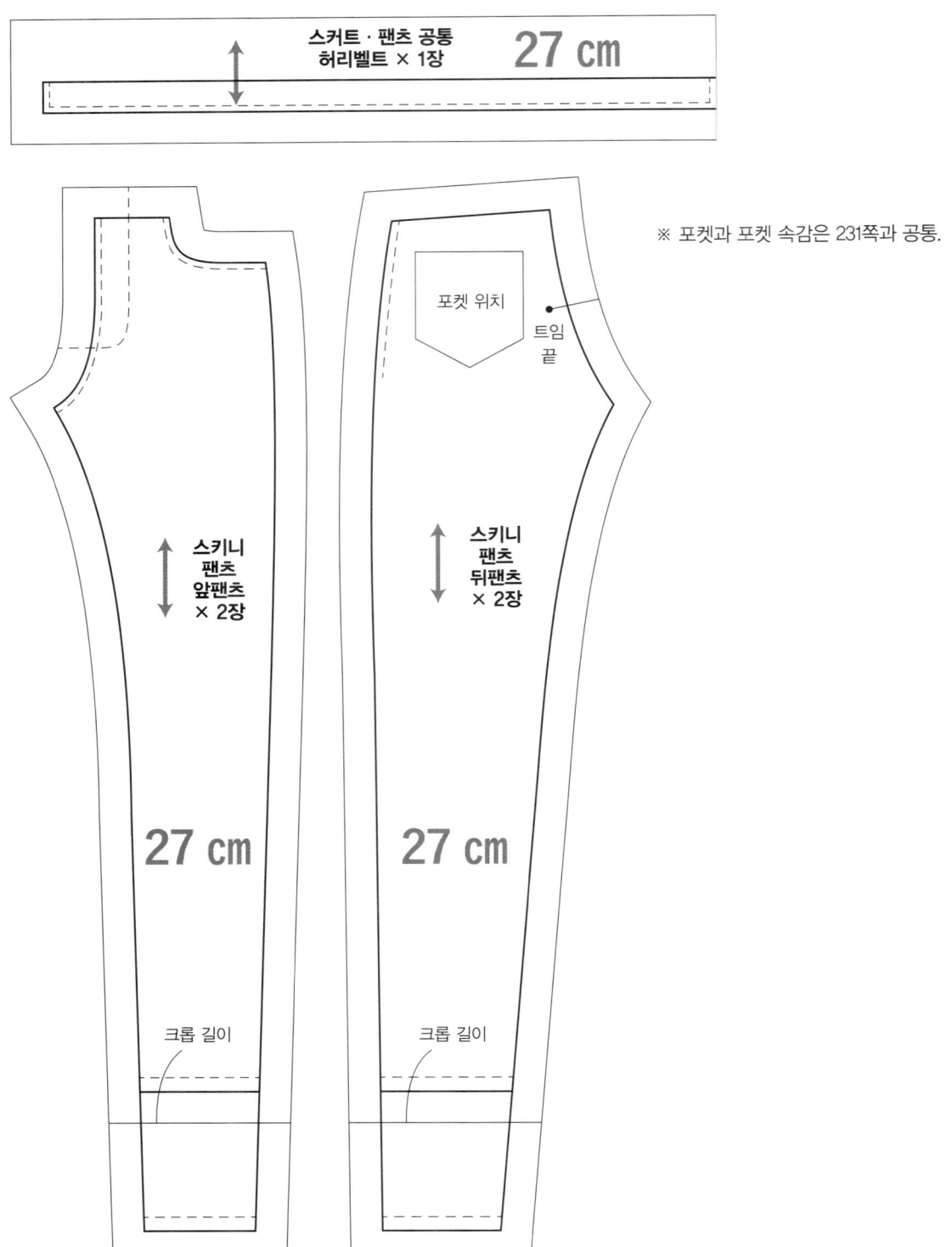

| P.112 | **11㎝ 팬츠** | 스키니 팬츠와 포켓

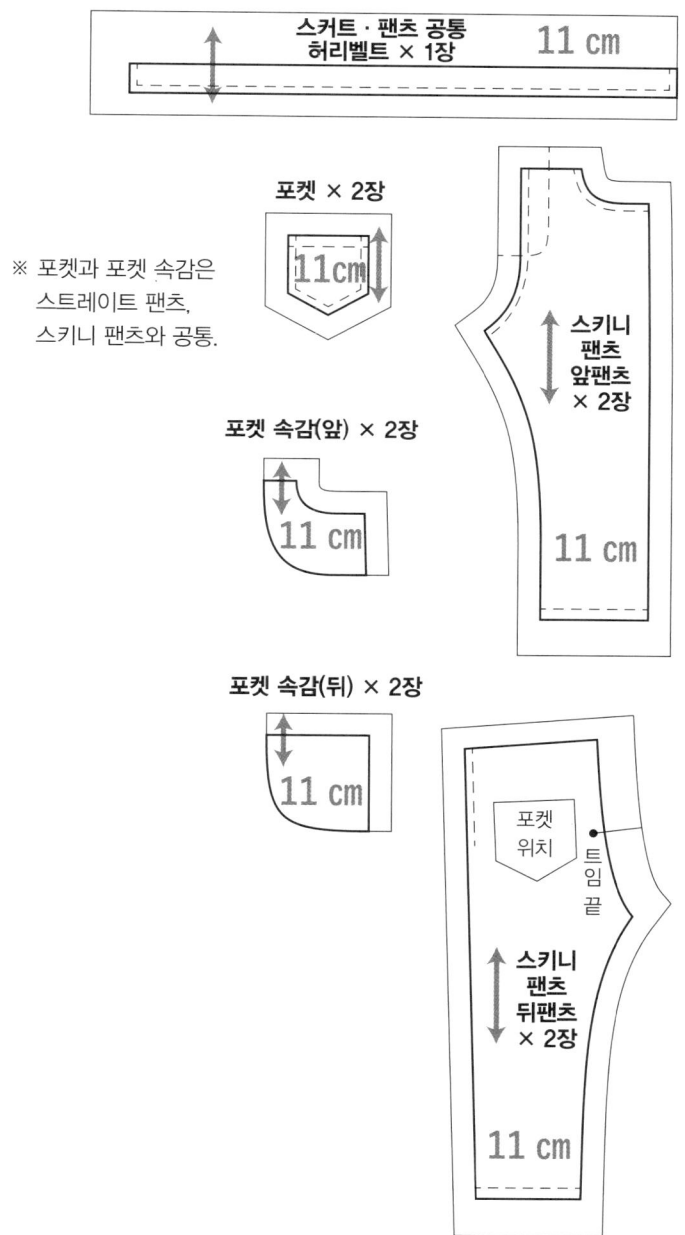

P.112 | 22cm 팬츠 | 턱 주름 와이드 팬츠와 쇼트 팬츠

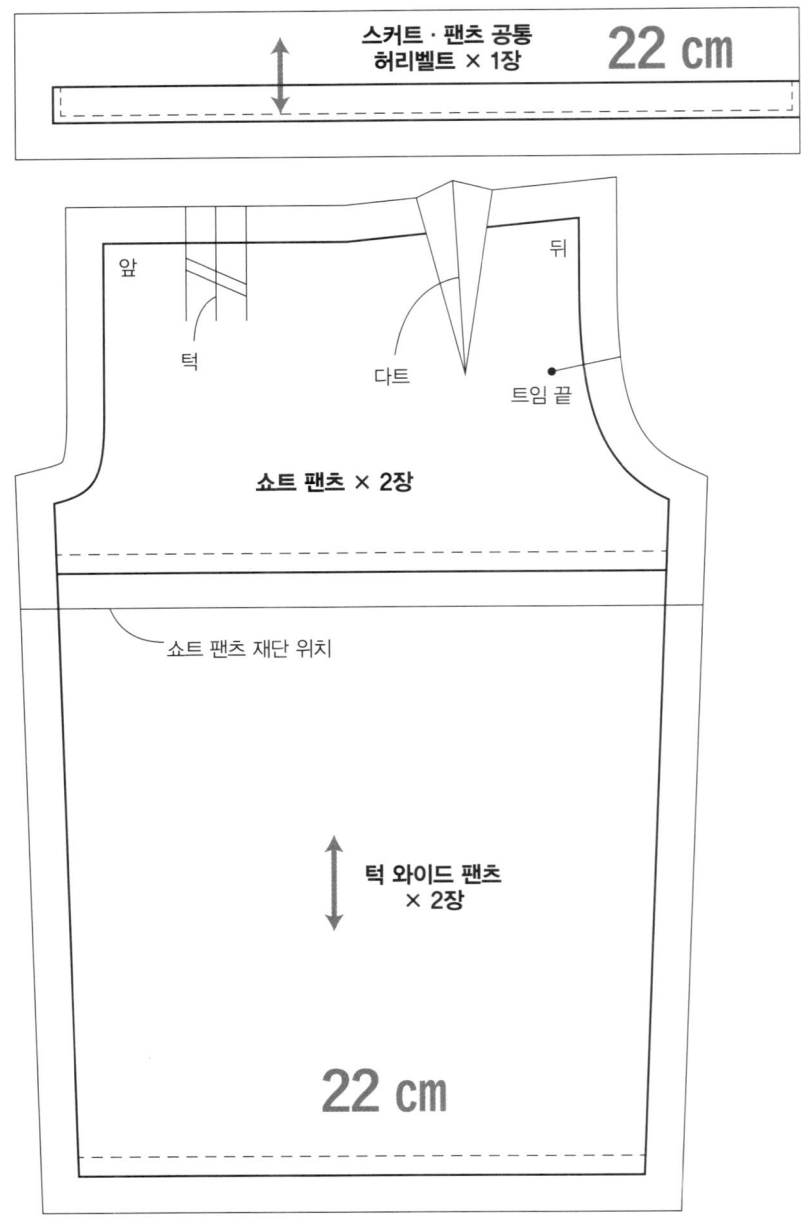

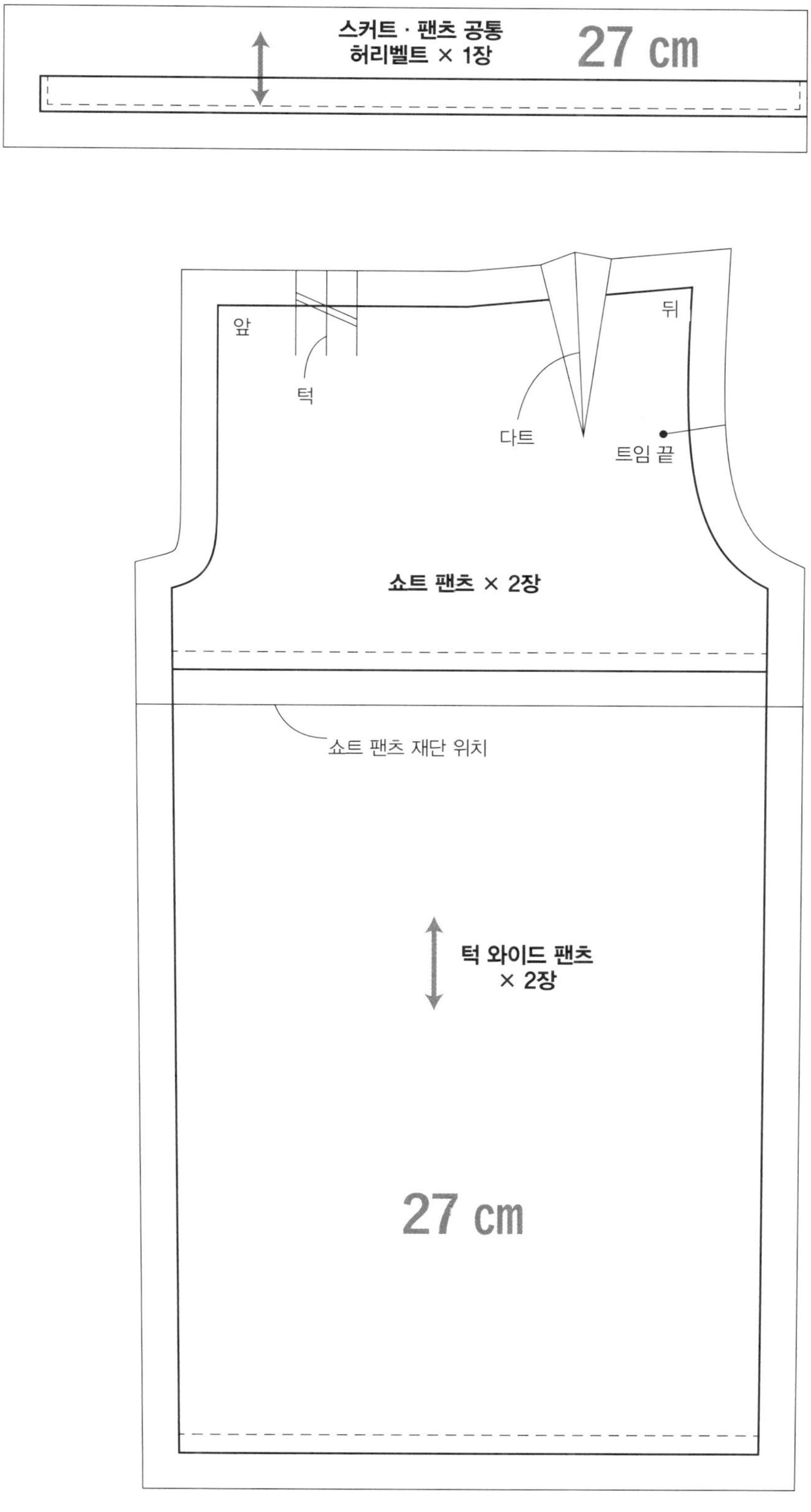

P.112 | 27㎝ 팬츠 | 턱 주름 와이드 팬츠와 쇼트 팬츠

스커트 · 팬츠 공통
허리벨트 × 1장
27 cm

앞 / 턱 / 다트 / 뒤 / 트임 끝

쇼트 팬츠 × 2장

쇼트 팬츠 재단 위치

턱 와이드 팬츠
× 2장

27 cm

P.112 **11cm 팬츠** | 턱 주름 와이드 팬츠와 쇼트 팬츠

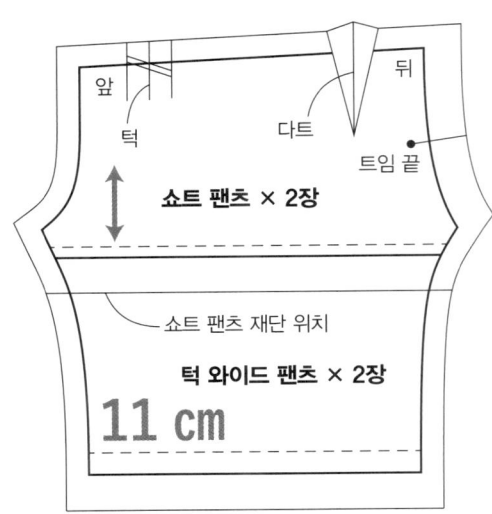

P.122 22·27cm 원피스 | 몸판

※ 칼라는 200쪽, 소매는 187쪽을 조합합니다.
원피스 몸판과 조합 가능한 소매는 퍼프소매뿐입니다.

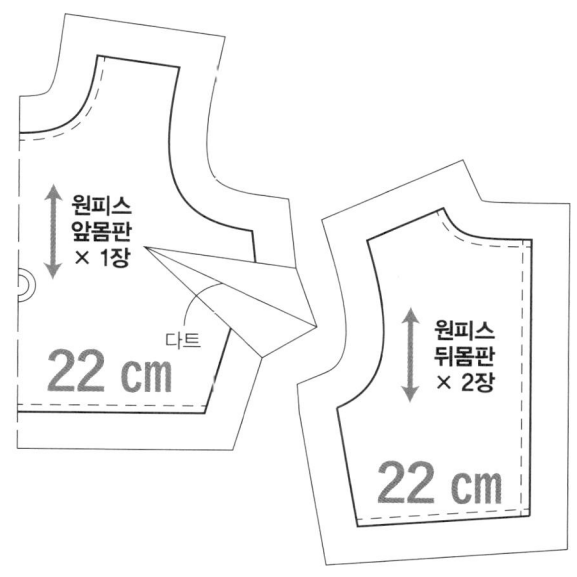

※ 원피스 몸판은 블라우스 패턴을 변형해 길이를 짧게 만들었습니다.

※ 칼라는 201쪽, 소매는 190쪽을 조합합니다.
원피스 몸판과 조합 가능한 소매는 퍼프소매뿐입니다.

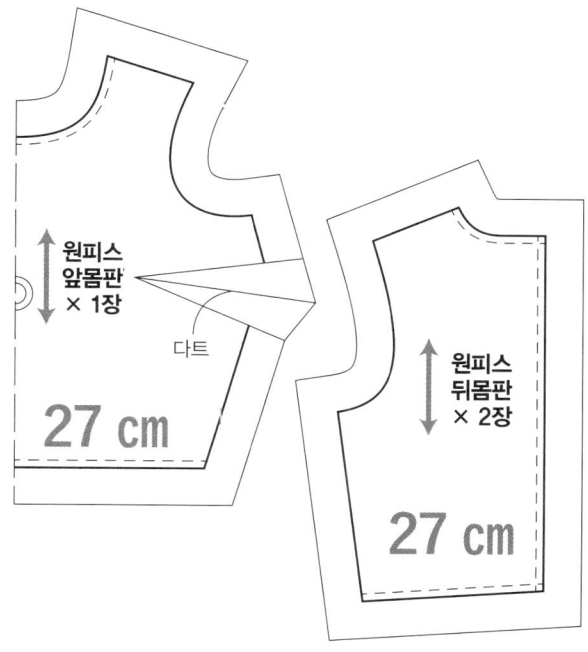

P.122 | 11㎝ 원피스 | 몸판과 변형용 스커트

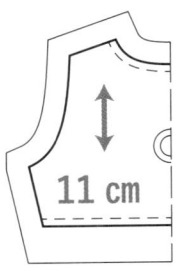

원피스 앞몸판 × 1장

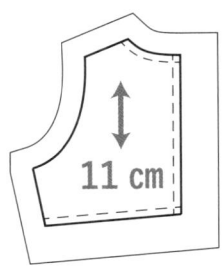

원피스 뒤몸판 × 2장

※ 칼라는 202쪽, 소매는 192쪽을 조합합니다.
　원피스 몸판과 조합 가능한 소매는 퍼프소매뿐입니다.
※ 원피스 몸판은 블라우스 패턴을 원피스용으로 짧게 만들었습니다.

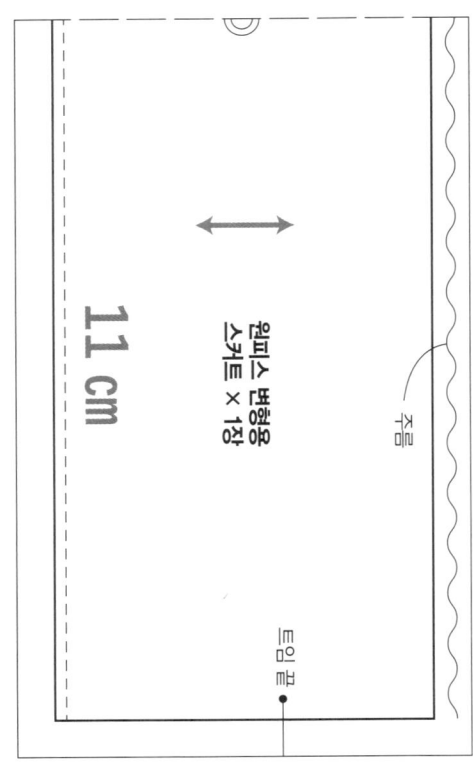

원피스 변형용 스커트 × 1장

| P.122 | **22㎝ 원피스** | A라인 원피스

※ 칼라는 200쪽, 소매는 187쪽을 조합합니다.
　A라인 원피스와 조합 가능한 소매는 퍼프소매뿐입니다.

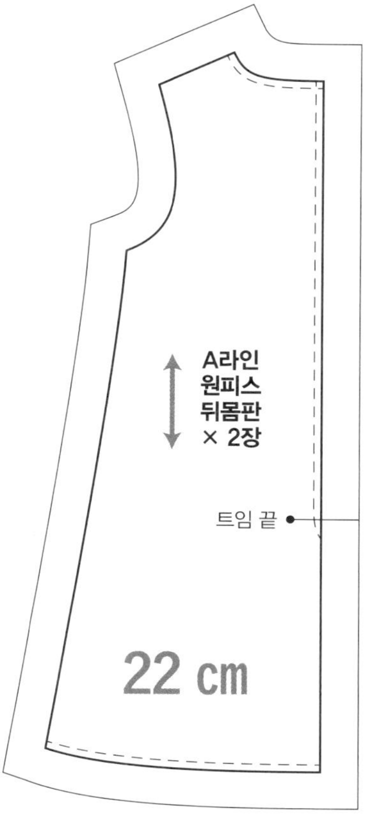

A라인 원피스 뒤몸판 × 2장

트임 끝

22 cm

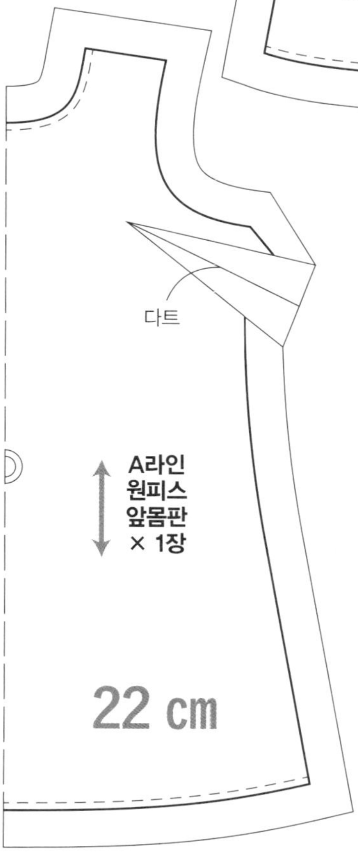

다트

A라인 원피스 앞몸판 × 1장

22 cm

| P.122 | **27cm 원피스** | A라인 원피스

※ 칼라는 201쪽, 소매는 190쪽을 조합합니다.
A라인 원피스와 조합 가능한 소매는 퍼프소매뿐입니다.

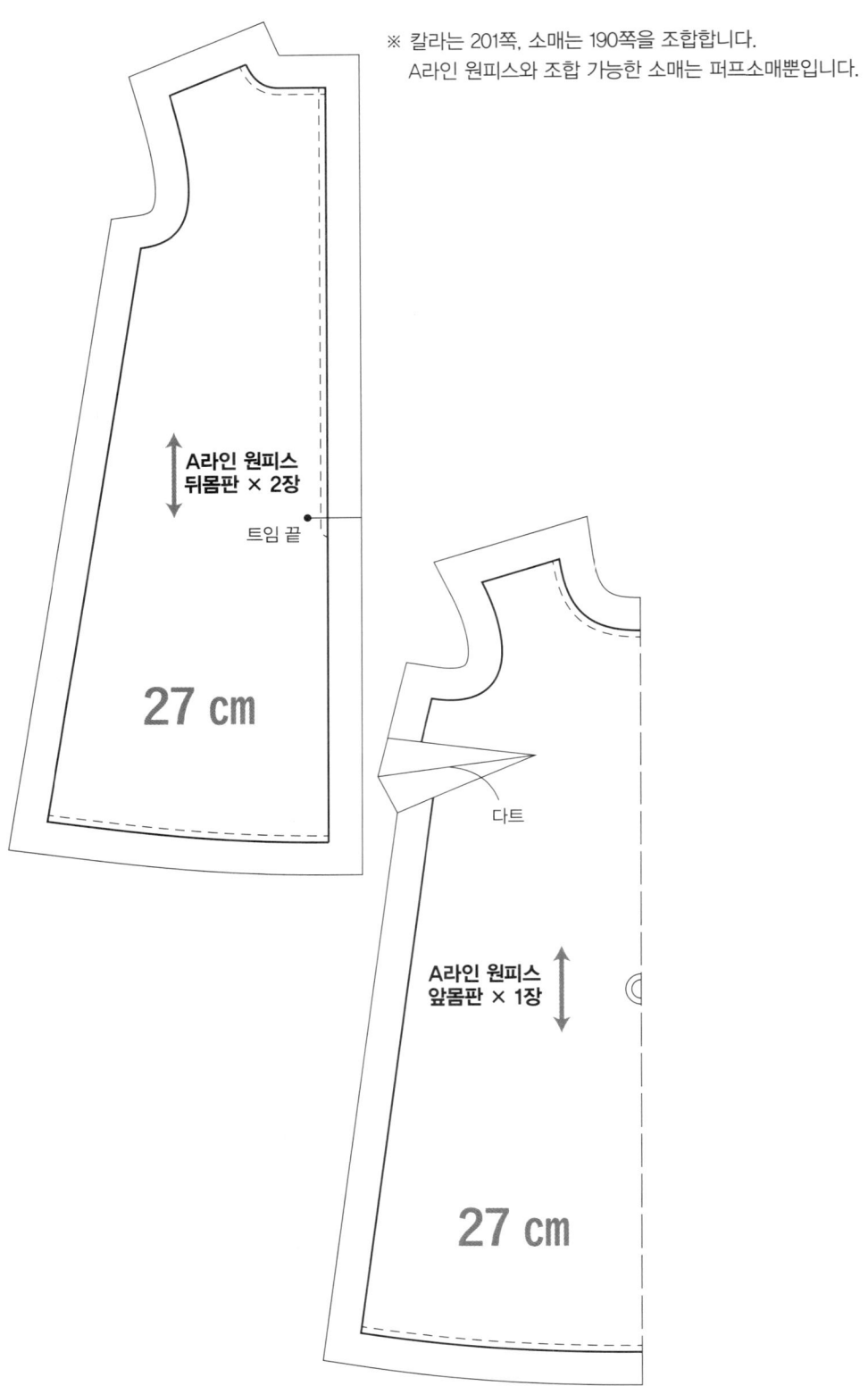

| P.122 | **11㎝ 원피스** | A라인 원피스

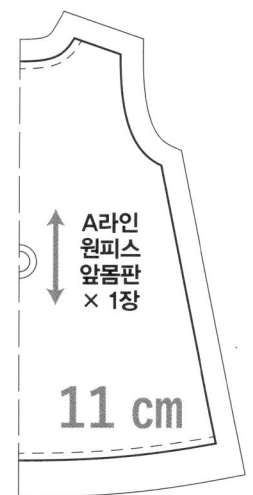

※ 칼라는 202쪽, 소매는 192쪽과 조합합니다.
　A라인 원피스와 조합 가능한 소매는 퍼프소매뿐입니다.

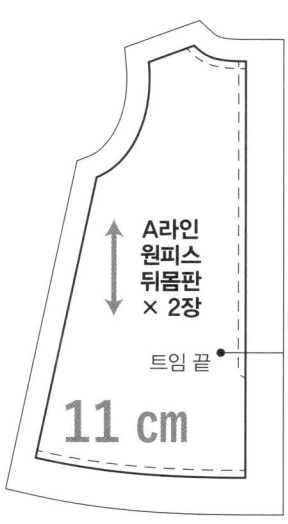

P.122 **22cm 원피스** | 앞바대A와 에이프런용 스커트

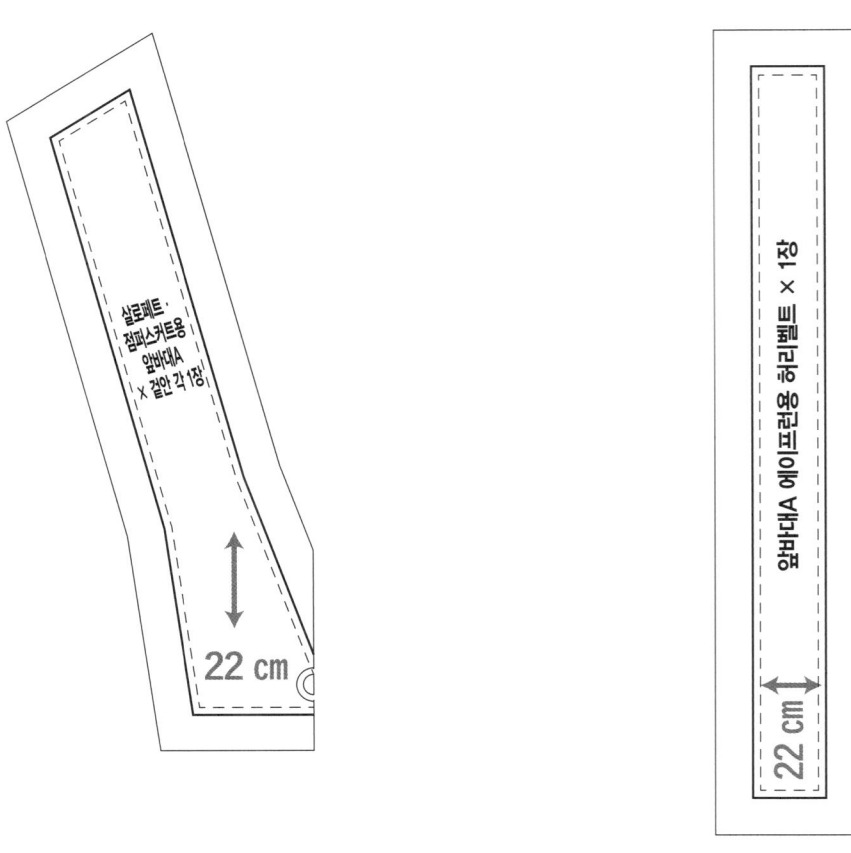

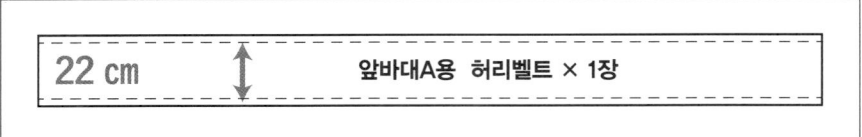

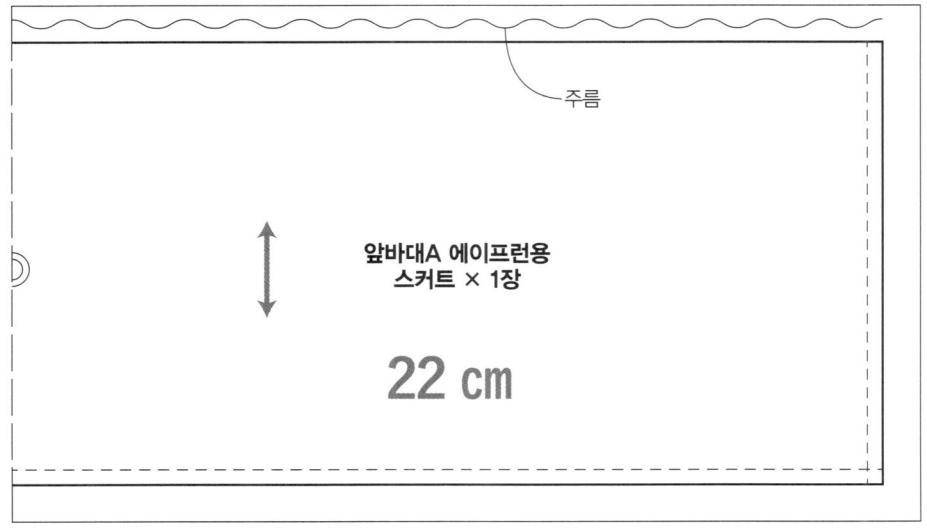

22cm 원피스 | 앞바대B와 스커트

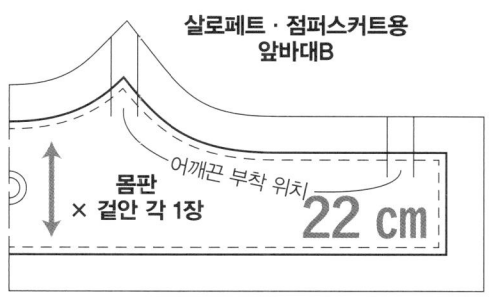

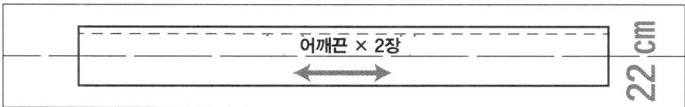

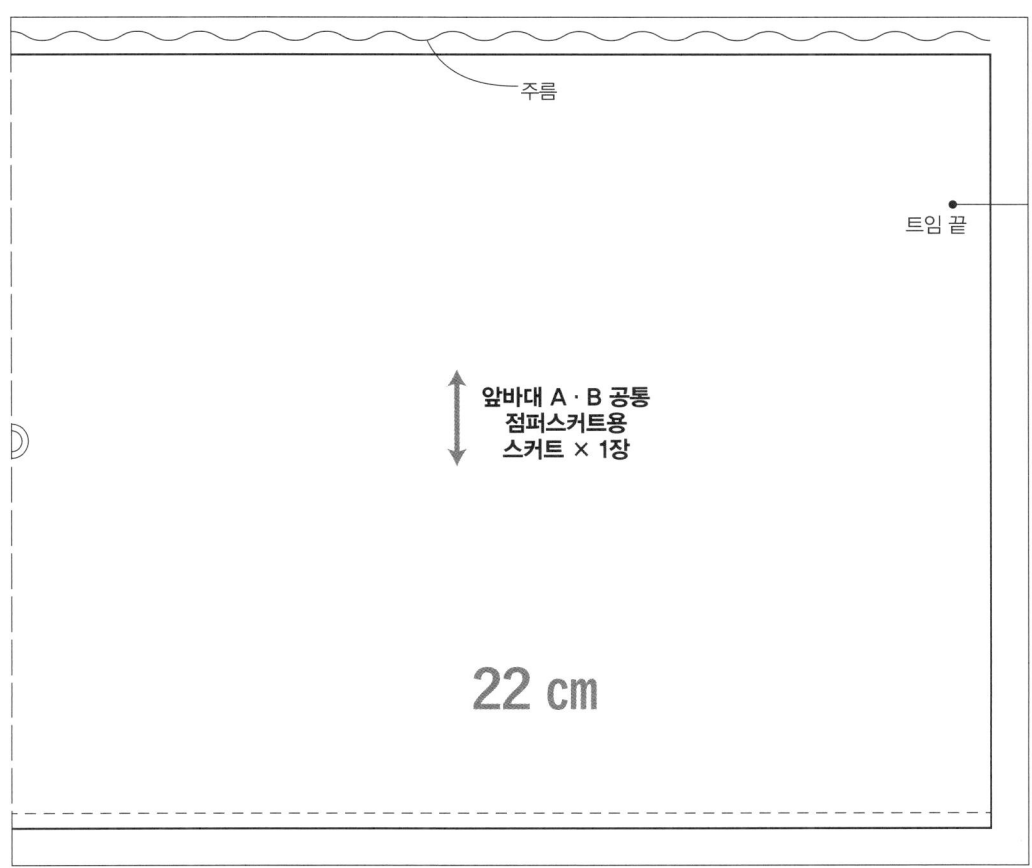

| P.122 | **22㎝ 원피스** | 살로페트용 팬츠

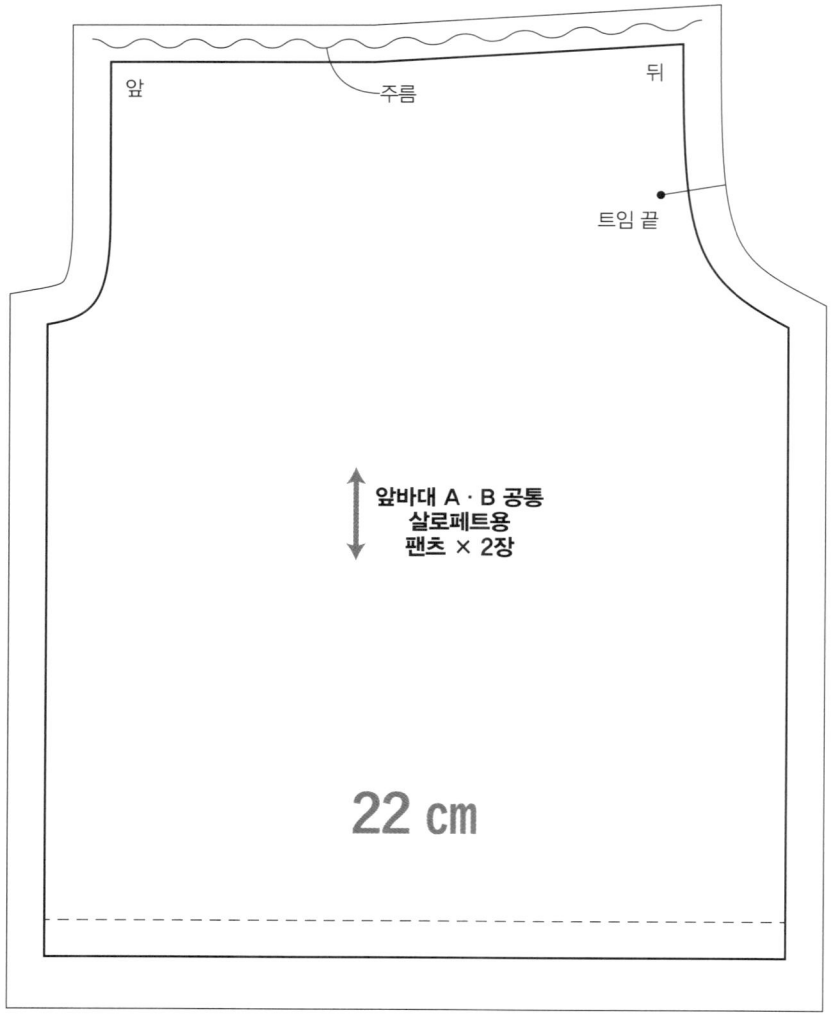

P.122 | 27㎝ 원피스 | 앞바대A와 에이프런용 스커트

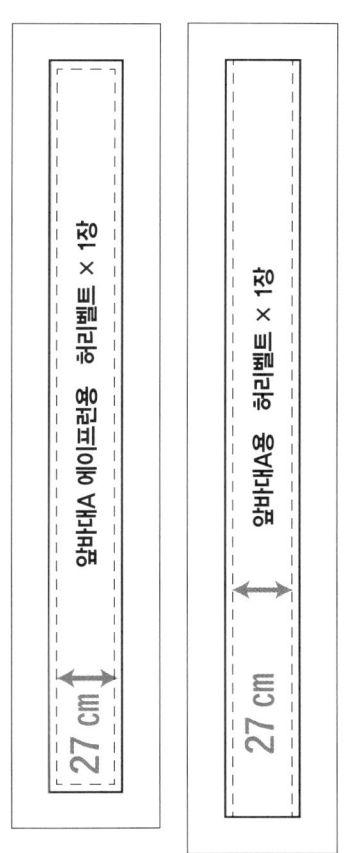
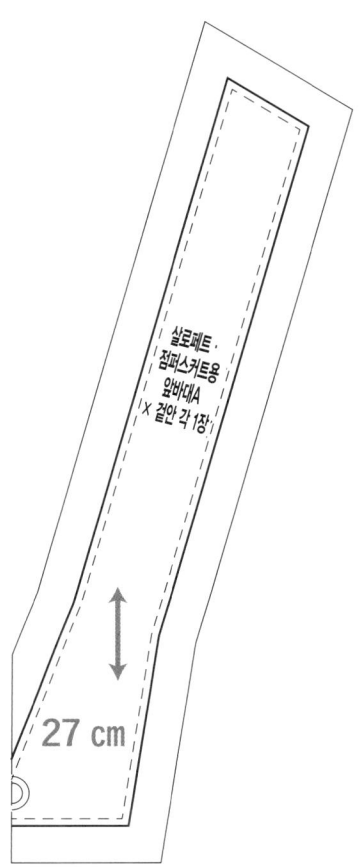
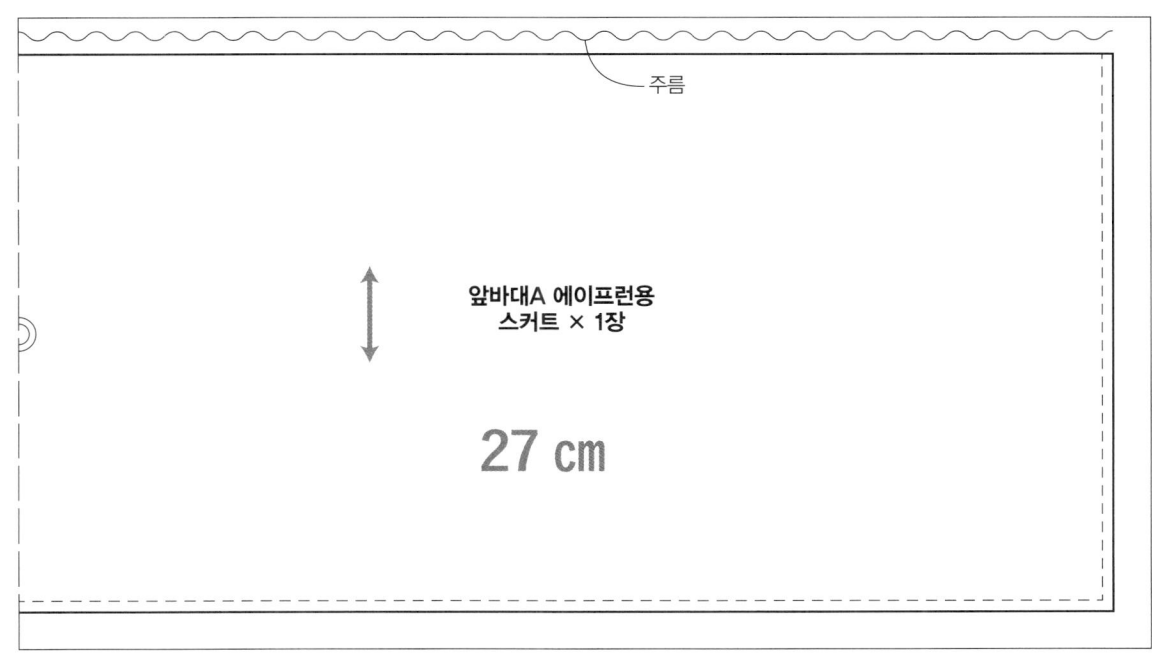

| P.122 | **27㎝ 원피스** | 앞바대B

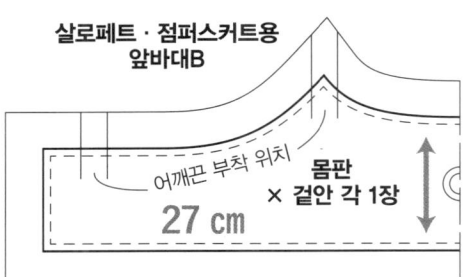

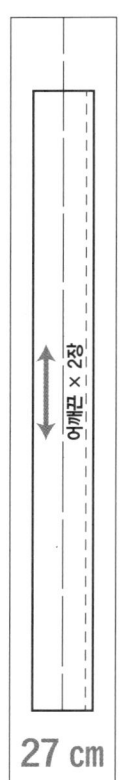

P.122　27㎝ 원피스 | 스커트

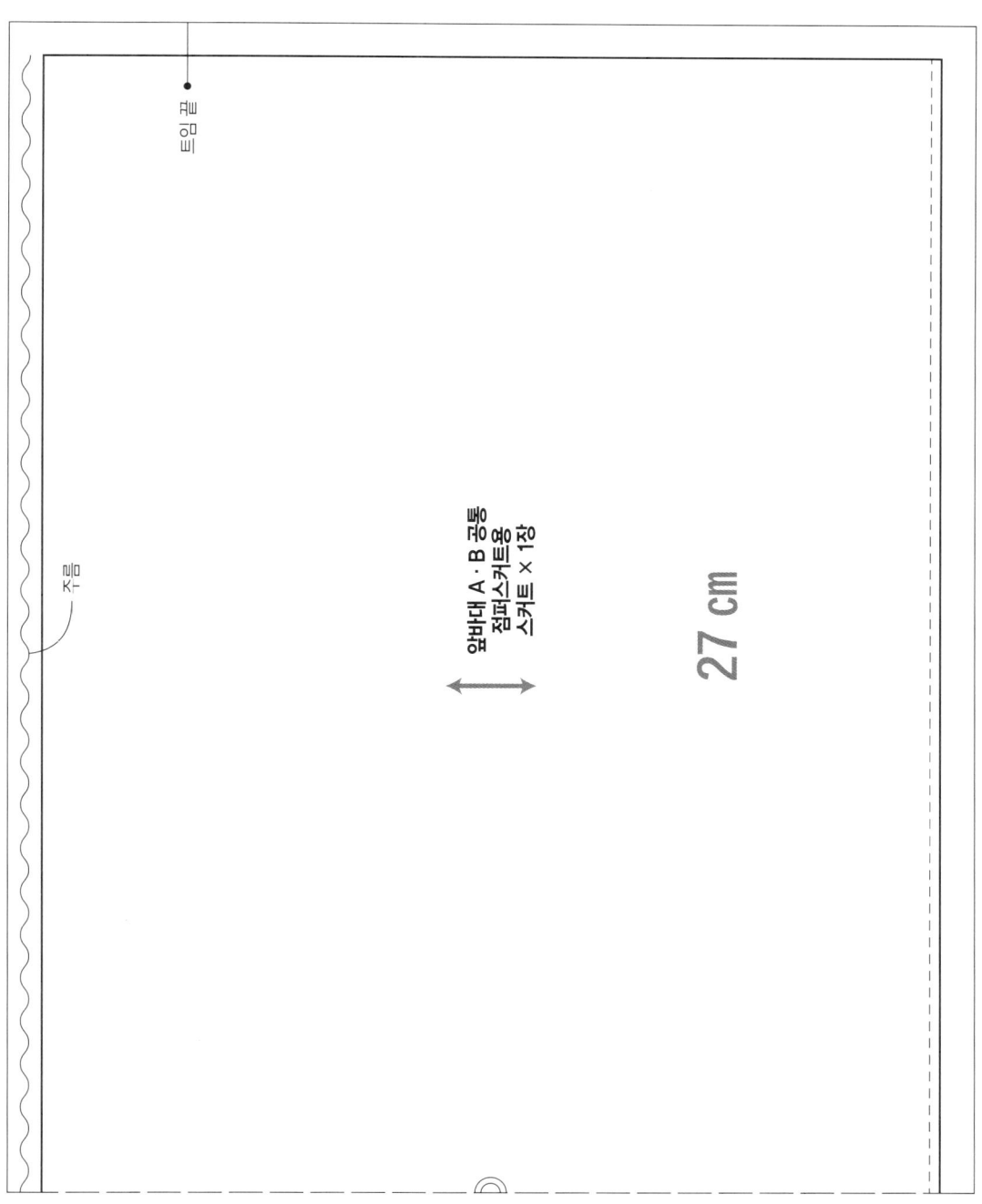

P.122 | 27cm 원피스 | 살로페트용 팬츠

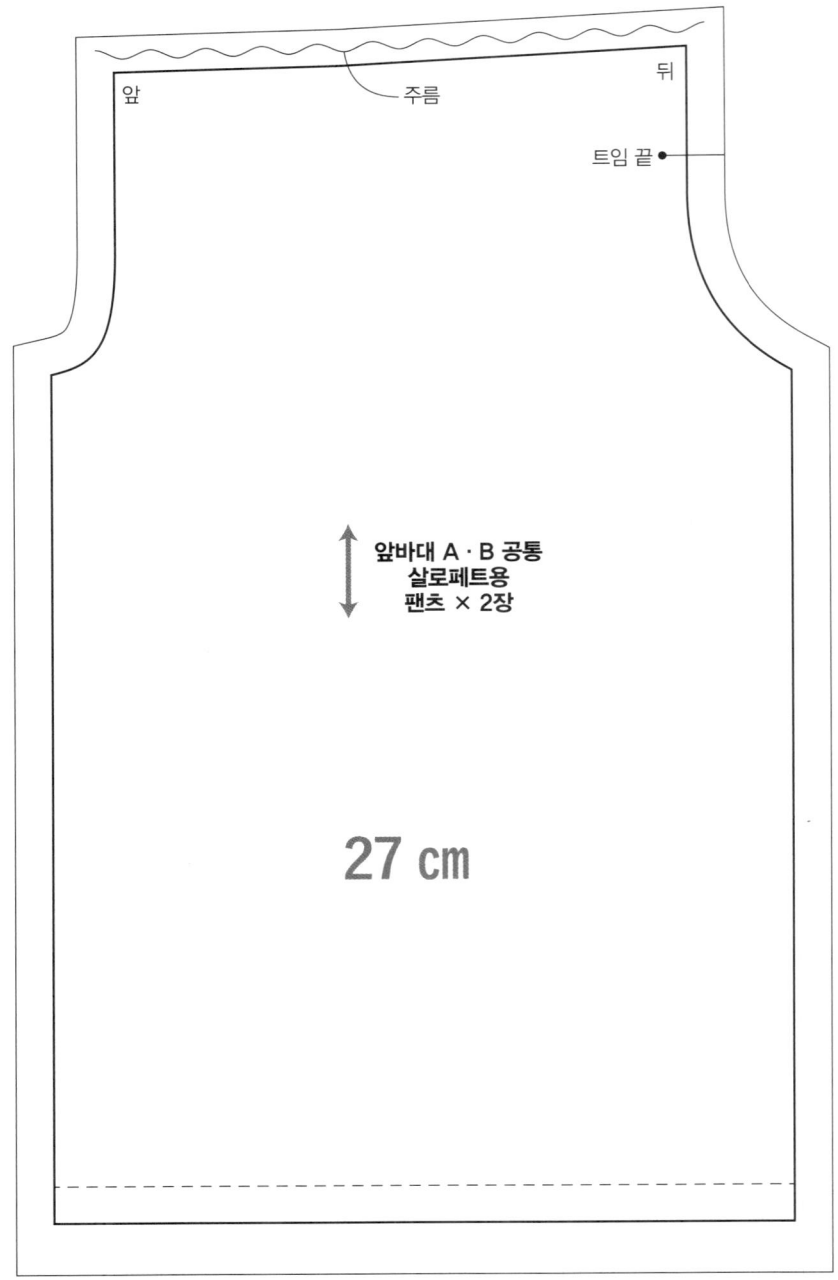

| P.122 | **11cm 원피스** | 앞바대A와 에이프런용 스커트

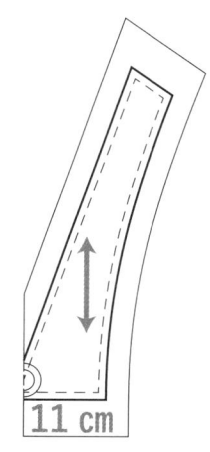

**살로페트 · 점퍼스커트용
앞바대A × 겉안 각 1장**

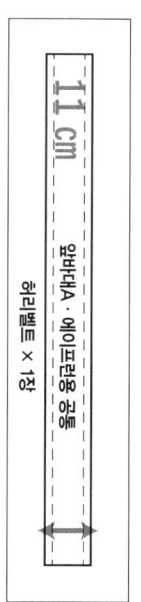

앞바대A · 에이프런용
허리벨트 × 1장

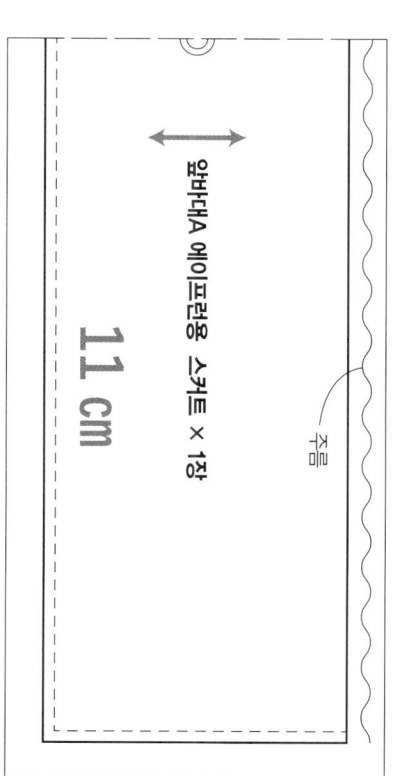

앞바대A 에이프런용 스커트 × 1장

P.122 | 11cm 원피스 | 앞바대B, 스커트와 살로페트용 팬츠

살로페트・점퍼스커트용 앞바대B

몸판 × 겉안 각 1장

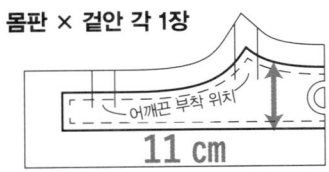

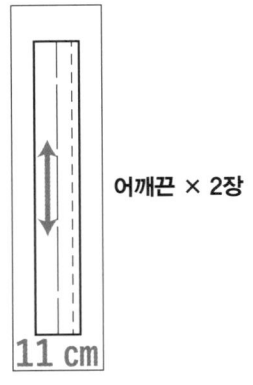

어깨끈 × 2장

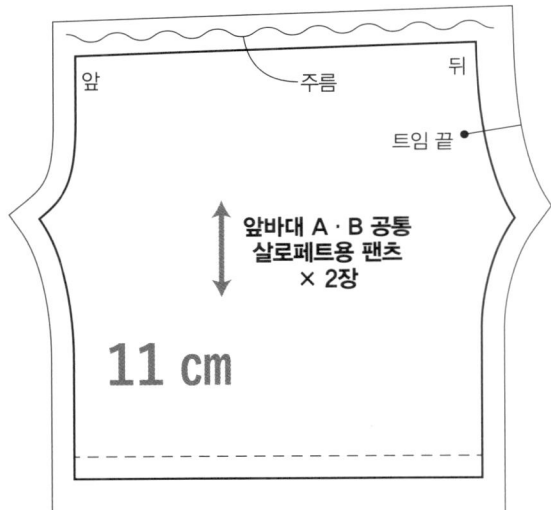

앞바대 A · B 공통 살로페트용 팬츠 × 2장

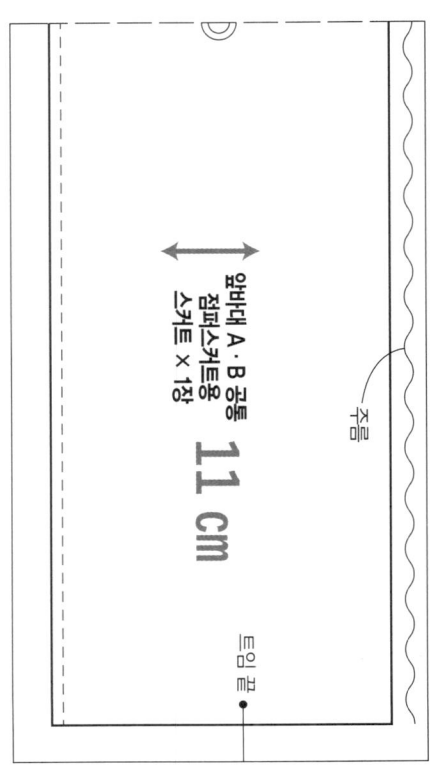

앞바대 A · B 공통 점퍼스커트용 스커트 × 1장

| P.136 | **22cm 아우터** | 더플코트와 야상코트

※ 더플코트와 야상코트는
  공통 패턴을 사용하지만,
  상침재봉선은 다를 수 있습니다.
  과정 페이지를 꼭 확인하세요.

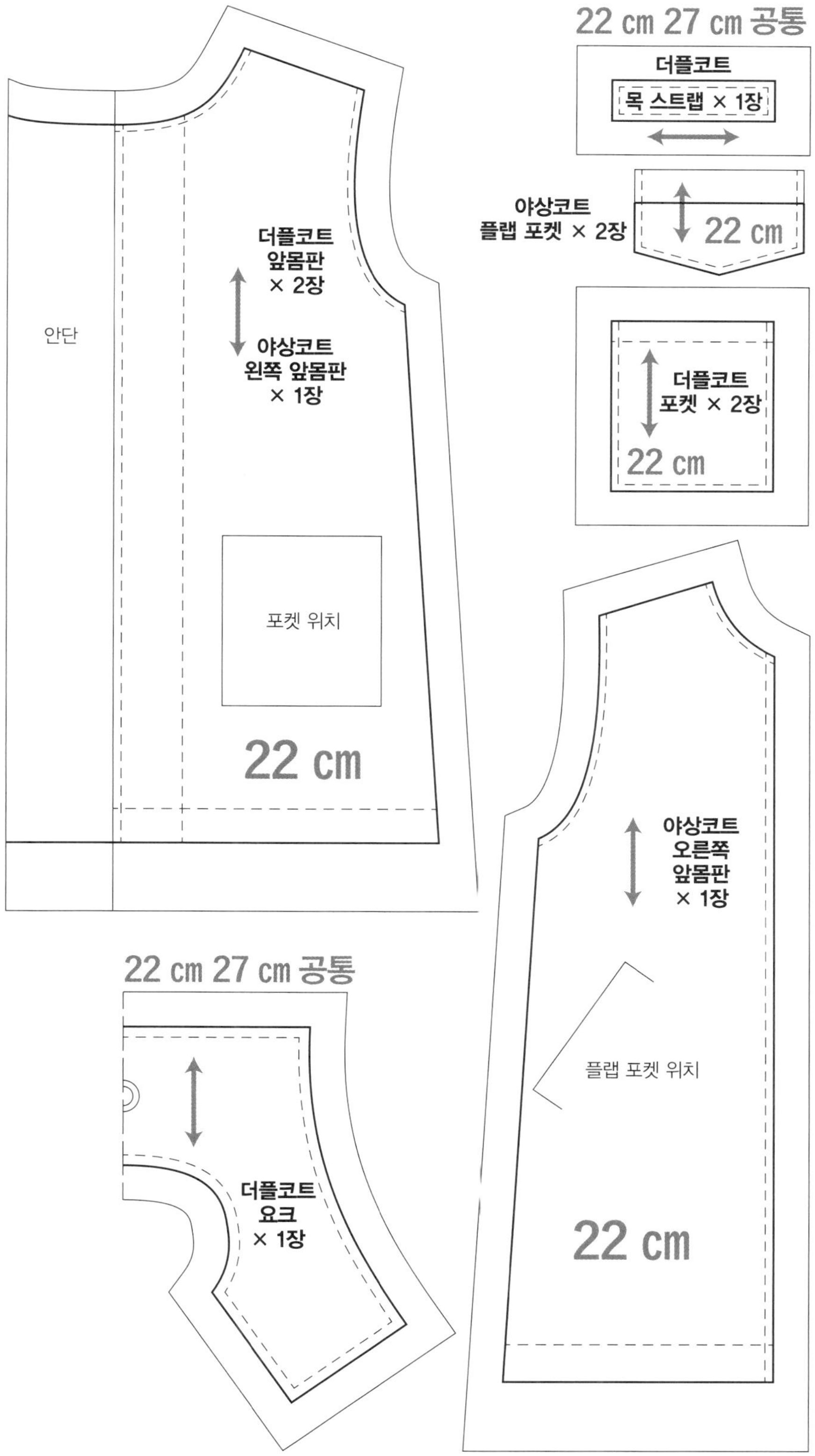

22 cm 27 cm 공통

더플코트
목 스트랩 × 1장

야상코트
플랩 포켓 × 2장
22 cm

더플코트
포켓 × 2장
22 cm

안단

더플코트
앞몸판
× 2장

야상코트
왼쪽 앞몸판
× 1장

포켓 위치

22 cm

야상코트
오른쪽
앞몸판
× 1장

플랩 포켓 위치

22 cm

22 cm 27 cm 공통

더플코트
요크
× 1장

| P.136 | **22㎝ 아우터** | 더플코트와 야상코트

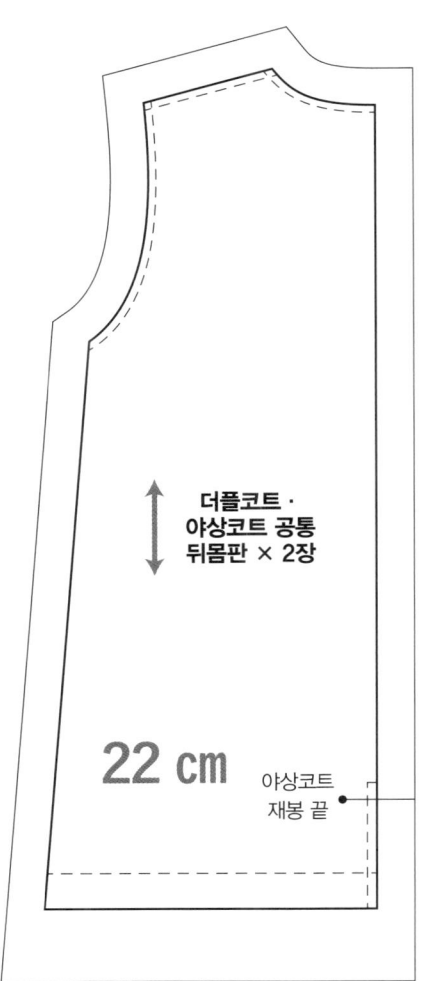

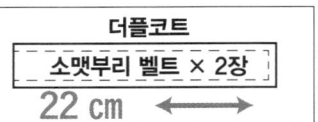

P.136 | **22㎝ 아우터** | 더플코트와 야상코트

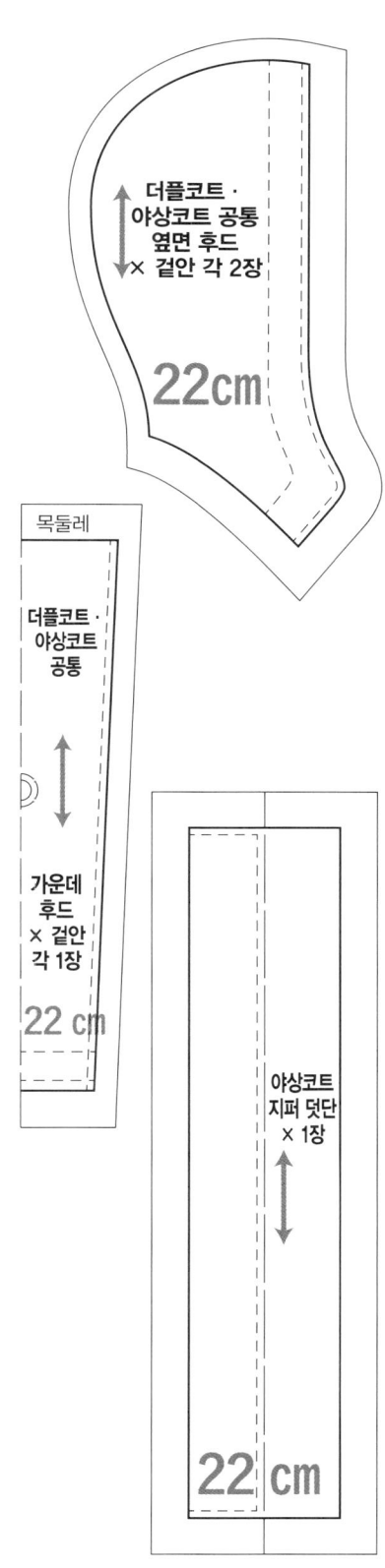

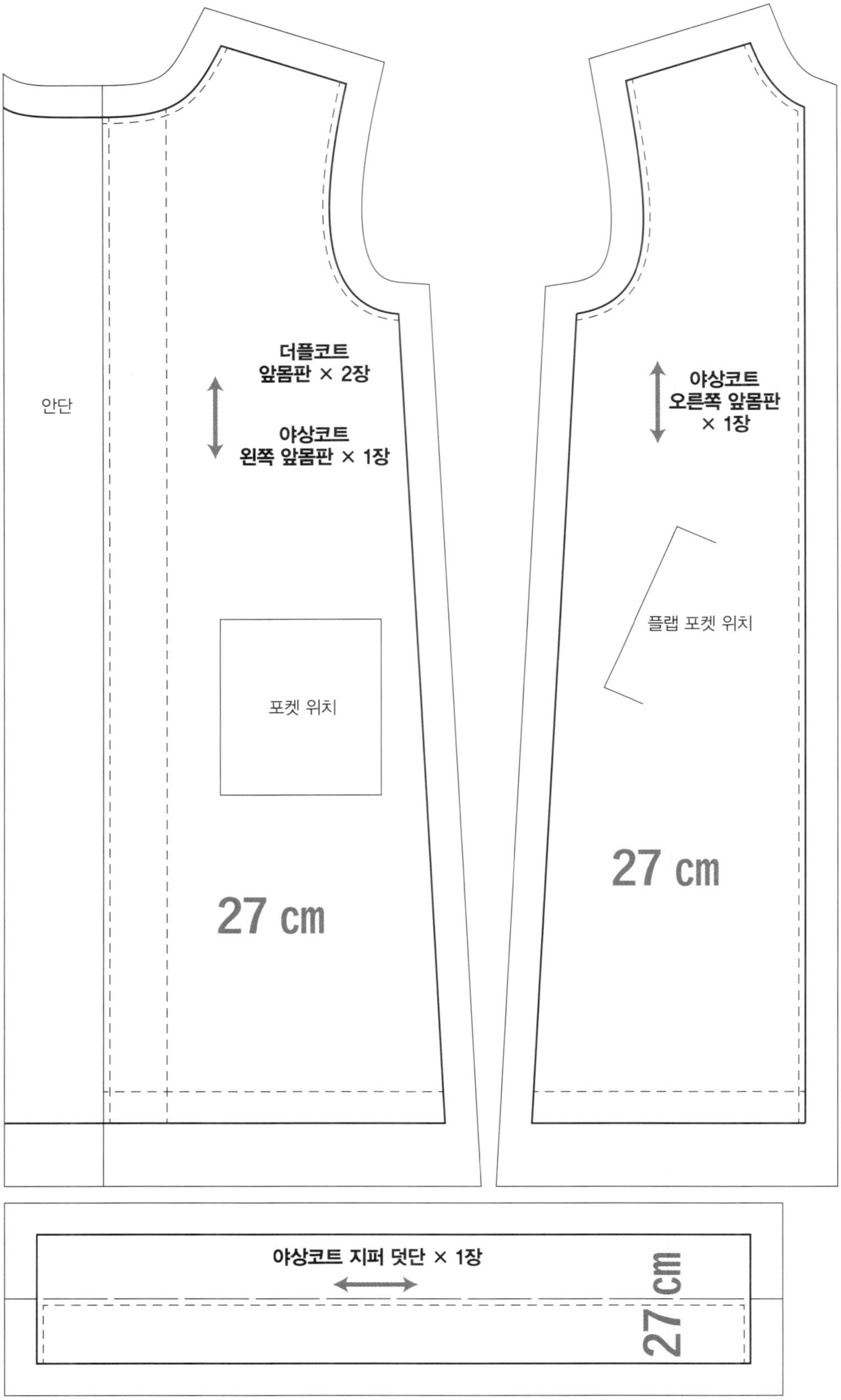

| P.136 | **27㎝ 아우터** | 더플코트와 야상코트

안단

더플코트 앞몸판 × 2장
야상코트 왼쪽 앞몸판 × 1장

야상코트 오른쪽 앞몸판 × 1장

포켓 위치

플랩 포켓 위치

27 ㎝

27 ㎝

야상코트 지퍼 덧단 × 1장

27 ㎝

P.136 27cm 아우터 | 더플코트와 야상코트

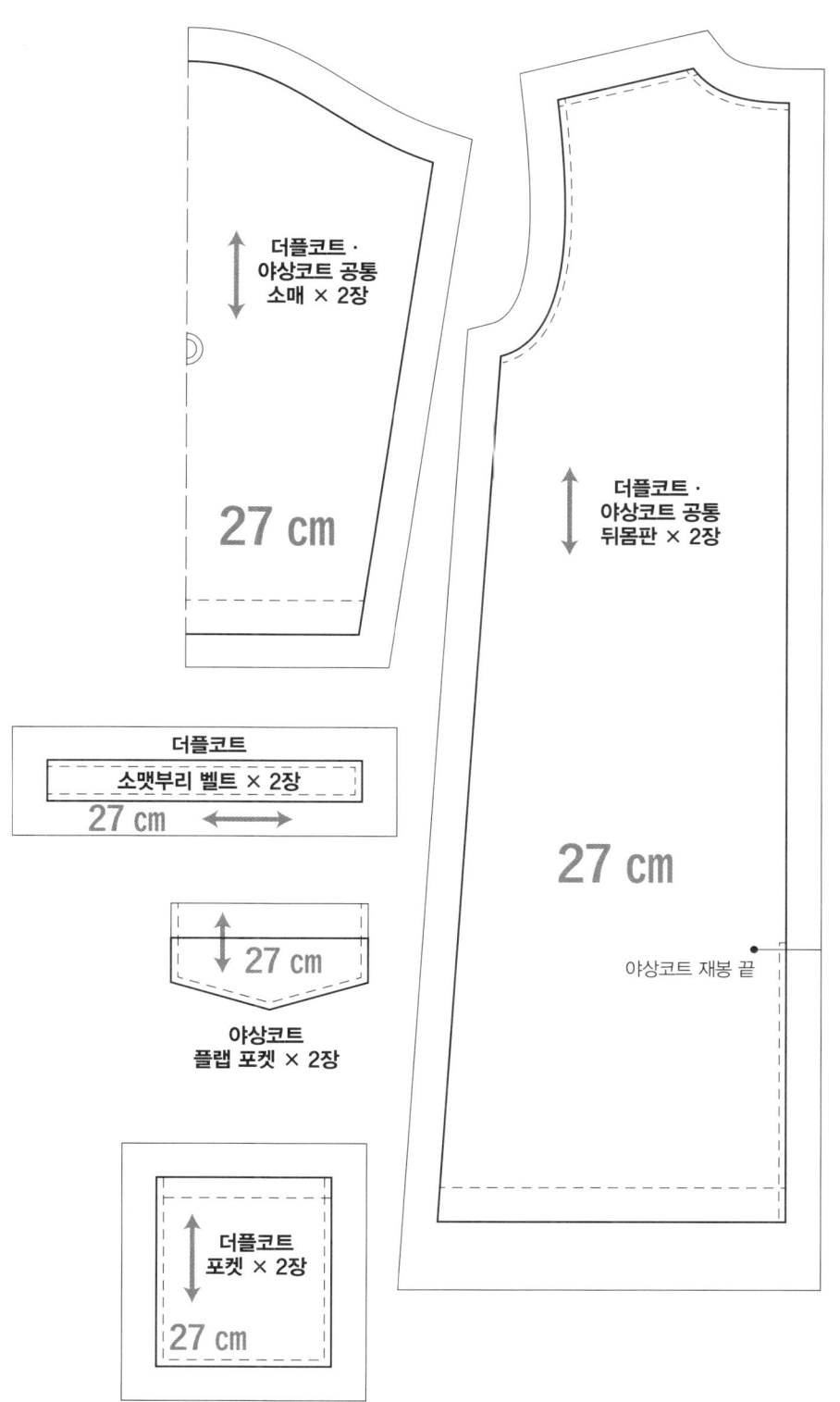

| P.136 | **27cm 아우터** | 더플코트와 야상코트

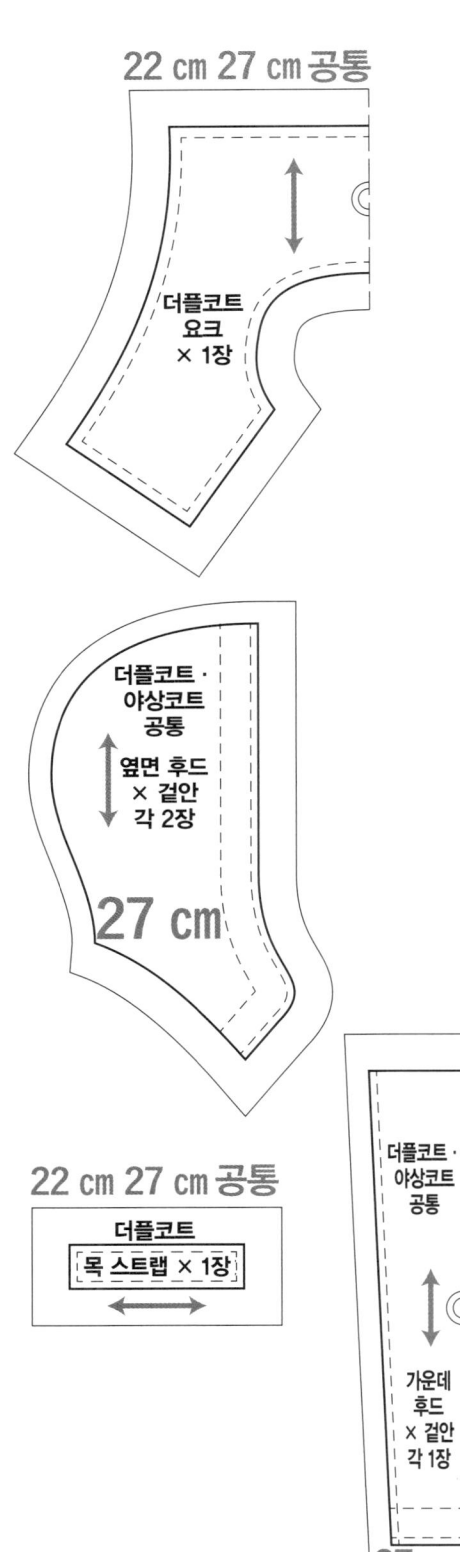

P.136 | 11cm 아우터 | 더플코트와 야상코트

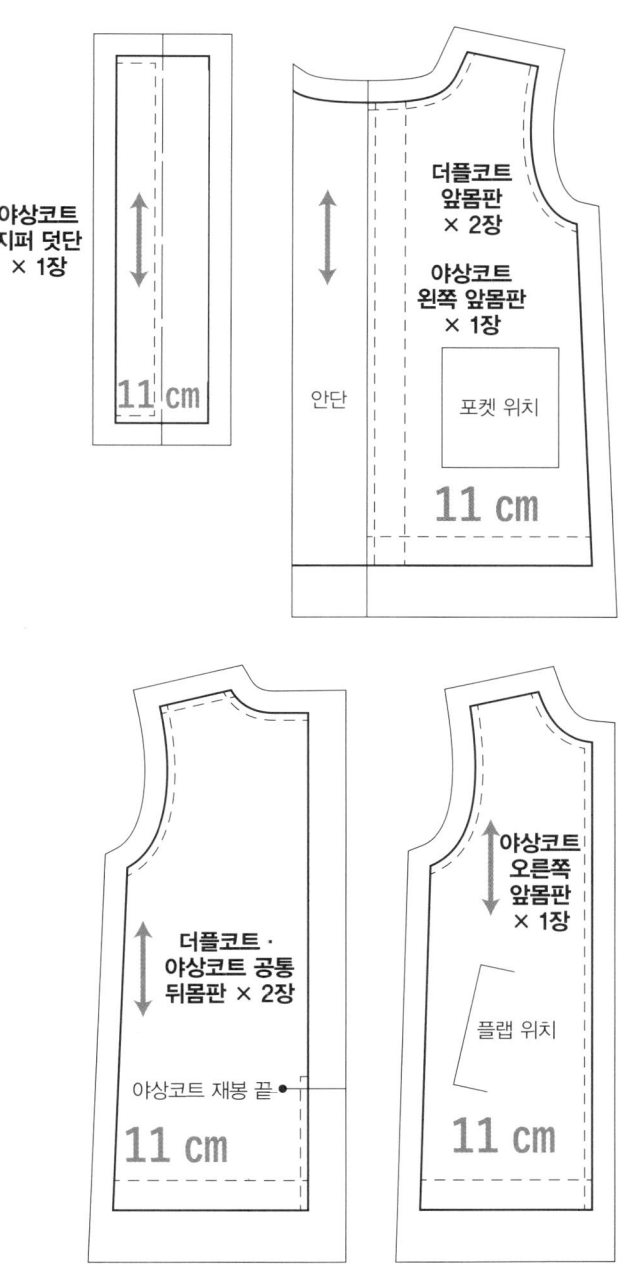

※ 11cm 크기의 야상코트는 밑단을 두 번 접지 않고, 한 번만 접어 처리합니다.

| P.136　**11㎝ 아우터** | 더플코트와 야상코트

더플코트 · 야상코트 공통
소매 × 2장

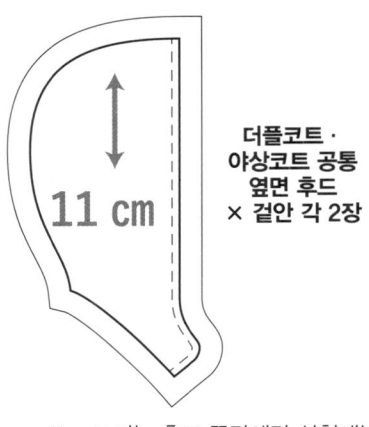

더플코트 · 야상코트 공통
옆면 후드
× 겉안 각 2장

※ 11㎝ 크기는 후드 끝단에만 상침재봉합니다.

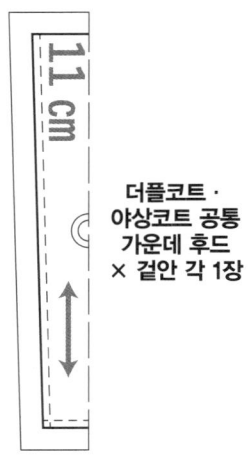

더플코트 · 야상코트 공통
가운데 후드
× 겉안 각 1장

야상코트
플랩 포켓 × 2장

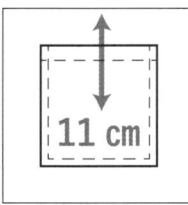

더플코트
포켓 × 2장

P.136 | 22cm 아우터 | 테일러드 재킷

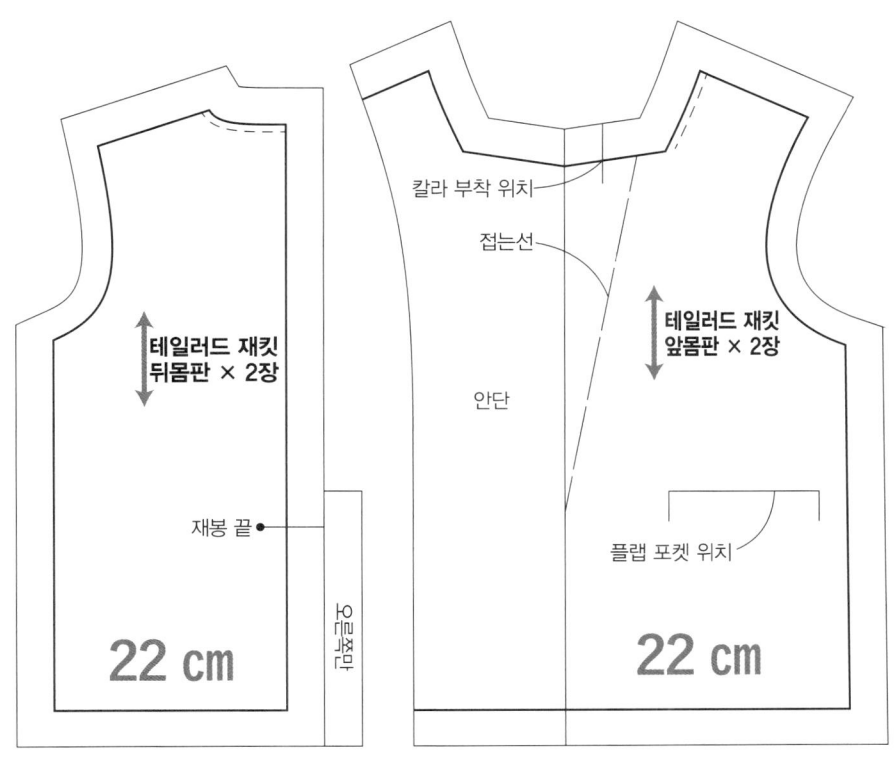
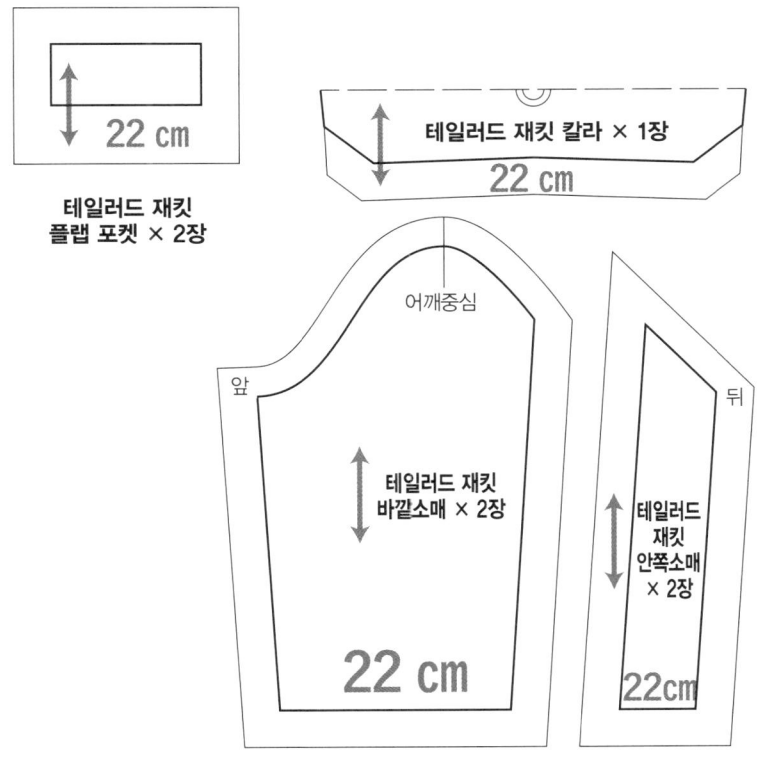

261

P.136 | **27cm 아우터** | 테일러드 재킷

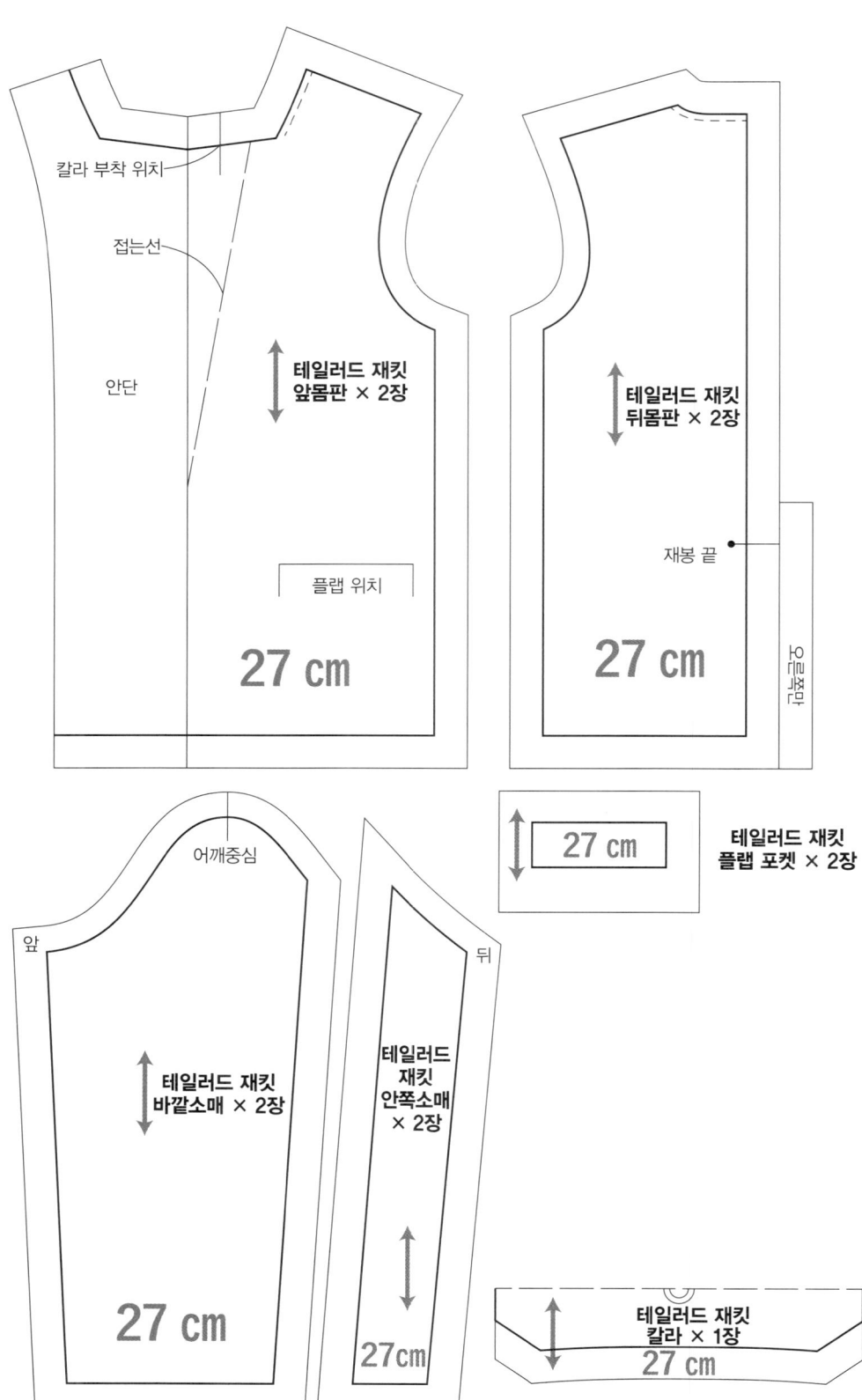

| P.136 | **11cm 아우터** | 테일러드 재킷

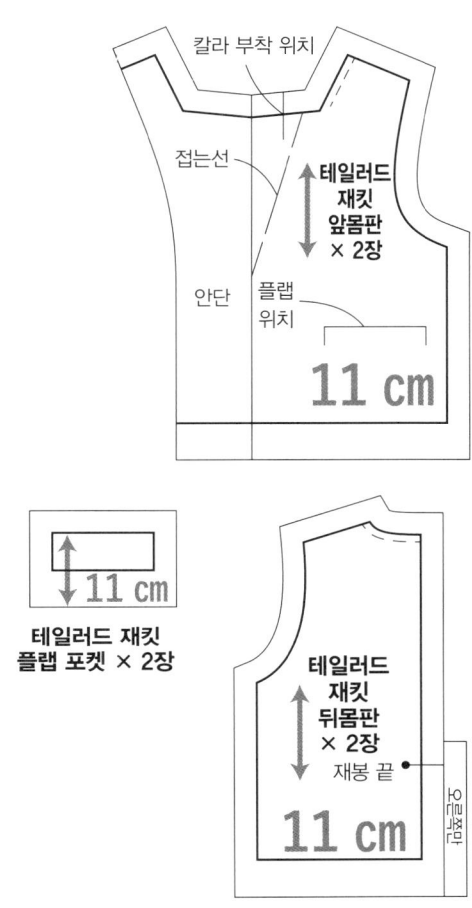

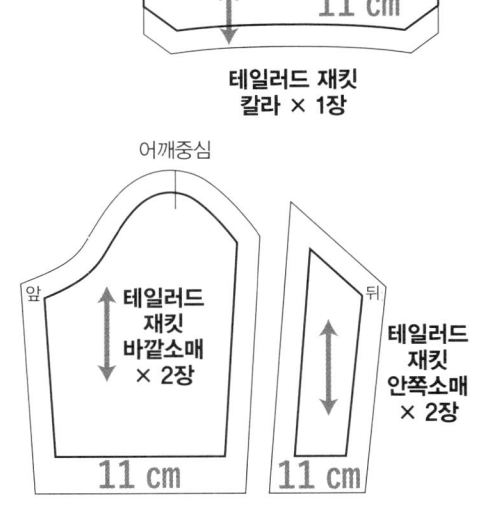

P.156 소품 | 베레모 S·M

※ 미니조시는 M 사이즈를 130% 확대해서 사용하고, 시접 7㎜로 재봉합니다.

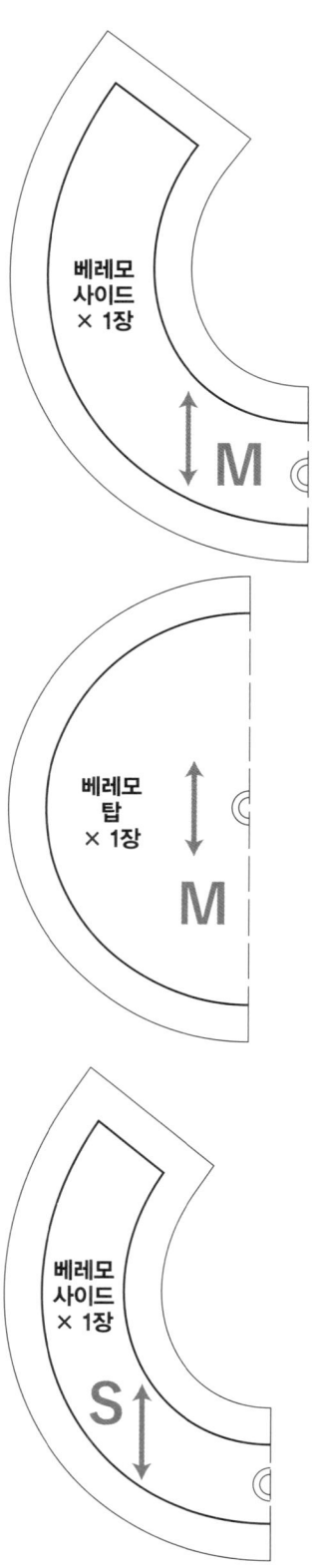
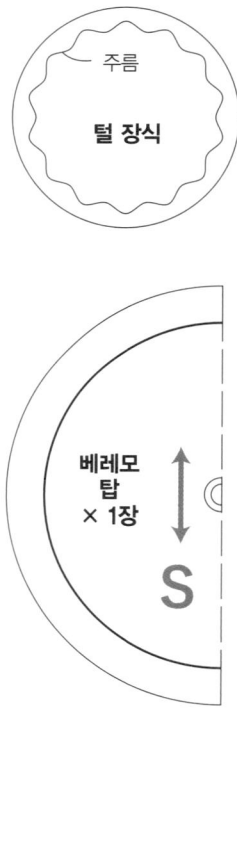

P.156 소품 | 베레모 L

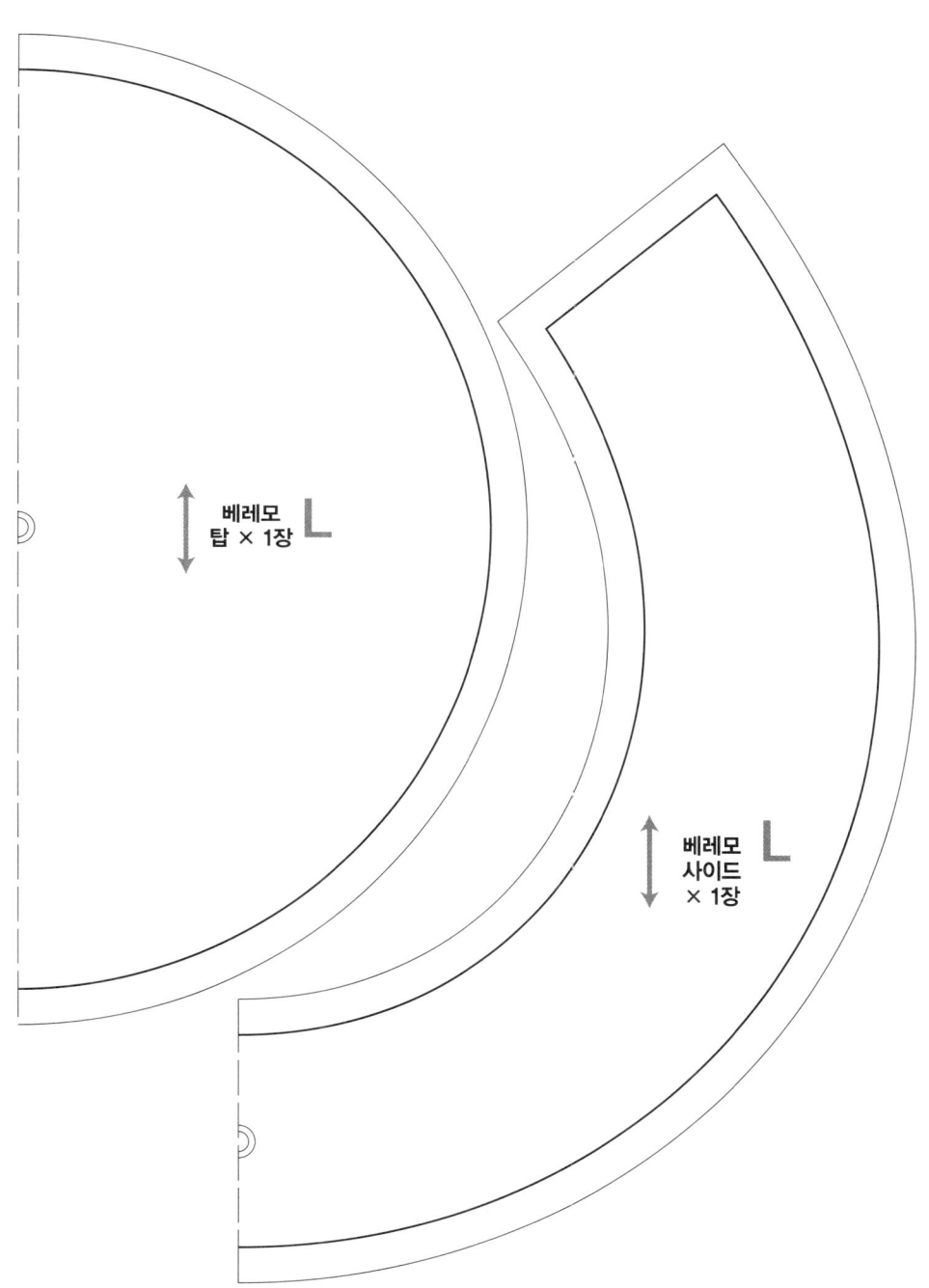

베레모
탑 × 1장 L

베레모
사이드
× 1장 L

| P.156 | 소품 | 캡모자 S·M

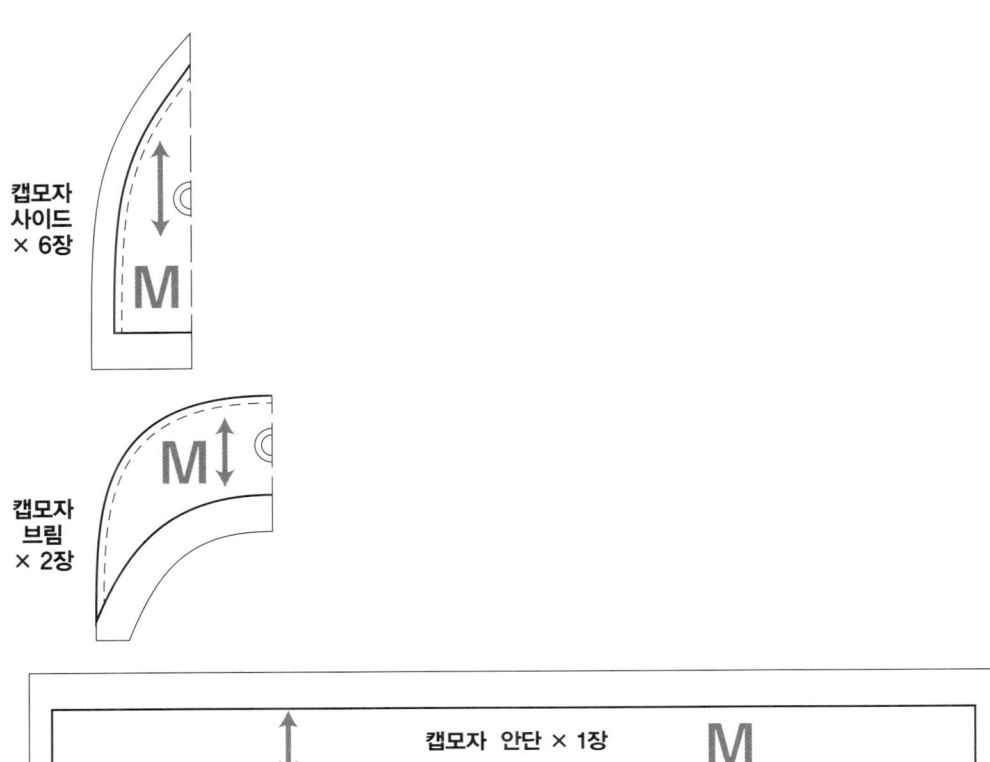

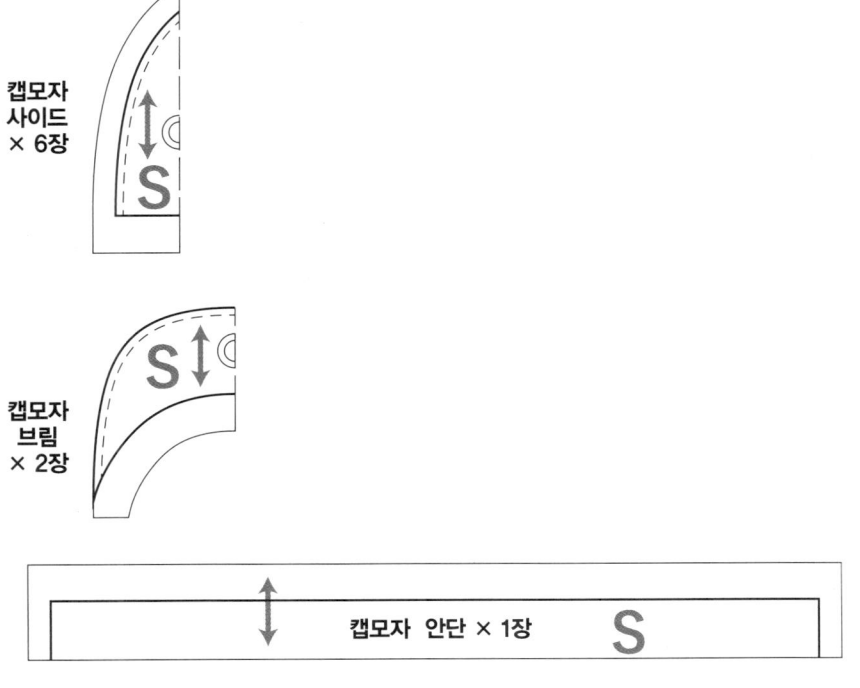

| P.156 | 소품 | 캡모자 L

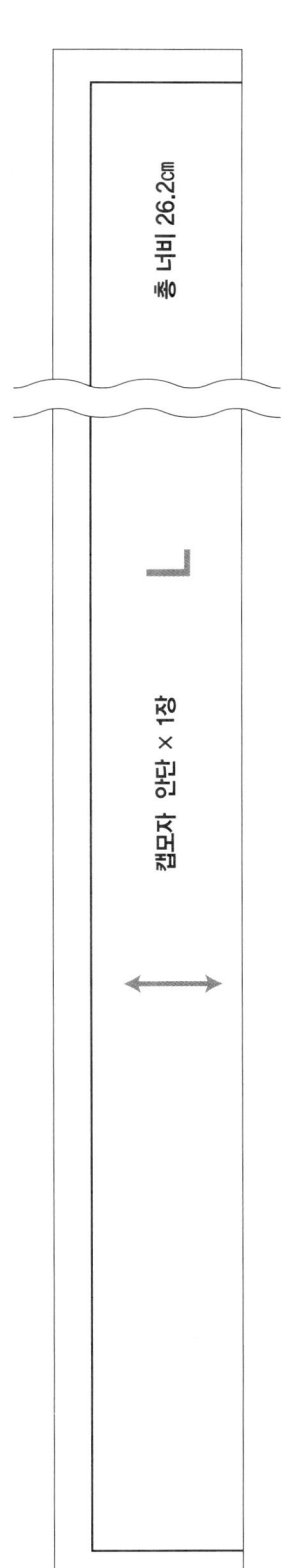
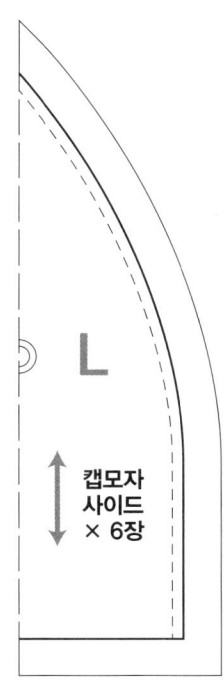
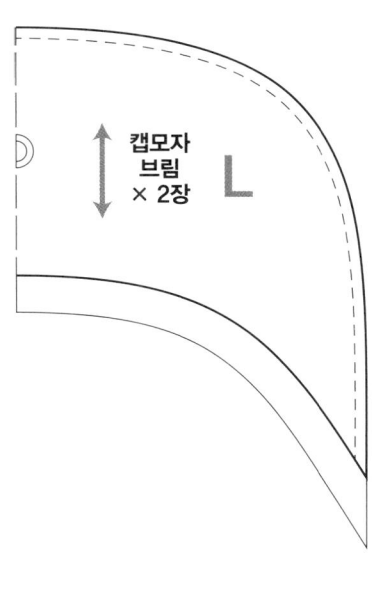

P.156 소품 | 보디백 22·27·11㎝

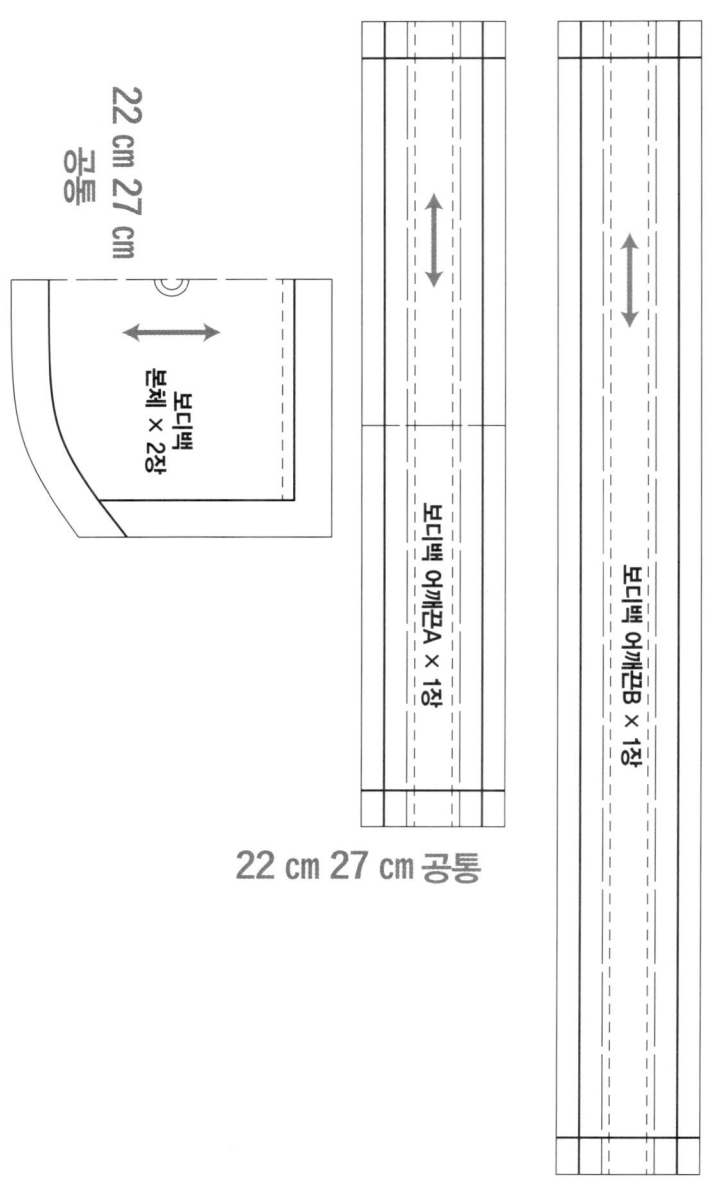

22㎝ 27㎝ 공통

22㎝ 27㎝ 공통

※ 11㎝ 크기는 리본을 어깨끈으로 사용합니다.
　A : 7㎝, B : 8㎝

| P.156 | 소품 | 숄더백 22·27cm

※ 어깨끈은 270쪽에 게재.

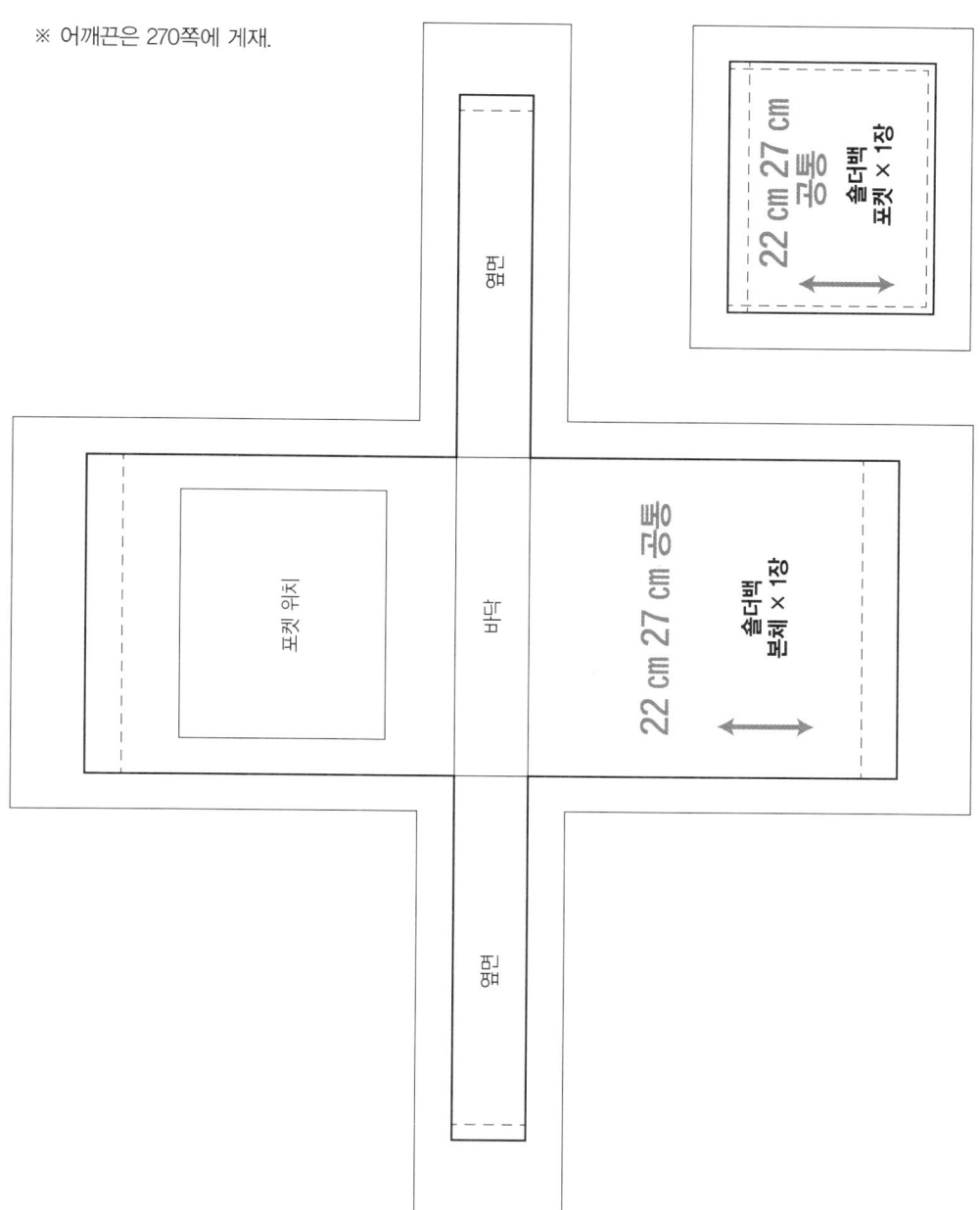

P.156 소품 | 숄더백 11㎝

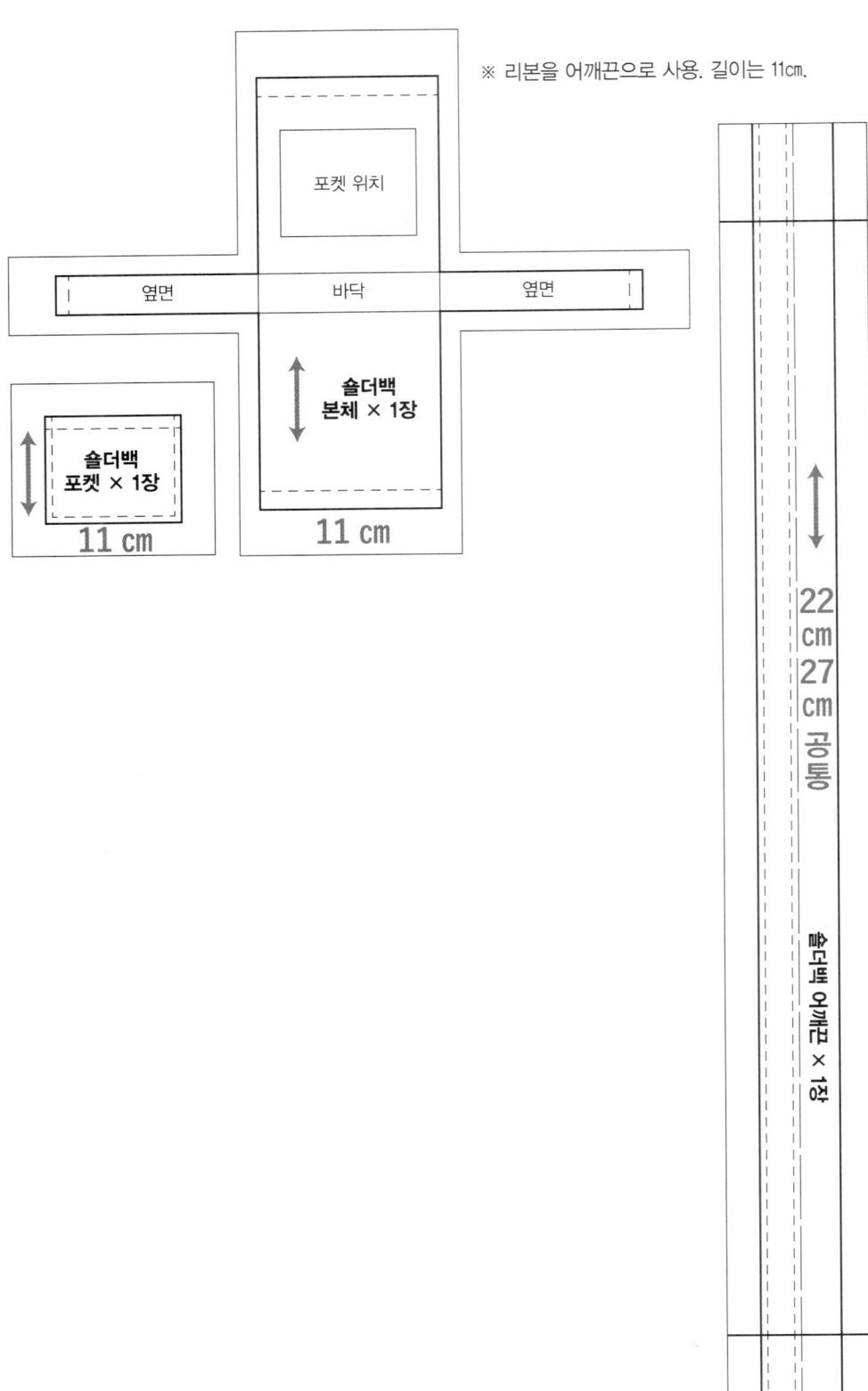

P.156 소품 | 양말 S·M·L

※ 원단이나 인형 종류에 따라 착용이
　어려울 수도 있습니다.

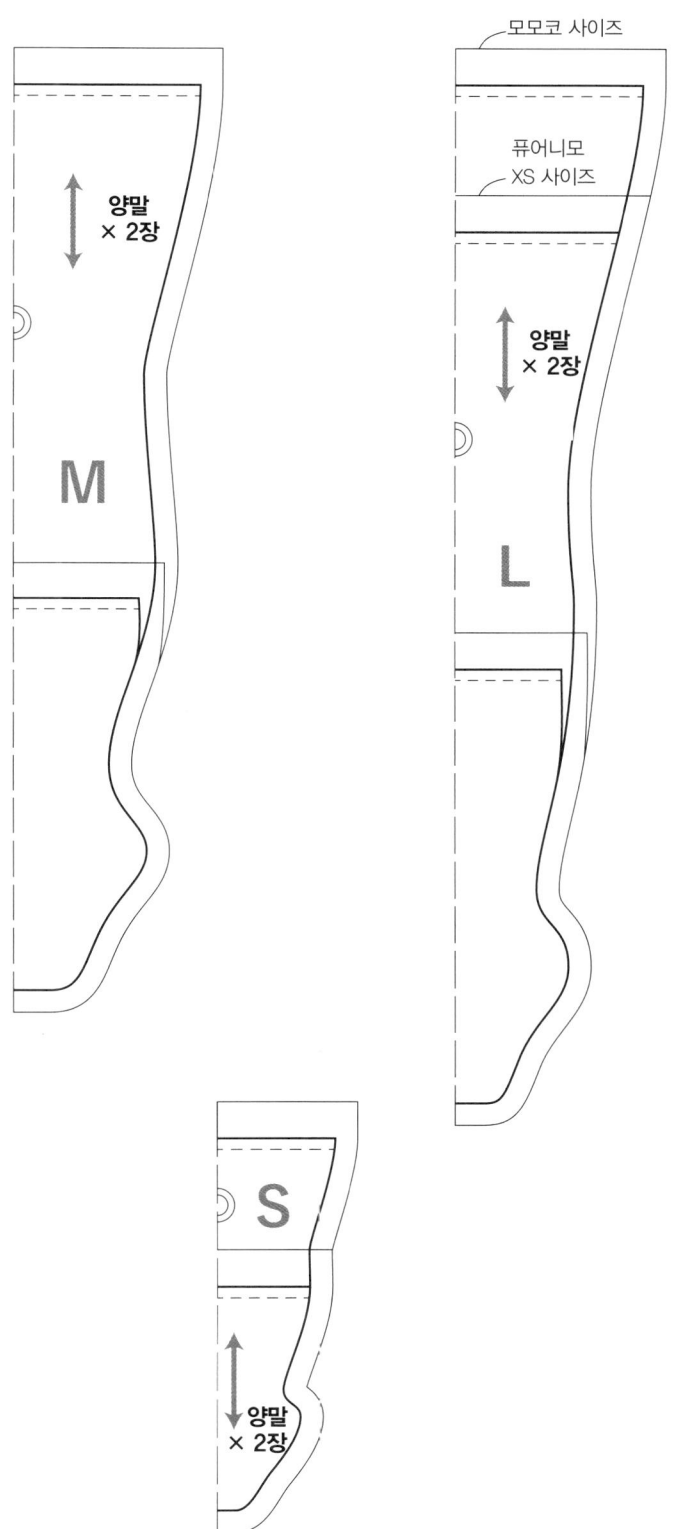

세키구치 타에코

2001년부터 인형옷 제작을 시작해, 현재 펫웍스, 세키구치, 아존 인터내셔널 등에서 인형 의상 디자인과 패턴을 제작하며, 자신의 브랜드(F.L.C.)로 오리지널 의상을 선보이고 있습니다. 『나의 첫 인형옷 교과서』『세키구치 타에코의 러블리 인형옷 레슨』 등을 출간했습니다.

https://flc.theblog.me
X: @sekiguchitae

옮긴이 정유미

'네이버 최대 인형옷 만들기' 카페와 한복 제작·교육 전문회사 '가선당'을 운영 중이다. 양재 관련 일본어 번역도 하고 있으며 옮긴 책으로는 『돌리버드』 시리즈, 『유노아 프릭3』 등이 있다.

blog: blog.naver.com/yumi96
cafe: cafe.naver.com/barbiewear

〈패턴 저작권 보호에 관한 주의〉

본서에 게재된 패턴은 책을 구입하신 독자가 개인적으로 만들어 즐기기 위한 것입니다. 저작권의 권리는 저작권법 및 국제법에 의해 보호되고 있습니다. 개인, 기업을 불문하고 본서에 게재된 패턴을 사용 또는 유용했다고 인정되는 것에 대한 상업적 이용은 인터넷, 이벤트, 바자 등에서의 판매 등 어떠한 경우라도 금지합니다. 위반한 경우엔 법적 수단을 취할 수 있습니다.

※본서에 등장하는 인형이나 슈즈 등은 현재 발매되지 않는 것도 있습니다. 각 메이커에의 문의는 삼가 주시길 바랍니다.

Original edition creative staff

Photo: Yuko Fukui
Book Design: Motoko Kitsukawa
Patterns & Illust: Hina Sekiguchi
Editing: Ayako Enaka (Graphic-sha Publishing Co., Ltd.)
Foreign rights: Takako Motoki, Ryoko Nanjo(Graphic-sha Publishing Co., Ltd.)

Material offered by

AZONE INTERNATIONAL Co., ltd
SEKIGUCHI co.,LTD
PetWORKs Co., Ltd. (PetWORKs Store Global http://petworks.ocnk.net/)

Special thanks

Pb'-factory
IVORY Materials Shop
AWABEES
UTUWA

세키구치 타에코의 인형옷 컬렉션 100

초판 1쇄 | 2025년 8월 18일

지은이 | 세키구치 타에코   옮긴이 | 정유미
펴낸이 | 설응도   편집주간 | 안은주
편집장 | 심재진   디자인 | 박성진

펴낸곳 | 라의눈

출판등록 | 2014년 1월 13일(제2019-000228호)
주소 | 서울시 강남구 테헤란로78길 14-12(대치동) 동영빌딩 4층
전화 | 02-466-1283   팩스 | 02-466-1301

문의(e-mail)
편집 | editor@eyeofra.co.kr
마케팅 | marketing@eyeofra.co.kr
경영지원 | management@eyeofra.co.kr

ISBN 979-11-94835-03-5 13630

이 책의 저작권은 저자와 출판사에 있습니다.
저작권법에 따라 보호를 받는 저작물이므로 무단전재와 복제를 금합니다.
이 책 내용의 일부 또는 전부를 이용하려면
반드시 저작권자와 출판사의 서면 허락을 받아야 합니다.
잘못 만들어진 책은 구입처에서 교환해드립니다.

基本の形を知ってアレンジを楽しむ ドール服大全 ベーシックスタイル
著者:関口妙子
©2024 Taeko Sekiguchi
© 2024 Graphic-sha Publishing Co., Ltd.
This book was first designed and published in Japan in 2024
by Graphic-sha Publishing Co., Ltd.
This Korean edition was published in 2025
by EYEOFRA PUBLISHING CO.,LTD. through
AMO AGENCY, Korea.

이 책의 한국어판 저작권은 AMO 에이전시를 통해 저작권자와 독점 계약한 라의눈에 있습니다. 저작권법에 의해 한국 내에서 보호를 받는 저작물이므로 무단 전재와 무단 복제를 금합니다.